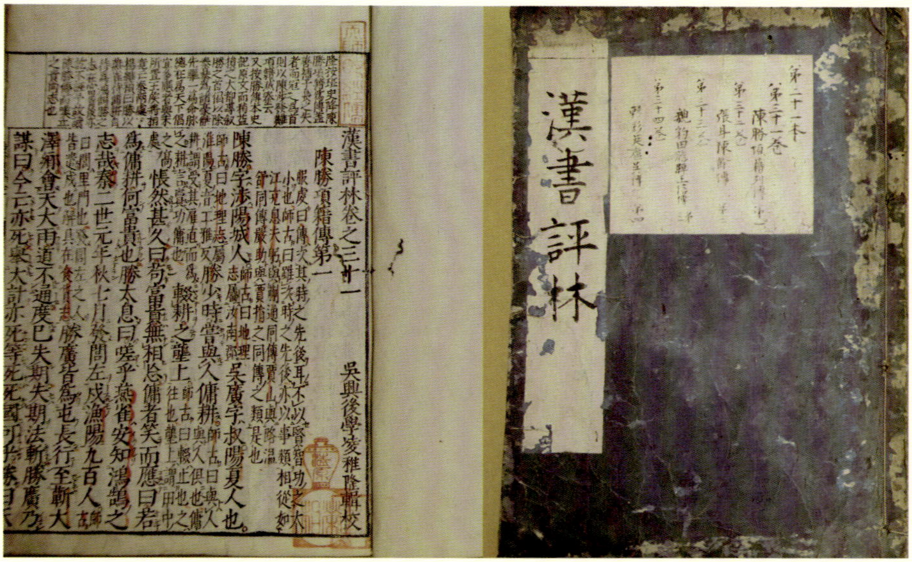

漢書評林卷之三十一

陳勝項籍傳第一

吳興後學凌稚隆輯校

陳勝字涉陽城人也吳廣字叔陽夏人也陳涉少時嘗與人傭耕輟耕之壟上悵然甚久曰苟富貴無相忘傭者笑而應曰若為傭耕何富貴也勝太息曰嗟乎燕雀安知鴻鵠之志哉秦二世元年秋七月發閭左戍漁陽九百人勝廣皆為屯長行至蘄大澤會天大雨道不通度已失期失期法斬勝廣乃謀曰今亡亦死舉大計亦死等死死國可

漢書評林

《汉书》明刊本：凌稚隆《汉书评林》

《晚笑堂画传》之班固，清上官周绘

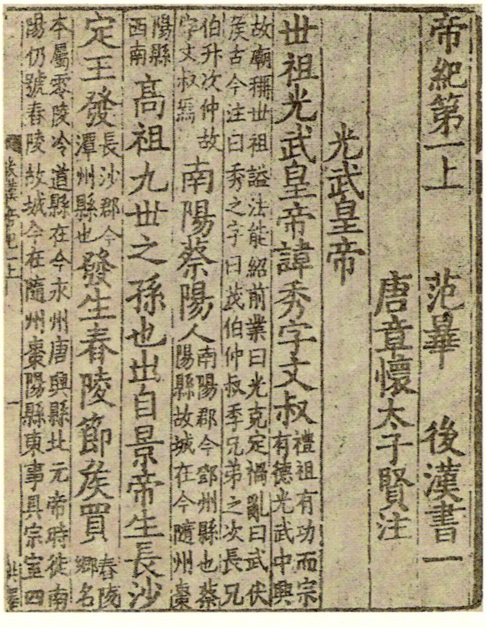

帝紀第一上　范曄　後漢書一

唐章懷太子賢注

光武皇帝

世祖光武皇帝諱秀字文叔禮祖有功而宗有德光武中興故廟稱世祖諡法能紹前業曰光克定禍亂曰武伏侯古今注曰秀之字曰茂伯仲叔季兄弟之次長兄伯升次仲故字文叔焉南陽蔡陽人南陽郡今鄧州縣也蔡陽縣故城在今隨州棗陽縣西南高祖九世之孫也出自景帝生長沙定王發長沙郡今潭州縣也發生舂陵節侯買舂陵鄉名本屬零陵冷道縣在今永州唐興縣北元帝時徙南陽仍號舂陵故城今在隨州棗陽縣東

《后汉书》，南宋绍兴刊本

《晚笑堂画传》之司马迁，清上官周绘

秦琅琊刻石

秦两诏青铜版

秦兵马俑

秦青铜量

秦瓜棱形青铜秤锤

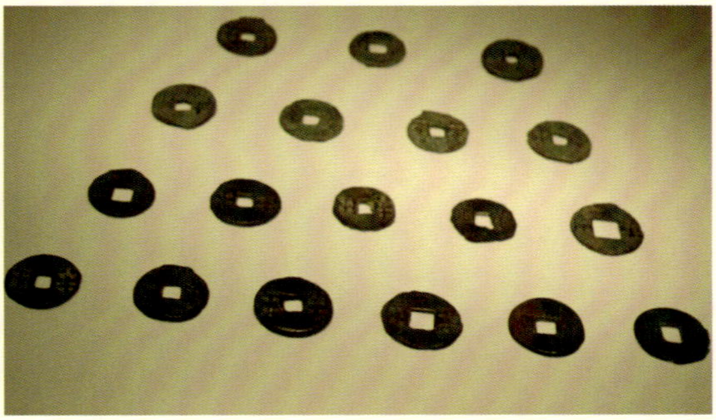

秦“半两”青铜钱

《阿房宫图》，清袁耀绘

《田横五百义士》，现代徐悲鸿绘

萧何月下追韩信梅瓶，明沐英墓出土

西汉彩绘陶兵马俑

西汉三官“五铢”青铜钱

敦煌壁画之张骞出使西域

敦煌壁画之汉武帝拜佛像

《苏李泣别图》（局部），明陈洪绶绘

西汉“滇王之印”金印

汉无极锦香囊，楼兰遗址出土

《东方朔偷桃》，明代绘画，作者不详

东汉观伎画像砖

东汉击鼓说唱俑

东汉带舵陶船

秦瓦当

秦龙纹空心砖

西汉“汉并天下”瓦当(左)、
“单于天降”瓦当(右)

汉石日晷

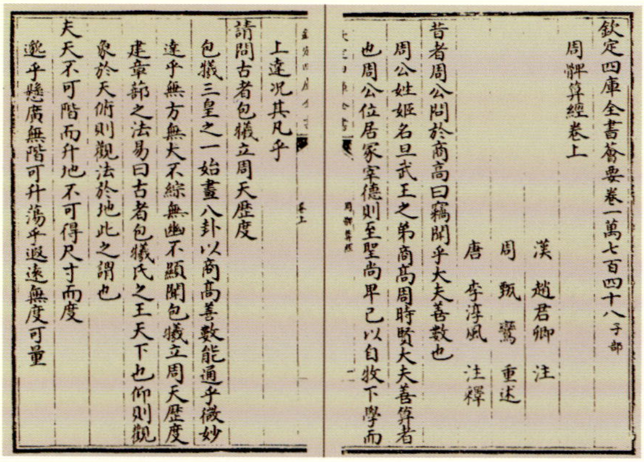

欽定四庫全書薈要卷一萬七百四十八 子部
周髀算經卷上
漢 趙君卿 注
周 甄鸞 重述
唐 李淳風 注釋
昔者周公問於商高曰竊聞乎大夫善數也
周公姓姬名旦武王之弟商高周時賢大夫善筭者
也周公位居冢宰德則至聖尚卑己以自牧下學而
上達況其凡乎
請問古者包犧立周天歷度
包犧三皇之一始畫八卦以商高善數能通乎微妙
達乎無方無大不綜無幽不顯聞包犧立周天歷度
建章蔀之法易曰古者包犧氏之王天下也仰則觀
象於天俯則觀法於地此之謂也
天不可階而升地不可得尺寸而度
邈乎懸廣無階可升蕩乎遐遠無度可量

《四库全书》之《周髀算经》书影

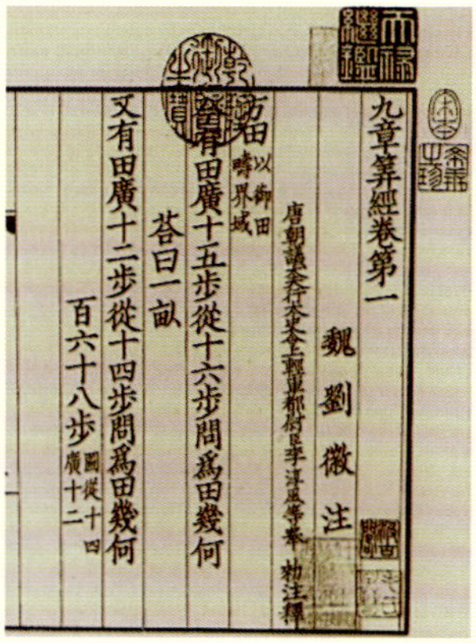

九章算經卷第一
魏 劉徽 注
唐朝議大夫行太史令上輕車都尉臣李淳風等奉 勑注釋
方田 以御田疇界域
今有田廣十五步從十六步問爲田幾何
荅曰一畝
又有田廣十二步從十四步問爲田幾何
百六十八步 圖從十四廣十二

《九章算术》宋刊本

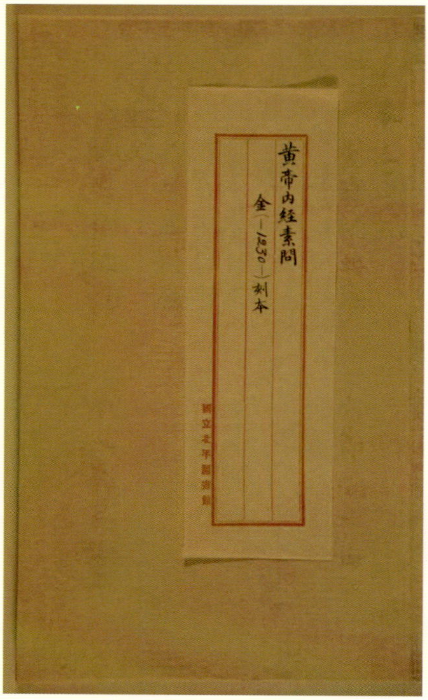

黄帝内經素問
全（一1230一）刹本

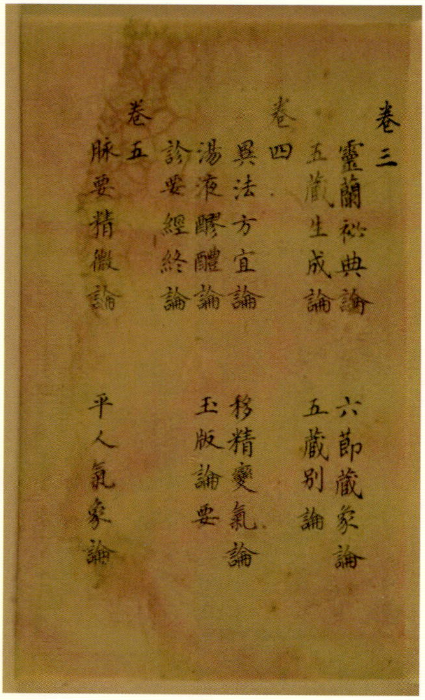

卷三
靈蘭秘典論 六節藏象論
五藏生成論 五藏別論
卷四
異法方宜論 移精變氣論
湯液醪醴論 玉版論要
診要經終論
卷五
脈要精微論 平人氣象論

《黄帝内经》金刊本

《天工开物》之造纸术

《历代帝王图》之刘秀，唐阎立本绘

西汉《周易》帛书，马王堆汉墓出土

西汉彩绘帛画，马王堆汉墓出土

西汉青铜柄铁剑

西汉铁制农具

西汉耧车（模型）

西汉带辘轳水槽的陶井

西汉毡帽、梳毛木手、桨形木器、木篦（由左至右），楼兰遗址出土

西汉《仪礼·士相见之礼》木简

王莽钱币

白寿彝史学二十讲

大一統

中古时代

【秦汉】

白至德 编著

红旗出版社

红旗出版社
RED FLAG PRESS
推动进步的力量

图书在版编目（CIP）数据

大一统：中古时代：秦汉 / 白至德编著 .
—北京：红旗出版社，2017.7
（白寿彝史学二十讲）
ISBN 978-7-5051-4129-2
Ⅰ .①大… Ⅱ .①白… Ⅲ .①中国历史—秦汉时代—
通俗读物 Ⅳ .① K232.09
中国版本图书馆 CIP 数据核字（2017）第 060280 号

书　　名　大一统・中古时代・秦汉
编　　著　白至德
出 品 人　高海浩　　　　责任编辑　赵智熙
总 监 制　李仁国　　　　封面设计　王　鑫
出版发行　红旗出版社　　地　　址　北京市沙滩北街 2 号
邮政编码　100727　　　　编 辑 部　010-57274504
E-mail　hongqi1608@126.com
发 行 部　010-57270296
印　　刷　北京雁林吉兆印刷有限公司
开　　本　787 毫米 ×1092 毫米　1/16
字　　数　237 千字　　　印张　18
版　　次　2017 年 10 月北京第 1 版　2017 年 10 月北京第 1 次印刷
ISBN 978-7-5051-4129-2　　定价　45.00 元

欢迎品牌畅销图书项目合作 联系电话：010-57274627
凡购本书，如有缺页、倒页、脱页，本社发行部负责调换。

目　录

第三讲　刘向和班固与两汉之际的史学

第四讲　秦，第一个封建皇朝

第五讲　肯定秦始皇的历史作用

第六讲　秦末农民大起义

第七讲　西汉皇朝的建立和巩固

第八讲　汉初三杰及二将

第九讲　文景之治

第十讲　思想家与政治家

第十一讲　西汉的盛世

第十二讲　西汉的衰落以及绿林、赤眉军大起义

第十三讲　说豪族

第十四讲　东汉皇朝以及黄巾军

第十五讲　秦汉时期社会生产力的发展

第十六讲　秦汉时期封建关系的成长

第十七讲　秦汉时期的民族

第十八讲　官吏的选用、考核

第十九讲　秦汉（及后）时代之交通

前　言

父亲白寿彝指出：

马克思和恩格斯随时分析研究当代学术研究的新成果，同时亲自作了许多历史的比较研究。我们从马克思的《资本主义生产以前各形态》《摩尔根〈古代社会〉一书摘要》《科瓦列夫斯基〈公社土地占有制，及其解体的原因、进程和结果〉一书摘要》，恩格斯的《家庭、私有制和国家的起源》等书中可以看出，伟大的导师在这方面做了大量的工作。也正是在比较的研究中，马克思主义经典作家为我们阐明了世界历史发展的基本规律，使史学发展成为科学。

《白寿彝史学二十讲》拟定编写11册，这是一套普及中国史学知识的丛书，也是为了纪念父亲白寿彝一百周年诞辰（1909—2009年）而作。

父亲白寿彝（以下简称白寿彝）的史学成就是多方面的，其中以中国史学史、中国通史、中国民族史最为突出。同时，他在中国伊斯兰教史、中国交通史等方面的研究，也有着重要的成果。他对于历史理论的重视，贯穿于他的许多论著之中，这使他的著作具有鲜明的理论色彩，不仅受到学术界的关注，而且产生了广泛的社会影响。

1999年，白寿彝九十诞辰，中国史学会写来了贺信，信中写道：

尊敬的白寿老：

值此先生九十华诞之际，中国史学会向您致以衷心的祝贺！祝您寿似巍巍南山松，长寿再长寿；学如浩浩长江水，开拓再开拓！

春秋九十载，学术生涯70年，先生学术的追求，是创新的意识，批判继承祖国文学遗产，成自得之学；先生学术求索的理念，是通古今之变，关注祖国历史的兴衰，思考民族的未来。先生在民族史、民族理论、文学理论，在中国史学史、中国通史、中外交通史以及历史教育等各个领域，都取得了骄人的成就。您自觉地以马克思主义理论为指导，研究中国历史、中国史学，丰富了对中国民族历史的认识，深化了对中国历史民族特点的理解。近20多年来，您以超凡的毅力，克服种种困难，带领我国数百位专家和学者完成了皇皇巨著《中国通史》，为中国当代史学事业又做出新的重大贡献，为后人留下了一笔丰厚的精神财富。

50年来，您为新中国的历史教育事业做出了杰出的贡献，提出历史教育与历史教学的改革，并且付诸实践，培养了一大批优秀的史学工作者。春风化雨，桃李满园，现在他们中很多人已成为我国史学队伍中的中坚力量。每当人们看到史林中万木参天、花繁枝茂的景象时，就会想到这中间有您的辛勤劳动，不能不由衷地感谢您。

先生于1949年参加了郭沫若先生主持的新中国史学会，是中国史学会的创始人之一。1980年，中国史学会恢复活动，您又担任了第二届理事会主席团成员，对学会的工作热情关怀，悉心指导，在学会工作中倾注了您不少的心血，使我们深受鼓舞，为我们树立了榜样，我们决心追随您之后，努力工作，为我国史学的发展竭尽全力。

先生之学博大精深，先生之德育化后辈。

这封贺信足以说明白寿彝在我国历史科学与理论建设方面所付出的辛劳。

谈及“白寿彝史学”，白寿彝主编有《史学概论》一书。《史学概论》就历史观、历史文献、史书的编著、史书的体例、历史文学、史学与相关学科的关系、中国近代史学、中国马克思主义史学和当前的任务等重要问题，作了系统的论述，都是学科建设中的重要问题，被史学界认为是同类著作中最有特色的论著之一。

在20世纪50年代，白寿彝与同志们在一起谈天，提起史学概论来，都认为应该在马克思主义基本原理指导下，写这么一本书；同时也认为，在高等学校历史系应该开设这门课程。至于这本书应该怎么写，这门课程应该讲些什么，大家一时想不出办法来。一年一年过去了，对这个问题一直没有认真讨论过。后来，白寿彝在北京师范大学历史系开了这门课程，主要讲的是历史唯物主义。但白寿彝并不认为这种讲法是对的。因为他觉得，如果只讲历史唯物主义，这门课就应该叫历史唯物主义，不应该叫史学概论。他为这个课程内容问题，多年来一直感到不安。

1982 年，因为《史学史研究》季刊的需要，白寿彝每一季度撰写一篇文章，总题目是《谈史学遗产答客问》。在酝酿这四篇文章的过程中，白寿彝逐渐产生了写史学概论的思想。这就是要在马克思主义基本原则的指导下，论述中国史学遗产几个重要方面的成就和马克思主义传入中国后史学的发展，及当前史学工作的重要任务。他想在这本书里，提出一些问题，请同志们讨论。也希望它能成为教本，多少给同学们一些帮助。

1994 年 2 月，《白寿彝史学论集》（上下两集）出版了，他在其中的“题记”中写道：

这是我 60 多年来所写历史、历史学、历史教育等文章的选集，所收文章写的最早是在 1929 年，最近的是在 1993 年。这些文章原来是跟民族宗教的文章编在一起的，当时称作《困学存稿》，并请周林同志题了字。1992 年 8 月，民族宗教的文章以《白寿彝民族宗教论集》的名义单行出版了，剩下更多的文章，编成这部《史学论集》。

本书所谓史学，主要是指史学史。像民族史那样，这是一门新兴的学科，更确切地说，是一门在树立中的学科。史学史的任务是阐述史学发展的过程及其规律，阐述史学在发展中所反映的时代特点以及史学的各种成果在社会上的影响。对于中国史学史来说，是要我们对本国史学作出系统的自我批评和自我总结。这是一个艰巨的任务，没有长期细致的工作，是做不好的。我在 40 年代初因学校要开设这门课程，我开始试写讲稿，讲稿写到清末。60 年代初，我另起炉灶，重新写史学史讲稿，写到刘知几，因进行社会主义教育运动开展起来，没有能继续写下去。这一次的讲稿，在北京师范大学排印了，题作《中国史学史教本》。1983 年 6 月，我开始写史学史的第三个稿本，在 1984 年 12 月完成了第一卷，题名《中国史学史》，由上海人民出版社出版。经过十年动乱，第一个稿本已不知弄到哪里了。第二个稿本虽只印了 500 本，但毕竟是印出来了，因而得以保存下来，并在相当范围内得以流传。现在的第三个稿本，虽在不少地方已与《教本》大不相同，但《教本》仍有可以参考的地方，还有不少章节是第三稿还没有写到的。因此，我把《教本》也收入本书。本书所收关于史学史的专论，在现行的《中国史学史》第一卷以至将来的有关各卷，都不会容纳得下，也都放在这里，请同志们指正。

上面所讲到的《中国史学史》，在白寿彝去世后的2006年12月出齐了6卷本，此为白寿彝主编。

白寿彝曾经说道：

本书论述中国史学发展的历史，上起传说时代，下至中华人民共和国的成立，将分册陆续印行。……

白寿彝九十华诞之际，由他总主编的《中国通史》，12卷22册全部出齐。他说：

我国的一些著名史学家，如郭沫若、范文澜，生前曾主持出版几种中国通史著作，但都没出齐。到现在，我们还没有一部大型中国通史。从（20世纪）50年代起，我在教学过程中以及出国做学术访问时，都迫切感到，从国内外需求看，有必要编写一部大型的中国通史。1972年，总理周恩来提出了编写中国通史的任务，这就更坚定了编写通史的决心。……

20多个年头过去了，我们终于写出了自己的通史，终于可以宣布，我们有了新中国的历史书了。……

我们要写一部完整的中国历史，不仅让中国人看，也要让外国人看。让人们了解中华民族在世界上的地位和作用，是中国史学家刻不容缓的责任。我们要对子孙后代负责！

史学家的责任，是把理论和实际二者融化在一起，按照历史真实的面貌，发展规律，写一部完整的中国史。

白寿彝总主编的《中国通史》，以唯物史观为指导，结合中国历史进程的实际，在深入研究的基础上，创造性地提出了关于中国历史发展的一些十分重要的理论认识。这些认识贯穿于全书之中，而在《导论》卷（即白寿彝主编的第一卷）作了系统的和充分的阐述。《导论》包含九章，阐述了以下问题：统一的多民族的历史；历史发展的地理条件；人的因素，科学技术和社会生产力；生产关系和阶级关系；国家和法；社会意识形态；历史理论和历史文献；史书体裁和历史文学；中国与世界。对这些理论问题，《导论》卷是以唯物史观的基本原则为指导，从中国历史和中国史学的发展中总结出来并加以阐述的。《导论》卷注重讲理论而不脱离史实，举史实而提升到理论。诸如：

——关于中国历史上的统一问题。《导论》指出：统一的多民族国家是逐渐形成起来的。提出了统一的四个类型的论点，即单一民族内部的统一，区域性多民族的统一，全国性多民族的统一和社会主义的全国性多民族的统一；

——关于历史分期问题。《导论》指出：分期问题的讨论不要局限于中原，要努力在全国范围内考察，应当从社会发展的不平衡的状态上掌握一个时期的整体性。提出了封建社会可以分为四个时期的见解，而分期的标准，应当考察生产力的发展、地主阶级身份的变化、农民阶级身份的变化、少数民族地区和广大边区的发展变化、中外关系的变化等综合考察的标准；

——关于地理条件与历史发展问题。《导论》提出了中国地理条件的特点及其与中国历史发展的关系的理论认识，即：地理条件的复杂性和经济发展的不平衡性，地理条件之局部的独立性和整体的统一性及其与历史上政治统治的关系，地理条件与民族、民族关系，地理条件的变化及其对社会的影响；

——关于生产者、科学技术和社会生产力问题。《导论》突出了直接生产者在社会生产力发展中的作用，提出了中国历史上的直接生产者在不同时代的不同特点；把科学技术作为生产力的一个方面看待，把科学技术和生产力问题作为中国历史之基本理论看待；

——关于生产关系、阶级结构问题。《导论》提出了封建社会中多种生产关系的并存、封建社会阶级结构的等级以及地主阶级在封建社会的社会矛盾之中居于主要的矛盾方面的论点，并把世家地主、门阀地主、品官地主、官绅地主视为封建社会中地主阶级变化的四个阶段；

——关于国家职能问题。《导论》全面阐述了国家职能，即国家不仅具有统治职能，还具有社会职能；认为简单地把剥削阶级掌权的国家看成是一无所取的，是不符合历史情况的；

——关于中国与世界问题。《导论》阐述了中国历史发展之连续性的两个主要方面，一是中国作为一个政治实体在其发展过程中未曾为外来因素所中断，二是中国文明在文化发展上也未曾有断裂现象；同时阐述了中国史在世界史中的重要性。以上几个方面，都程度不同地显示了本书在理论上的创新，显示出对中国历史的深刻理解。

白寿彝在总主编《中国通史》之前，还主编了《中国通史纲要》(2册本)，它确是多卷本《中国通史》的纲要、总构思、总架构。《中国通史纲要》先行，更有利于多卷本《中国通史》的最终著成。白寿彝主编的《中国通史纲要》和他总主编的多卷本《中国通史》，虽然在内容上悬殊，在表述上也风格各异，但是在“通”字上下功夫，则是一致的。

白寿彝指出：

我们在努力学习运用马克思主义基本理论的基础上，探索中国历史发展的进程及其特点。我们究竟能在多大程度上做到这一点，这有待于读者的论定。

1999年4月26日，在“祝贺白寿彝教授九十华诞暨《中国通史》全部出版”大会上，党和国家领导人发来贺信（电），与会全体同志受到极大鼓舞和鞭策，他们认为从来就没有像现在这样，江泽民、李鹏、李瑞环、李岚清、许嘉璐、王兆国等党和国家的领导同志，还有陈至立、胡绳等有关中央部委的领导同志，如此集中地对白寿彝的工作成就表示祝贺，确实罕见。

江泽民同志在贺信（1999年4月25日）中指出：

白寿彝同志：

您主编的二十二卷本《中国通史》的出版，是我国史学界的一大喜事。您在耄耋之年，仍笔耕不辍，勤于研究，可谓老骥伏枥，壮心未已。对您和您的同事们在史学研究上取得的重要成就，我表示衷心的祝贺！

以史为鉴，可以知兴替。中华民族历来重视治史。世界几大古代文明，只有中华文明没有中断地延续下来，这同我们这个民族始终注重治史有着直接的关系。几千年来，中华文明得以不断传承和光大，一个重要原因就是我们的先人懂得从总结历史中不断开拓前进。我国的历史，浩淼博大，蕴含着丰富的治国安邦的历史经验，也记载了先人们在追求社会进步中遭遇的种种曲折和苦痛。对这个历史宝库，我们应该运用历史唯物主义的观点不断加以发掘，在前人研究的基础上不断作出新的总结。这对我们推进今天祖国的建设事业，更好地迈向未来，具有重要的意义。

中华民族的历史，是全民族的共同财富。全党全社会都应该重视对中国历史的学习，特别是要在青少年中普及中国历史的基本知识，以使他们学习掌握中华民族的优秀传统，牢固树立爱国主义精神和正确的人生观、价值观，激励他们为中华民族的伟大复兴而奉献力量。我一直强调，党和国家的各级领导干部要注重学习中国历史，高级干部尤其要带头这样做。领导干部应该读一读中国通史。这对于大家弄清楚我国历史的基本脉络和中华民族的发展历程，增强民族自尊心、自信心和奋发图强的精神，增强唯物史观，丰富治国经验，都是很有好处的。同时，我们也要学习和借鉴外国历史。历史知识丰富了，能够“寂然凝虑，思接千载”，眼界和胸襟就可以大为开阔，精神境界就可以大为提高。我提倡领导干部“讲学习、讲政治、讲正气”，而讲政治、讲正气，也是要以丰富的历史知识作基础的。

我相信，这套《中国通史》，一定会有益于推动全党全社会进一步形成学习历史的浓厚风气。

有关党和国家领导同志，以及白寿彝有关中国史学的重要论述，正是指导我们编著好《白寿彝史学二十讲》系列丛书之指导、之根本。

史学是通过史料研究历史发展过程本身的学科。我们研究史学，有必要正确认识和对待史学发展的过程。中国是一个统一的多民族的国家。中国的历史是中华人民共和国境内各民族共同创造的历史，也包含着曾经在这块广大国土上生存、繁衍而现在已经消失的民族的历史。中国历史上的每一个民族都不是孤立发展的。每一个民族都为祖国历史的创造出过力，又与祖国的命运、前途共存。

《白寿彝史学二十讲》系列丛书的主要内容包括：远古时代、上古时代、中古时代·秦汉时期、中古时代·三国两晋南北朝时期、中古时代·隋唐时期、中古时代·五代辽宋夏金时期、中古时代·元时期、中古时代·明时期、中古时代·清时期、近代前编（1840—1919年）、近代后编（1919—1949年）等，有关中国各历史时代的相关史学的讲述。在《白寿彝史学二十讲》系列丛书中，因为每个历史时代只有20讲，所以我们也只能讲述白寿彝在每个历史时代所涉及的一些史学研究的部分内容，并且还要兼顾当今广大读者们感兴趣的一些史学问题，就不可能对中国各历史时代的相关史学作全面的分析。《白寿彝史学二十讲》系列丛书应该突出科学性、普及性、趣味性，靠近大众，尽力让广大的读者们了解白寿彝的史学观点之精髓，史学研究之深广，并有助于使广大的读者们在学习中国史学时有所帮助，也为不同层次的读者们的需要提供一些参考，方便我们读史学，不断拥有更多的史学知识。我们相信，只要我们用心去触摸史学，就可以感悟到历史的真谛，彰往而知来。

《白寿彝史学二十讲》系列丛书的出版，应该感谢白寿彝，以及他的挚友、同仁、学子和弟子们的热情、广泛的支持和帮助。

《白寿彝史学二十讲》是普及史学科学的读物，因此我们对于材料的来源以及适当地吸收别人的成果，都没有注明。我们还要特别指出的是，在书中采用了楷体字（白寿彝讲史学的文字部分）和一般宋体字（编者插入的文字部分），这主要是为了使读者更好地了解白寿彝所讲的史学内容，并使内容顺畅一致，方便读者的阅读。

我们现在已经跨入了崭新的21世纪，中华民族奋进的步伐，越迈越大，越迈越快，这个崭新的21世纪是属于我们的。让我们用力去触摸史学，就可以深刻地感悟到历史的真谛。我们只有重视历史的功能和作用，通过加强历史教育，弘扬和培育我们自己的民族精神，彰往知来，才能最终实现我们中华民族的伟大振兴。

让我们共同努力吧！

白至德

2009年9月19日　林萃书屋

中古时代·秦汉时期

这里论述的是中国中古时代成长时期，约略相当于秦汉皇朝统治时期的历史。所谓中古时代，是指以封建制生产方式占支配地位，同时还有别种生产方式存在的时代。秦汉皇朝统治时期，上限起自公元前 221 年秦始皇灭六国，下限到公元 196 年汉迁都许昌。迁都许昌后，汉仍保持着它作为一个朝代的称号，但实际上大权已归曹操掌握，历史已进入另外一个时期了。

秦汉时期，是中国封建社会的成长时期。秦是第一个封建王朝，传二代，二帝，15 年，约相当于公元前 221 年至前 207 年。汉，有西汉、东汉。西汉，传十代，12 帝，中有执政的皇后一人，208 年，约相当于公元前 202 年至公元 6 年。东汉，传八代，14 帝，195 年，约相当于公元 25 年至 220 年。从公元 196 年起，汉已名存实亡，三国的局面开始形成。秦汉之际，还有 4 年时间是楚汉相争。西、东汉之际，有 18 年时间，先后出现了王莽和更始的政权。

秦的统一是中国古代历史发展的重大转折点。秦汉时期我国形成了空前统一的多民族的国家。秦汉时代是我国历史上非常重要的一个时期，它不仅为两千年中国封建社会的经济、政治和思想文化的发展奠定了坚实的基础，而且开了中国走向世界的先河。

第一讲　秦汉时期是中国史学的成长时期

秦汉时期是中国史学史的第二个时期，可以说是中国史学的成长时期。它的童年过去了，它长大成人了，它做出童年时期所做不到的事情了。

1. 司马迁、班固的史学巨著和刘向的文献整理

这个时期出现了两部史学巨著：司马迁的《史记》和班固的《汉书》。《史记》有130卷，52万多字。上起传说中的黄帝，下至汉武帝的天汉年间，是一部通史，也是一部取各种史体之长的综合体史书。特别应当指出的是，这是史学领域里有意识地“成一家之言”，而在史学实践上也做到了“成一家之言”的第一部史书，在历史观点、史料搜集、文字表述上都有显著的成就。这是中国史学已成长起来的显著标志。《汉书》有100卷，80万字，上起秦汉之际，下至王莽之灭，备记了西汉兴亡的史事。在史体上，它基本上继承了《史记》，而断代为史，为后来所谓“纪传体”史书中断代史的开山之作。但《汉书》中的“志”“表”部分，仍多保留通史的形式。《史》《汉》两家在学风和文风上，各有自己的风格。清代史学家章学诚说，迁书“圆而神”，班书“方以智”。这个评论是相当精到的。这两部书反映了当时皇朝空前统一的规模和政治要求的特点。它们对于后来史学的发展有深远的影响。

这个时期出现了大规模的文献整理工作。刘向奉命跟任宏、刘成、李柱国校定皇家藏书。每校一书，刘向总是采取异本，合并重复，订其讹误。校完一书，总要做出叙录，叙述作者生平、内容大旨和篇章目录。他重视学术流别，把校定的古籍分为6类，38种。他和任宏等校定的书达13000

多篇，亦即13000多卷。刘向的儿子刘歆，按书的分类，概括为《七略》一书，而刘向为各书所作叙录，则汇为《别录》。刘向等人的工作，开创了大规模校书的范例、大规模缮写定本的范例。这对于后来的“校雠学”“目录学”有很大的影响。可以说，刘向是中国历史文献学的创始者。他在中国历史文献学史上的地位，有类于《史记》《汉书》在中国史学编纂史上的地位。

2. 从秦始皇焚书到汉武帝尊儒

在这时期，历史观有前后阶段性上的不同。从秦始皇二十六年（公元前221年）灭六国、建帝制时起，他就露骨地表现出害怕真实的历史记载，他要抓紧历史阵地为他的统治服务。第一，他要宣扬统一的功绩超越自古以来的帝王，不止一次地刻石颂德。第二，他的皇朝是应五德之运而生，是以水德胜周之火德，衣物尚黑，不惜让朝堂之上黑压压的一大片。第三，焚《诗》《书》、百家语和一切非秦国所记的历史。第四，他要永保封建统治，并建立封建的永恒秩序。这就是所谓“二世、三世以至万世，传之无穷”，就是“远近毕理，咸承圣志，贵贱分明，男女礼顺，慎遵职事，昭隔内外”。秦曾经奉行过的变革思想，这时因历史条件变化，被秦始皇一脚踢开，他在刻石颂德时就说：“治道运行，诸产得宜，皆有法式。大义休明，垂于后世，顺承勿革。”秦始皇使用暴力推行他的主观愿望，焚书坑儒是他采用暴力控制思想的最明显的形式。他的这种做法并不能实现他的愿望。但他的愿望和他采取的手段，却在中国史学史上有重要的意义，因为这表明了史学跟政治联系的新的阶段的开始。一般人们对秦始皇跟史学的关系，没有给予足够的注意，未免是一种疏忽。

秦亡汉兴，历史实践向人们提出了这样的问题：秦累代经营，灭六国而成帝业，但陈涉揭竿而起，秦一下就垮了。刘邦无尺寸之封，起兵讨秦，又经过对楚的战争，五年而建立汉朝。秦何以亡得这样快？汉何以兴得这样暴？这些问题，是秦始皇时的人所遇不到的，但却正是汉代前期的政治家、思想家、史学家所共同关心的。关心的原因，不只是要了解这种重大变化的原因，还为的是要观察汉朝的统治是否可以巩固下去。当时人关于问题的答案，或归之于民心的向背，或归之于历史的条件，而司马迁则由当时提出的这个问题而提高到“通古今之变”，以考察悠久的历史过程。显然，民心向背的观点是在秦末农民大起义影响下的看法。汉人遇到了新问题，却并没有解决老问题。统一问题、五德之运问题、思想控制问题、永保统治和永恒的封建秩序问题，在汉仍是迫切需要处理的问题。汉处理这些问题的办法，跟秦始皇不一样，效果要好得多。

汉代秦后，在政策上比秦宽得多，在思想领域里也是如此。汉武帝时，“建藏书之策，置写书之官，下及诸子传说皆充秘府”，摆出了重视学术文化的样子。他又表示尊崇儒术，“以经术缘饰吏事”。在这样的政治背景下，出现了董仲舒和司马迁这两位大师。董仲舒是代表儒学正宗的大师，他发挥了春秋公羊学大一统的论点，为汉皇朝的统一事业服务，宣扬了三纲的论点，为稳定封建统治秩序辩护。他于五行说之外，又宣扬三统说，以补五行说之不足。他倡言“天不变，道亦不变”，强调封建统治的永恒秩序。

董仲舒在历史观上，有自成体系的理论，对于后来的正宗史学有很久的影响。司马迁曾从董仲舒问春秋公羊学，他也拥护汉的统一，尊重孔子在历史上的成就，也有历史循环论的观点，但他的历史观中有不少的唯物主义因素和朴素的辩证观点，这跟董仲舒的唯心主义和形而上学是有区别的。在维护汉家统治利益上，两人是一致的，而在如何维护这一具体问题上两人有不同的看法。董仲舒和司马迁的思想分歧，决定了二人在史学发展上的不同地位。但从汉武帝控制思想的效果说，从这两人身上都取得了一定的成功。

从秦始皇抓史学领域的失败，到汉武帝尊崇儒术，以至宣帝石渠阁奏议以前，可说是秦汉时期史学的第一阶段。这一阶段，秦汉时期史学与封建政治结合的新形式初步形成。

3. 石渠阁奏议和白虎观奏议

石渠阁奏议是汉代以皇权专制的儒学形式进一步控制学术思想的标志。宣帝甘露三年（公元前51年）诏萧望之、刘向等讲五经同异于石渠阁，帝“亲称制临决”。所谓“亲称制临决”，就是以皇帝的名义亲自到场，决定是非。这是宣帝以皇帝兼宗师、教主的身份出场，宣扬他所同意的教义。《汉书·

艺文志》著录“议奏四十二篇”。

章帝建初四年（公元79年），大会诸儒于白虎观，讲议五经异同，帝“亲称制临决”，如宣帝石渠阁故事。帝“正坐自讲所制章句”。据说“冠带缙绅之人圜桥门而听者盖亿万”。当时并没有播音器，不知这亿万人如何听章帝讲经。但白虎观讲经规模之大远远超过石渠阁讲经，是可信的。这一次，又是皇帝以宗师、教主的姿态去强化学术统治的要求。对于这次奏议，章帝命班固作《白虎通德论》一书，这是一部钦定的哲学、神学、经义的法典。

两汉时期，经史不分。这两次由皇帝主持的讲经活动，不能不深刻地影响史学。而且这两次集会，都是史学领域里的代表人物参加。参加石渠会的刘向，还有他的儿子刘歆，在进行大规模文献整理工作的同时，还各著有《五行传》。父子所说不同，但都以《洪范》五行附会天人感应之说，是一种神秘主义的历史观点。参加白虎观集会并总结其成果的人，就是著《汉书》的班固。对于刘向和班固这两位史学家的史学成就和历史观点的错误应分别看待。但也应指出，他们的历史观点不但限制了他们在历史文献学和史书编纂上的成就，而且损害了他们可能取得的成就。他们那些附会正宗儒学的说教，显然使他们的作品减色。

两汉时期的史学发展中，也存在着理论上的斗争。如张衡反对谶纬和王充的各种批判，都是中国史学史上的光辉思想。张衡是一个文学家、科学家，也是一个史学家。可惜他的史学作品没有传下来，我们已不能对他进行深入的研究。王充是著名的唯物主义哲学家，而不是史学家，但他批判性的论断多与历史理论有关，这也应该属于中国史学史的光辉思想。

4. 秦汉时期的史学成就

秦汉时期的史学，在史书编纂上，在历史文献学上都已有颇具规模的成就。在历史理论上，也可以说有了一些体系。在历史文学上，马、班的风格不同，也都是各有成就的。秦汉时期的史学，可以荀悦《汉纪》为断限。荀悦写这书的时候，曹操的势力已经开始强大，汉献帝实在他的掌握之中。荀悦的《汉纪》却仍是拥戴汉家的。从史书的体裁上说，这是具备一代始末的断代编年史的第一部，在史学史上也是有一定地位的。

第二讲　中国史学第一人司马迁与《史记》

司马迁是中国历史上以历史家著称的第一人，是武帝时的人物。司马迁（约公元前145至公元前90年），字子长，龙门（今陕西省韩城）人。他写的《史记》是一部通史性质的空前巨著，共130卷。他写出了黄帝以来的传说、商周的史迹、春秋战国时期的动荡、秦的兴衰、汉的建立和巩固。他在叙述不同历史阶段的发展过程和特点、评议历史人物、揭示社会情态和人物性格，以及史料的熔炼和史书体制的安排等方面，都有独到之见。在历史观点上，他基本上以帝王将相为历史的创造者，但承认在一定条件下人民群众的作用，承认农民起义的历史作用，承认社会身份在思想意识上的作用，这都是进步的。他的著作，对中国史学的发展有重大的影响。

1. 司马迁著《史记》

司马迁的先世原是周朝的史官。父亲司马谈在公元前2世纪后叶官至太史令，有二十几年之久。父亲学天官于唐都，受易于杨何，习道论于黄子，能言阴阳、儒、墨、名、法、道各家之学的短长。所论六家要旨，是继承了《荀子·非十二子》《庄子·天下篇》《韩非子·显学》批判精神的传统，并接受了《吕氏春秋》等书总揽百家语之影响的重要论述。父亲因职务上的方便，得以广泛接触古今典籍，并向往先人久绝的世业，重视孔子作《春秋》的历史贡献，有志于历史的论述，但没有实现这个志愿。司马迁答应了父亲，作为一个庄严的任务来完成父亲的遗志。后来写成了《史记》一书。

司马迁所处的时代，正值汉武帝在位。这个时代，一方面中国境内第一次完成大统一、封建制度已经由长期的过渡阶段进入支配地位、封建专制主义的统治已经树立，又一方面秦末大起义给社会思想留下了深刻的影响，而当代社会在有了一时的相对安定之后，又出现了日趋尖锐的社会矛盾。由于前者，司马迁在他的历史学识、历史著作成长的过程中，取得了前人未曾有过的物质的和社会的方便条件。由于后者，他结合自己身世的感受和亲见亲闻形成了对抗正宗思想的异端思想。

司马迁“年十岁则诵古文”。所谓的“古文”，就是用古代文字写的典籍。司马迁看的汉初传习的“古书”，许多是用汉代通俗应用的隶书，即所谓“今文”写的，也有先秦保存下来的、用古文写的。当时的“古文”就是指一些用古文写的书，并非专指某一种书。看来司马迁很早就有古文的造诣。司马迁后来博通《诗》《书》《易》《礼》《春秋》，以至《秦纪》《世本》《战国策》《楚汉春秋》，以及《禹本纪》《山海经》，还有汉家的档案文书。

司马迁在十七八岁的时候，曾亲受董仲舒的《春秋》和孔安国的古文《尚书》。董仲舒的《春秋》学说和孔安国的《尚书》学说，对年轻的司马迁都有较多的影响。司马迁童年的时候，汉武帝在长安城西北80里的槐里县茂乡建造自己的陵园，其周围三里，把茂乡改建为茂陵县（今陕西省兴平），并鼓励人民移往茂陵，每户给钱20万，田二顷。到司马迁19岁这一年，汉武帝为了加强统治，听信说客主父偃的献计，强迫全国地方豪杰及家产在300万以上的富户迁到茂陵。司马迁一家此时也搬到了茂陵。那时，晚年的董仲舒和著名辞赋家司马相如也迁家茂陵。司马迁50岁的时候，汉武帝又一次“徙郡国吏民豪杰于茂陵、云陵（今陕西淳化县北）”，这时的茂陵，已是“户六万一千八十七，口二十七万七千二百七十七”，约占右扶风21县户口的1/3，它已成为一个有名的皇家贵族的游园别墅和公开、集中地管制豪强的大城市了。

汉武帝元朔三年（公元前126年），20岁的司马迁云游全国，访问名山大川。他从长安出发，出武关（今陕西商县东），经南阳（今河南南阳市）至南郡（今湖北江陵县）渡江。他到了长沙（国）的罗县，访问了县北汨水，即楚国诗人屈原投江自沉的地方。而后从长沙溯湘江而上，考察了古代传说中帝舜南巡死后埋葬的九疑山（湖南宁远县境），又顺沅江而下。这就是他所说“窥九疑，浮于沅湘”。此后，他东浮大江，南登庐山。这一带河流密布，“皆东合大江”，他考察了“禹疏九江”的传说。随后顺江而下，东南上会稽山（今浙江绍兴县东南），山上有一洞叫“禹穴”，传说禹王曾逗留过。司马迁到这里来，就是为了探“禹穴”。他后来又回到会稽郡的吴县（今苏州市吴中区和相城区），登上了姑苏山，眺望了所谓五湖。

司马迁游历了江南之后，渡江北上，首先到达淮阴（今江苏淮安市淮阴区东南），这是汉朝名将韩信的故乡和封侯之地。他访问了淮阴父老，并从乡亲们的口中知道了许多生动的淮阴侯的故事。

之后，他渡过淮水，沿泗水北上，到达了鲁国的都城（今山东曲阜县）。这是儒家创始人孔子生长的地方。他拜访了城北泗上的孔子墓和阙里；还瞻仰了孔子的庙堂、车服、礼器等遗物，又看见了在孔子遗风的影响下儒生们按时习礼的情景。他在这里旅居的时间相当长，处处可以观察到孔子的遗风。他还特地到齐国的都城（今山东淄博市临淄区）去过一趟。司马迁在游历了齐鲁之后，就转向南游。

司马迁在邹县逗留，游览了秦始皇东巡郡县曾到过的峄山。由此向南，经过齐国孟尝君田文的封邑薛的故城（今山东滕州东南），并和父老们谈了话。他从薛再向南，就到了有名的彭城（今江苏徐州市）。这是秦楚、楚汉战争必争之地，也是赫赫一时的西楚霸王项羽的都城。他从彭城向西北，就到了沛郡的沛县（今江苏沛县东）。丞相曹参是这里人。丞相萧何是沛郡的丰县（今江苏丰县）人，和曹参同事。汉高帝刘季曾为沛县泗水亭长，和萧何是同乡。鸿门宴上的壮士樊哙也是沛县人，当日原是卖狗肉的。汝阴侯夏侯婴是沛县人，原以编织养蚕器具为生，还时常为丧家做吹鼓手。司马迁在这里参观了他们的故居，听到他们为平民时的许许多多的故事，闻所未闻。此外，汾阴侯周昌、周昌堂兄御史大夫周苛、蒯成侯周緤、安国侯王陵、辟阳侯审食其等也都是沛县人。

司马迁由沛县向西南，经砀县到睢阳（今河南商丘市南）。颍阴侯灌婴原是这里一个贩卖绸缎的小商。最后，他由睢阳而西，到了大梁（今河南开封），这是魏国的都城。司马迁在这里访问了所谓的“夷门”，原是大梁的东门。当年魏国贵族信陵君无忌谦恭下士，亲身拜访夷门监者侯嬴。父老们还为司马迁讲述秦魏最后一战的故事，据说秦军围大梁、引河水灌城，三日城破，魏王投降了，秦人就灭掉了魏国。过大梁而西，司马迁大概没有再到别处去，就返回长安了。

司马迁这一次长途跋涉，实地考察了历史遗迹，了解了许多历史人物的遗闻逸事，以及许多地方的民情风俗和经济生活，这对他后来写作《史记》无疑帮助很大。这是司马迁的一次有目的、有意义的漫游，大概用了一两年或者更多的时间。

司马迁在旅游之后，又过了几年，约在二十五六至三十岁之间，开始登上仕途，做了一名“郎中”。这是汉宫廷内部庞大郎官系统中最低一级的郎官，月俸300石，实领17斛。郎官的一般职务是“掌守门户，出充车骑”。皇帝出巡的时候，他们是车驾的侍从，不出巡的时候，他们是宫门武装执戟的卫士。能在宫廷内部亲近皇帝，很有光彩，一旦由内廷外调，往往改为“长吏”。司马迁由一个地位卑微的史官的儿子，变为汉武帝左右的亲信，已经很不容易了。

元鼎四年（公元前113年）冬十月（这时历法仍以十月为岁首），汉武帝开始出巡郡县。汉武帝先到雍（今陕西凤翔县），祭祀五帝，再折向东北，从夏阳到河东。在河东郡（今山西夏县北）的汾阴（今山西荥河县北），立后土祠，举行祭礼，一切仪式是太史令司马谈和祠官宽舒议定的。礼毕之后，汉武帝复南渡黄河，取道荥阳（今河南荥泽县西南）西返，到了洛阳。汉武帝这一次周游河洛，观省民风，司马谈父子都是跟着伺候的。

第二年冬十月，汉武帝又到雍祭祀五帝，再西过陇坂（山名，在陕西陇县、甘肃清水县境），登了崆峒山（今甘肃平凉市西），又北出萧关（今甘肃固原市东南），和数万骑兵一起打猎于新秦中（今内蒙古自治区鄂尔多斯地区），然后回到甘泉（宫名，在今陕西省淳化县甘泉山）。

崆峒侍从的次年（元鼎六年，公元前111年）秋后，司马迁奉武帝之命出使巴蜀以南，代表汉廷视察和安抚西南少数民族地区。过去20多年来，汉武帝先后派唐蒙、司马相如、公孙弘等去西南，肩负通好和开发少数民族地区的重大使命，司马迁此时，可以说已经被武帝认为是当朝众多的“辩知闳达，溢于文辞”的人才之一，取得了汉武帝的重视和信任。司马迁当时由长安出发，南出汉中（今陕西汉中南），经巴郡（今四川重庆市北）到犍为郡（今四川宜宾县），由犍为郡到牂牁郡（今贵州黄平县西）。然后到蜀郡（今四川成都市），出零关道（今四川芦山县东南），过孙水（今安宁河）桥，到越嶲郡（今四川西昌东南），到沈犁郡（今四川汉源县东南）。司马迁这一次出使，收获无疑也是很丰富的。从此，司马迁对中国西南地区的地理、物产、民俗等，便有了较为深入的了解。

汉武帝在平定了南越、安抚了西南少数民族地区之后，便于元封元年（公元前110年）冬十月，亲自率领12部将军，出长城，向多年威胁西北的匈奴大示威。匈奴人这时休养兵马，不敢出头。接着东越人也来投降，汉武帝把他们迁到江淮间，便于控制。这样就结束了东南沿海近百年的割据局面，出现了汉帝国统一的新格局。于是汉武帝便决意及时举行“封禅”典礼。这种典礼，表明皇帝是真正的受命天子，完全作为天的唯一合法代表，一统天下。

元封元年（公元前110年）春正月，当汉武帝东行齐鲁准备“封禅”的时候，司马迁从西南回来，赶到洛阳，见到了快要死去的父亲。因为他出使尚未复命，他作为郎官的职责，促使他不能过多耽搁，必须赶快再去山东，侍从汉武帝。

汉武帝到了山东，先东巡海上，而后在泰山祭祀了天地。复东至海上，沿海北上，至碣石山（在今河北昌黎县境）。巡辽西郡（今河北卢龙县东），历北边，至九原郡（内蒙古五原县）。五月，回到甘泉。司马迁这一次从巡，饱览了长城内外，对祖国北方也有了较为充实的认识。

元封二年（公元前109年）的春天，汉武帝东巡，又祭祀了泰山。而后亲临濮阳（今河北濮阳县南）瓠子的塞河工地。这是黄河的一个老缺口，20多年来经常泛滥。汉武帝亲临工地，命令文武侍从百官背柴草，参加塞河工程。司马迁此时已知父亲故去，心如刀割，但也必须如常地侍从武帝。在此次塞河工程中，他也加入了负薪的行列。他的《河渠书》就是在这件事的直接影响下产生的。司马迁在郎官的职务上，因为不断地侍从汉武帝或奉命出使，有机会游历了祖国的大好山川，接触了民间俗事，广交了宫廷内外、不同阶层的许多人物，大开了眼界，也广阔了胸怀。

元封三年（公元前108年），也就是司马谈去世的第三年，司马迁做了太史令，他的郎官生活到此结束。但他在做太史令的时候，还有一种无定而经常的职务，这就和做郎中一样，仍需侍从武帝。汉武帝常要出巡，元封四年（公元前107年）冬的北巡（自言“北过涿鹿”，就是这一次侍从的事），次年（元封五年）冬的南巡，又次年（元封六年）冬的北巡，司马迁都因太史令的职务不断地侍从汉武帝。这对当年司马迁的著述来说，不但没有妨碍，反而大有益处，他对祖国的认识越来越多，越来越深入了。

太初元年（公元前 104 年），司马迁因太史令的专门职务，倡议并主持了改革历法的工作。这个新历，以正月为岁首，即有名的《太初历》，是对古历的一次重大改革。

司马迁于太初元年（公元前 104 年）开始著作《太史公书》，《史记》之名是后人将《太史公书》更变所题。这时，汉兴已经百年（公元前 206—前 104 年），秦火之后，司马迁陆续搜集了大量的资料，“百年之间，天下遗文古事靡不毕集太史公”。这给司马迁著书以很大的方便。更重要的是，他有 20 多年的实践经验，调查了许多古代历史传闻和故事，接触了伟大国家的现实面貌和当代许多重要人物，并从许多前代重要人物的子孙后代处，得到了从未记载的许多谈话资料。在著作的形式上，受到过去一些历史著作的启发，司马迁把古今历史做了一次通盘的清理，而纳入“本纪”“表”“书”“世家”“列传”五种不同的体例。本纪，通过帝王的活动提携一代一事。表，记历代大事，特别是要把错综的史事表列得眉目醒然。书，论述某些政治制度和某方面的社会现象。世家，记述享有封爵、能世其家的历史人物的活动。列传，记述各方面有代表性的历史人物。这是包括多种体裁的综合体。旧称之为纪传体是不确切的。全书有本纪十二、表十、书八、世家三十、列传七十，共 130 篇，上起传说时期的黄帝，下至司马迁的时代，上下三千年，52.6 万字。

司马迁开始著作后的第七年，发生了李陵投降匈奴的事件。李陵是名将李广的孙子。司马迁早年见过李广；后来与李陵同在宫廷当侍从，虽未相熟成为朋友，但很佩服李陵的为人，认为他是一个“奇士”，有“国士之风”。天汉二年（公元前 99 年），李陵与匈奴战于浚稽山（今蒙古人民共和国喀尔喀境），最后兵败，投降匈奴。司马迁以为李陵决不会向匈奴投降。因此触怒了汉武帝，下了监狱。审讯的结果，司马迁得了“诬上”（欺骗皇上）的罪名，是一个死罪。这时是天汉三年（公元前 98 年），他的全部著述还在“草创未就”的时候。这时司马迁面临三种选择：一是“伏法受诛”；二是拿钱免死；三是受“腐刑”。一是死，不行；二，用钱赎罪，司马迁无钱；只有“腐刑”。“死有重于泰山，或轻于鸿毛”，为了著史，他宁受残暴的“腐刑”的屈辱。

司马迁出狱后，做了中书令，这是汉武帝新设的官，“领赞尚书，出入奏事，秩千石”，比太史令高。经常职务是把皇帝的命令下到尚书，也把尚书的奏事呈给皇帝。从此以后，司马迁以一个宦官的身份，在内廷侍候，更接近武帝了。这好像是“尊宠任职”，但司马迁除了坚持他的著述以外，对朝廷内外的一切事务，已经毫无兴趣。

司马迁的朋友任安，于太始四年(公元前93年)的四五月间，写信给他，“教以慎于接物，推贤进士为务”。十一月，司马迁在给任安的回信中，除了诉说了自己的近况，还告诉任安一个重要的消息：“仆窃不逊，近自托于无能之辞。网罗天下放失旧闻，略考其行事，综其终始，稽其成败兴坏之理，上计轩辕，下至于兹，为十表、本纪十二、书八章、世家三十、列传七十，凡百三十篇。亦欲以究天人之际，通古今之变，成一家之言。”这样看来，司马迁的著作已基本完稿，那时他已53岁。以后，司马迁的事迹已无可考，但一生与汉武帝相始终。

2. 《史记》的编写特点

司马迁从元封三年（公元前108年）为太史令后，开始阅读、整理史料，准备写作，到太始四年（公元前93年）全部写作计划基本完成，共经过了16年。这是他的著述事业的主要阶段。司马迁晚年的主要工作就是对他的全部著作修补加工。司马迁在致任安书中说他的《史记》“亦欲以究天人之际，通古今之变，成一家之言”，这是他对著书的概括。他的概括可包含：一、历史是有变化的；二、历史的大的变化，是有阶段性的；三、历史的变化，今不必不如古，有时还更胜于古，所谓“世异变，成功大”；四、在历史变迁中，天道的作用往往是不可知的，人事的作用有时是很显著的，但人事的作用还不能摆脱天的束缚；五、司马迁公开以创史的历史家自命。司马迁的历史思想是很丰富的，其中有唯物主义的因素，有辩证的因素，还有其他进步的因素。

《史记》是一部杰出的历史书，也是一部杰出的文学书，而当中的传记部分尤为精彩。《史记》世家三十篇，其中的《孔子世家》《陈涉世家》，是孔子、陈涉二人的传记，其他各篇也都叙述秦以前地方割据世袭的侯王和汉代侯王的历史。列传七十篇，叙述贵族、贵族公子、各种官僚、政治家、军事家、思想家、文学家、经学教授、策士、隐士、说客、刺客、游侠、土豪、医生、卜者、商人、俳优、幸臣以及少数民族等不同社会阶层、不同类型人物活动的历史。本纪十二篇，不全是传记，但也有多篇传记。由此可见，《史记》的中心部分是从古到汉，各个社会阶层、各种不同地位、不同职业的人物活动的历史，是历朝历代一系列历史人物的传记，传记在《史记》中占有很重要的地位。以人物传记为中心来反映历史内容这一新的历史方法，是司马迁首创的。

《史记》以人物为中心的思想，扩大了历史记载的范围。这在书八篇里就有明显的表现。在中心部分，司马迁不但写汉族、少数民族即秦汉以来封建国家以多民族存在的历史，也写了一些域外民族君长与中华民族通使往还，以及斗争的历史；不仅写统治阶级的历史，也写了一些下层社会人物的历史，反映了全面的历史观。其次，他承认历史并不永远是一王一姓的，而是不断变化和发展的。《秦始皇本纪》《项羽本纪》《高祖本纪》《吕后本纪》依历史变化顺序而编写，突出地反映了这个发展的观点。司马迁认为秦应“世异变，成功大”；指出：“学者牵于所闻，见秦在帝位日浅，不察其终始，因举而笑之，不敢道”，是不对的。

《史记》人物传记的最大特色是它的实录精神。后与司马迁不远的西汉刘向、扬雄，东汉的班彪、班固父子都认为司马迁的《史记》是“实录”。按照班固的解释，“实录”的意思是“其文直，其事核，不虚美，不隐恶”，即实事求是地直录。这里包含着认真对待历史实际的方法和态度。对于古代历史，“实录”是考订、选取、运用历史资料的问题。而对于秦汉以来的近百年史，特别是汉代的历史，就不只是现成资料的摘录、移写，而是面对现实，记录现实，这就不能不产生“忌讳”的问题。司马迁坚持了“实录”的精神。《史记》的人物传记，不为传统历史记载的成规所拘束，而按照自己对历史事实的思想以实情记录。从最高的皇帝到王侯贵族，到将相大臣，到地方长官等，不抹杀他们的神奇、光彩的一面，但突出的是揭露他们的愚昧、偏私、腐朽、丑恶以及残酷的压迫和剥削人民的另一面。他揭露汉代统治阶级的罪恶，其目的在于为封建统治者提供历史的借鉴。从实录的精神出发，司马迁所选的人物，不取决于其人的官职或社会地位，而取决于其人的实际行为表现，等等，这都反映了真实的历史，是很难得的。

《史记》传记叙事，善于以个性和典型性统一起来。司马迁写人物传记，无固定的格式，大抵因人立传，因事成文。就形式说，有单传、合传、类传的区分，主要意图在于表现传主为人的特征，根据对人物特征的认识取舍事件。取大事，这是当然的，因为它们有关于客观的历史实际，也有关于人物的历史业绩。但也不排除小事。如《李斯传》在传首写李斯“见吏厕中鼠食不洁”和“观仓中鼠食积粟”而感叹；《张汤传》在传首写张汤儿时“掘窟得盗鼠及余肉，……并取鼠与肉，具狱磔堂下”的故事，叙述详细，目的在于表现张汤为人善于治狱，他的酷吏之才，实出于天性。此外如张良、韩信、陈平等传，也都写他们年轻时一些小故事，而这些小故事往往不都是光彩的。司马迁写这些小故事，目的同样是为了表现他们为人的特征。

取事选材不多也是《史记》的特点。不写太多的事件，选取重要的几件事来写，这样叙事是简洁的，不堆砌。项羽、李广都自称身经“七十余战”，但传中写的他们的战事也只有两次。有些事件由于牵连别人或其他原因，则写于别传，这是司马迁惯用的“互见法”。项羽的好多缺点，写在韩信传里，一方面表现出韩信用兵有独到的见解，一方面也赞美了韩信，避免了正面批评项羽。又如写刘邦的事情，大的事件，但看了《项羽本纪》及其他一些传，就会感到刘邦还有另一个面貌。刘邦被项羽打败，逃难，以及把儿子和女儿屡次推下车等情节，都写在《项羽本纪》里。避免在一篇中堆砌事件，影响人物形象的塑造，而“为人”的复杂性则于此可见。对于所取之事，无论大小，往往极力描写，有细节、场面，使之故事化，成为历史画面，则又是《史记》传记的风格。这是古代史官记事又一新的高度的发展，实开后世小说的先河。这里历史和文学就分不开了。《项羽本纪》里关于“鸿门宴”的描写，《廉颇蔺相如列传》里关于蔺相如完璧归赵、渑池之会的描写都是最突出的。如以《汉书·高帝纪》中所写的“鸿门宴”与《史记》的相比，那就清楚地看出历史文献和文学作品的差异。《史记》所写的“鸿门宴”，也不是司马迁想象或虚构出来的，而是根据传说写成的。这种风格，实即重点突出，梗概的叙述和具体的描写相结合，形成波澜起伏、繁简相间、引人入胜的独特风格。选择人物，全面了解人物的“为人”，剪裁事件，重点突出。某些事件，既是个人传记，又往往有典型意义，反映丰富的历史内容。这是一个创作的过程，从而塑造了生动鲜明的人物形象。如《魏公子列传》《项羽本纪》《李将军列传》《魏其武安侯列传》

《酷吏列传·张汤传》《游侠列传·郭解传》等，都是代表作品。

《史记》人物传记的语言很丰富。口头流传的成语、谚语、歌谣，广泛采用。又不回避方言土语，和后来古文家只求“雅”不同。用古史资料，往往以当时通用语翻译古语。

《史记》人物传记的成功，主要表现在战国秦汉以来的那些篇，既是历史文献而又富有文学性。其特征在于作者根据确实可信的历史事实，加以选择、剪裁和强调，通过明晰通俗的语言，忠实地塑造了各种人物的生动鲜明的形象，有他们的个性和典型性，从而反映了一定历史时期复杂的社会面貌和本质。司马迁开创了我国的传记文学。

由于辞赋和散文的发达，东汉时代产生了文章的概念，人们往往以司马相如和司马迁为文章家（即文学家）的代表。司马相如是汉武帝时代的著名的辞赋家；司马迁也写过辞赋，但著名的作品则是《史记》的传记散文。他开创了我国古代散文的一个新的历史时代。

《史记》是我国第一部通史，是优秀的文学作品。《史记》的传世，无论在历史学或文学的发展史上都发生了根本和深刻的变化，都具有深远和广泛的影响，其贡献是巨大的，《史记》成为中国封建社会史上稀有的、光辉的历史著作。

司马迁对天文学也有杰出的贡献。他主持了历法的改革，在《史记》中，对天文学给予了特别的关注。不但在许多篇本纪、表、列传中记载了丰富的天文学资料，而且还写了《历书》和《天官书》，开创了中国史书系统地记述天文学资料的优良传统。我国历代天文学资料之所以能大量流传至今，并成了全人类的珍贵文化财富，追本求源，司马迁的功绩是不可磨灭的。司马迁是一位当之无愧的天文学家。

3. 《史记》的进步性

《史记》是一部有丰富的进步性的著作。它在处理历史重大问题上，重视人民群众在历史上的影响。司马迁为《史记》规定了“稽其成败兴坏之理”这一任务，他以人心向背作为考察这个问题的一个重要角度。

秦汉兴亡和楚汉成败，是汉兴以来人们感兴趣的大问题。秦因暴政亡于陈涉首倡的起义，这是自贾谊以下，如严安、徐乐、贾山、枚乘、伍被等共同的看法。《史记》为陈胜立世家，置于《孔子世家》之后，汉代诸世家之前，以表示其在历史上的特殊地位。篇中着重地写出陈涉起义以后，像一阵风一样迅速地得到各地的响应。篇末还特别指出："陈胜虽已死，其所置遣侯王将相，竟亡秦，由涉首事也。"《自序》称："秦失其政而陈涉发迹，诸侯作难，风起云蒸，卒亡秦族。天下之端，自涉发难。"这是把陈涉作为开辟历史新时代的人物来看待的，这比贾谊等人的看法要有更丰富的意义。

楚汉成败的原因，刘邦在灭楚后曾作为问题提出。王陵归为刘邦不吝封赏，刘邦则归功于三杰。《史记》立《项羽本纪》《高祖本纪》，吸收了两种意见，而着意在对待群众的态度上，对照着写出了双方的不同。于项羽是写他"尝攻襄城，襄城无遗类，皆坑之。诸所过，无不残灭"。写他坑杀秦降卒 20 余万人。写他屠咸阳，烧秦宫室，火 3 个月不灭。写他"阬田荣降卒，系虏其老弱妇女，徇齐至北海，多所残灭。齐人相聚而叛之"。于刘邦却是写他破武关后，约束大家"诸所过，毋得掠卤。秦人喜。秦军解，因大破之"。写他与关中父老约法三章，"秦人大喜，争持牛羊酒食献军士"。他"又让不受，曰：仓粟多，非乏，不欲费人"。大家更喜欢了，唯恐刘邦不为王。写他要到南郑时，"楚与诸侯之慕，从者数万人"。《史记》显然同意韩信拜将时对形势的分析，把人心向背作为楚汉成败的一个关键问题来看。

吕后称制，后来封建史家几乎一致诟病。《吕太后本纪》揭露吕后的宫廷丑剧和政治阴谋，但终于在大处落墨，称赞她"政不出房户，天下晏然，刑罚罕用，罪人是希，民务稼穑，衣食滋殖"。

《史记》对武帝时的政治，讽刺特别多。《平准书》和《酷吏列传》集中地写出了征伐给人民带来的深重的灾难，写出了"言利事析秋毫"的财官和深文惨急的酷吏互相勾结下的社会的动荡。司马迁以秦事讽喻当时总的情况说："于是外攘夷狄，内兴功业，海内之士力耕不足粮饷，女子纺绩不足衣服。古者尝竭天下之资财以奉其上，犹自以为不足也。"这种情况的发展，终于导致各地农民的暴动。"南阳有梅免、白政，楚有殷中、杜少，齐有徐勃，燕赵之间有坚卢、范生之属。大群至数千人，擅自号，攻城邑，取库兵，释死罪，缚辱郡太守、都尉，杀二千石，为檄告县趣具食。小群以百数，掠卤乡里者，不可胜数也。”皇朝面对着这浩浩荡荡的起义形势，派了绣衣使者“持节，虎符发兵以兴击，斩首大部或至万余级，及以法诛通饮食，坐连诸郡，甚者数千人”。经过数年之久，才“颇得其渠率，散卒失亡，复聚党阻山川者，往往而群居，无可奈何”，竟是镇压不了的。朝廷为此创沈命法以督责官吏，结果也只有“上下相为匿，以文辞避法”。在司马迁看来，这简直是秦亡前夕的情景又重现了。

《史记》的进步性，在记律令、论道德、传游侠的时候很显著。

汉律，由最初的约法三章发展到萧何的九章，武帝时竟然增益到三百五十九章，“大辟四百九条、千八百八十二事，死罪决事比万三千四百七十二事”。《酷吏列传》揭露武帝时赵禹、张汤、义纵、王温舒等好杀伐、多株连，“上以为能”。揭露这些酷吏利用繁密的文网，任意出入人罪。他们凭自己的爱憎断狱：“所爱者挠法活之，所憎者曲法诛灭之。”他们更窥伺人主的爱憎断狱：“所治即上意所欲罪，予监史深祸者，即上意所欲释，与监史轻平者。”同一列传记载廷尉杜周的言行说：“上所欲挤者，因而陷之；上所欲释者，久系待问而微见其冤状。客有让周曰：‘君为天子决平，不循三尺法，专以人主意指为狱。狱者固如是乎？’周曰：‘三尺安出哉？前主所是著为律，后主所是疏为令。当时为是，何古之法乎？’”

这不只是揭露酷吏之“善候伺”，更重要的是讽刺了封建专制下律令的虚伪。

封建道德的教条是跟封建律令密切联系的，它们之间有一致的虚伪性。《李斯列传》有好几处谈忠孝的地方。赵高、李斯和二世在密谋宫廷政变时，各人都有关于忠孝的一套说法。他们陷害扶苏、蒙恬的时候，罪状是不忠不孝。公子高恐怕二世收族，也是因不忠不孝之名，宁愿自杀。这里的忠孝，在司马迁的笔下，完全是阴谋和迫害的一种伪装。《平津侯主父列传》记公孙弘自述：“夫知臣者以臣为忠，不知臣者以臣为不忠。”这是讽刺公孙弘以曲学媚君为忠。《汲郑列传》借汲黯的口说：“陛下内多欲而外施仁义。”这是讽刺武帝只是把仁义作为掩盖多欲的幌子。《游侠列传》说：“鄙人有言曰：‘何知仁义，已飨其利者为有德。’故伯夷丑周，饿死首阳山，而文武不以其故贬王。跖蹻暴戾，其徒诵义无穷。由此观之，‘窃钩者诛，窃国者侯，侯之门仁义存’，非虚言也。”

这指出：不同社会地位的人，为了不同的利益，不同的观点，而有不同的道德标准。鄙人跟侯门的道德标准更是两样的。鄙人不需要讲什么仁义，而侯门窃国，却非讲仁义不可了。《货殖列传》说“无岩处奇士之行而长贫贱，好语仁义，亦足羞也”。这是嘲笑处士们简直不知道“长贫贱”的人是跟“好语仁义”根本不相称的。《史记》对封建道德的这种看法正是跟当时正宗儒学所宣传的“正其谊不谋其利，明其道不计其功”，要人们乖乖地接受奴役的道德观相对立。

《游侠列传》颂扬舍己为人、扶危救困的人物。它着重地写布衣之侠，把他们跟“暴豪之徒”严格地区分开来。它指出后者是“朋党宗强比周，设财役贫，豪暴侵凌孤弱，恣欲自快”，而称道游侠“其言必信，其行必果，已诺必诚，不爱其躯，赴士之厄困。既已存亡死生矣，而不矜其能，羞伐其德”。“虽时捍当世之文罔，然其私义廉絜退让，有足称者。名不虚立，士不虚附”。这里称颂游侠的“信”“诚”，主要是指其“不爱其躯，赴士之厄困”的信诚，这跟封建统治者之“内多欲而外施仁义”，是有根本分歧的。这里称颂游侠“廉絜退让”，把它凌驾在“当世之文罔”之上，这实际上是对封建律令的蔑视和抗议。

《史记》的作者毕竟是地主阶级知识分子，他并不反对全部封建主义，也没有反对作为封建主义基础的社会经济制度。但他并没有着意宣扬封建主义，反而揭露了、谴责了封建主义的某些方面，特别是封建专制主义的方面，反映了人民群众，特别是小所有者的一部分政治情感、政治要求。这是《史记》主导的一方面，因而使它在中国整个封建社会时期历史著作中能够显出耀眼的光辉。

4. 究天人之际

如何看待天人之际，这是汉武帝时期重大的政治性理论问题。《史记》从历史上“究天人之际”，是跟当时正宗儒学所宣扬的、方士们所粉饰的以阴阳五行、天人感应立说的官学相对立的，是以无神论与有神论相对立的。

司马迁是一个有科学知识素养的人。他跟壶遂等所造的《太初历》，比其他各家历都要精密。他论医理，从患者的生活条件、身体状况、思想状况进行考察，并把医术跟巫术严格区别开来。他指出各家以五德终始说古史的互相乖异，断言这样的史论不可信。他通过对父亲遗教的记载，指出阴阳学家所序“四时之大顺不可失也”，但所说“阴阳四时、八位、十二度、二十四节各有教令，顺之者昌，逆之者不死则亡”，是“未必然也”，是“使人拘而多畏”的。他肯定了阴阳学说中合乎科学知识的部分而否定了它神秘的部分，后者恰恰是官学所宣扬的、能为封建专制主义的皇权装点上神圣的灵光的部分。

关于神秘学说的起源，《史记》从历史上指出原因，一方面由于当权人物在现实苦闷中寻求精神上的麻醉。这就如《天官书》所说，战国“兵革更起，城邑数屠，因以饥馑疾疫焦苦，臣主共忧患，其察禨祥、候星气尤急。近世十二诸侯七国相王，言从衡者继踵，而皋、唐、甘、石因时务论其书传，故其占验凌杂米盐”。另外一个方面方士有意地伪造，为的是用以猎取禄位。这就如《封禅书》所说，自“驺衍以阴阳主运显于诸侯”，“怪迂阿谀苟合之徒自此兴，不可胜数也”。《史记》不可能由社会根源和阶级根源上彻底解决神秘思想产生和存在的问题，但已揭露了一部分真实的原因，揭露了它们的虚构，这是很有进步意义的。

针对汉武帝好鬼神，《封禅书》也通过历史的叙述，揭露了历来鬼神之事的诬妄，而特别揭露了武帝之安于方士们相继不断的欺诈。《封禅书》明言“李少君病死”，但又说“天子以为化去不死”。《五帝本纪》已说过“黄帝崩”，《封禅书》又记武帝相信黄帝骑龙仙去，并且说：“嗟乎！吾诚得如黄帝，吾视去妻子如脱鵕耳。”司马迁自称《封禅书》是“论次自古以来用事于鬼神者，具见其表里”，实际上这就是一种揭露的方法。在别的篇章讽刺时政的时候，他也常用这种方法。

《伯夷列传》和《货殖列传》有从正面阐述无神观点的有历史价值的论难，《伯夷列传》指出古今的一些事例，作天道福善祸淫的反证。他问道：“七十子之徒，仲尼独荐颜渊为好学。然回也屡空，糟糠不厌，而卒蚤夭。天之报施善人其何如哉？盗跖日杀不辜，肝人之肉，暴戾恣睢，聚党数千人横行天下，竟以寿终。是遵何德哉？”这不是善恶跟寿夭全不相关吗？他又问：“若至近世，操行不轨，专犯忌讳，而终身逸乐，富厚累世不绝。或择地而蹈之，时然后出言，行不由径，非公正不发愤，而遇祸灾者不可胜数也。余甚惑焉，傥所谓天道，是邪非邪？”这不是善恶跟穷通也全不相关吗？一切宗教和有神论都是要麻醉人民以“幻想的幸福”，企图以神的灵光遮盖人民对苦难世界的认识。《伯夷列传》的这些诘问恰好戳破这种幻想，揭掉这种灵光。

《货殖列传》是论述社会经济史的专篇。第一，它肯定社会经济有自己的发展规律。人们物质生活的需要必然推动社会生产的分工和社会经济的发展，这不是政治力量所能创造出来的。它说：“夫山西饶材、竹、榖、𬘘、旄、玉石；山东多鱼、盐、漆、丝、声色；江南出楠、梓、姜、桂、金、锡、连、丹砂、犀、玳瑁、珠玑、齿革；龙门、碣石北多马、牛、羊、旃裘、筋角；铜、铁，则千里往往山出釭置；此其大较也。皆中国人民所喜好，谣俗被服饮食奉生送死之具也。故待农而食之，虞而出之，工而成之，商而通之。此宁有政教发征期会哉？人各任其能，竭其力，以得所欲。故物贱之征贵，贵之征贱，各劝其业，乐其事，若水之趋下，日夜无休时，不召而自来，不求而民出之。岂非道之所符，而自然之验邪？”

这是一段出色的论述。第二，它指出财富占有的情况决定了人们的社会地位：“凡编户之民，富相什则卑下之，伯则畏惮之，千则役，万则仆，物之理也。”“千金之家比一都之君，巨万者乃与王者同乐。”它所谓“物之理也”，是当作自然规律一样去看的，同上引文所说“道之所符而自然之验”。第三，它指出财富的占有情况也决定了人们的道德观念，富有者的道德是维持他们的利益的。“仓廪实而知礼节，衣食足而知荣辱。礼生于有而废于无。故君子富，好行其德；小人富，以适其力。渊深而鱼生之，山深而兽往之，人富而仁义附焉。”它甚至认为，孔子盛名跟子贡的富有是有很大关系的。子贡在经济上的活动帮助“孔子名布扬于天下”。在上引《游侠列传》文内也说过社会地位跟道德的关系，而这里更是从经济上做了说明。以上三点表明了司马迁认识到物质生产对社会生活的重要作用、财富对社会政治关系和社会意识的决定性作用。当然，这些远远不能跟我们所说的经济基础与上层建筑的理论、生产关系与阶级关系的理论相比。但《货殖列传》试图用经济现象说明社会问题和社会意识问题，这对当时的有神论之以神意解释社会问题进行了正面的有力的打击。就理论的成就来说，这是朴素的唯物主义的论点。这是我国中世史学思想史上珍贵的遗产。

《货殖列传》还肯定人们追求财富的合理欲望，指出：“天下熙熙，皆为利来；天下攘攘，皆为利往。夫千乘之王、万家之侯、百室之君尚犹患贫，而况匹夫编户之民乎！”这是对“富贵在天”的有神论的批评，也是对当时皇家经济垄断政策的抗议。

《史记》重视人谋在历史上的作用。《刘敬叔孙通列传》说：“语曰‘千金之裘，非一狐之腋也。台榭之榱，非一本之枝也。三代之际，非一士之智也。’信哉！夫高祖起微细，定海内，谋计用兵，可谓尽之矣。然而刘敬脱挽辂一说，建万世之安，智岂可专邪？”这段话把汉之成功跟军事上的胜算和政治上的集思广益密切地联系起来，这里并没有神意的影子。汉之成功的反面是楚的失败。《项羽本纪》评论说：“及羽背关怀楚，放逐义帝而自立，怨王侯叛己，难矣。自矜功伐，奋其私智而不师古。谓霸王之业，欲以力征经营天下。五年卒亡其国，身死东城，尚不觉寤而不自责，过矣。乃引‘天亡我，非用兵之罪也’，岂不谬哉！”这就有说服力地、明白地指出胜败归于天意的错误了。

《史记》“究天人之际”，单从这样的提法来说，已是承认天之作用的。但它所谓天，跟有神论者所谓天，有所不同。它所谓天，往往是指时势（在历史变革方面）和际遇（在个人关系方面）。它称萧何“依日月之末光”；称曹参之功“以与淮阴侯俱”，而信既灭，“唯独参擅其名”；称“高祖离困者数矣，而留侯常有功力焉，岂可谓非天乎？”称樊哙灌婴“岂自知附之尾，垂名汉廷”；称傅宽靳歙“未尝困辱，此亦天授”；称霍去病行军“亦有天幸，未尝困绝”。这些或明文说天，或没有明文说天，都是讲的际遇，司马迁对于这一类的际遇，显然都看作偶然的现象，并且毫不表示什么敬意，正相反，多半是轻蔑的微词。《魏世家》说“天方令秦平海内”，《六国年表》称秦的统一“盖若天所助”。这两个天字，同论一事而意义不同。前者指时势，其具体的内容就是《六国年表》所说“世异变，成功大”。后者是有意志的天。司马迁于此也并没有承认“天助”，故说“盖若”。《秦楚之际月表》称赞刘邦的成功：“岂非天哉！岂非天哉！”这个赞语是从上文“乡秦之禁适足以资贤者为驱除难耳”引出来的，讲的也是时势。

《史记》在“究天人之际”上的问题是：天人之间在理论上互相打圈子。分开来说，人谋可以影响历史，时势也可以影响人，这都说得过去。但总的来说，究竟谁更起决定的作用，《史记》就答不出来了。

不必讳言，《史记》也并没有摆脱神秘思想的影响。它相信气数，相信祖先的善恶对后代的遭遇起作用。不过这些在《史记》里不占重要的地位。

5. 通古今之变

《史记》重视历史变化，重视推动社会发展的历史变革。它批评吴起、商鞅的刻薄，但肯定他们在楚秦变法的成效。谴责秦“取天下多暴”，但肯定了它的“成功大”。《史记》要求以“通古今之变”的态度去看历史，这是跟正宗儒学对立的又一个方面，是跟后者所倡“天不变，道亦不变”“古之天下亦今之天下”相对立的，也就是以一种历史态度跟武断的非历史态度相对立的。

《史记》十表是最大限度地集中表达古今之变的篇目。其中，如《十二诸侯年表》，是要表达“周室衰微，诸侯专政”“五霸更盛衰”的历史。《六国年表》是表达“春秋之后，陪臣秉政，强国相王，以至于秦，卒诸夏，灭封地，擅其号”的历史。《秦楚之际月表》是表达“秦既暴虐，楚人发难，项氏遂乱，汉乃扶义征伐，八年之间天下三嬗”的历史。司马迁写每一个表，都是要写这个历史时期的特点，写它在“古今之变”的长河中变了些什么。把这十个表总起来看，却又是要写宗周晚年以来悠久的历史时期内所经历的巨大的变化——由封国建侯走到郡县制度，由地方分权走到中央集权。这跟本纪、世家、列传之写汉初的风云人物由布衣而帝王将相，同样显示了《史记》“通古今之变”的如椽的大笔。

八书本来也应该是集中表达古今之变的，但由于残缺较多，且有相当多的部分真伪难辨，已不能显示原来的全部面貌。仅就现有的篇章而论，《平准书》集中地表达了汉兴百年之间社会经济的变化，是全书中的一篇杰作。本纪、世家和列传中最大的部分是有意于表达古今之变的。虽然像《儒林列传》《酷吏列传》《货殖列传》那样集中写一个主题的篇章较少，但如把有关各篇联系起来看，也可以更多地看出作者心中的某种古今之变。

“原始察终，见盛观衰”是《史记》提出的通古今之变的方法。总的来说，这八个字有要求考察诸历史现象、诸历史事件全部发展过程的意思。分开来说，“原始察终”似注意于考察原委者较多，而“见盛观衰”似注意于历史的转折者较多。《六国年表》是以“原始察终”的方法论秦之帝业的。它说：

“太史公读《秦记》，至犬戎败幽王，周东徙洛邑，秦襄公始封为诸侯，作西畤用事上帝，僭端见矣。……及文公逾陇，攘夷狄，尊陈宝，营岐雍之间，而穆公修政，东竟至河，则与齐桓、晋文中国侯伯侔矣。

是后，陪臣执政，大夫世禄，六卿擅晋权，征伐会盟，威重于诸侯。及田常杀简公而相齐国，诸侯晏然弗讨，海内争于战功矣。三国终之卒分晋，田和亦灭齐而有之。六国之盛自此始。务在强兵并敌，谋诈用而从衡短长之说起。矫称蜂出，誓盟不信，虽置质剖符犹不能约束也。

秦始小国僻远，诸夏宾之，比于戎翟，至献公之后，常雄诸侯。论秦之德义不如鲁卫之暴戾者，量秦之兵不如三晋之强也，然卒并天下，非必险固便形势利也，盖若天所助焉。

……秦取天下多暴，然世异变，成功大。传曰‘法后王’，何也？以其近己而俗变相类，议卑而易行也。学者牵于所闻，见秦在帝位日浅，不察其终始，因举而笑之，不敢道。此与以耳食无异。悲夫！”

司马迁评论史事，有时侧重于形势，如说：“厉幽之后，王室缺，侯伯强国兴焉。天子微，弗能正。非德不纯，形势弱也。”有时，他侧重于兵力，如《孙子吴起列传》对于吴起强兵政策的肯定。有时，他侧重于人心向背和人谋得失，如他对楚汉兴亡的看法。他看问题的不同的侧重点，往往是针对具体的历史情况提出来的。他侧重地提出了某一点，好像很有片面性，但对他来说，却总是经过全面考虑的。这里评论秦的帝业，认为德义、形势和兵力都不是主要的问题，而特加申述的却是这样的三点：第一，从秦建国的全部历史看，一直是奋发有为的。襄公作西畤，文公营岐雍，穆公修伯政，献公以后的常雄诸侯，都在说明这一点。第二，从秦成帝业的特殊历史条件看，当时社会的巨大变动和六国间不可融解的矛盾给秦的发展带来了很好的条件。所谓“盖若天所助”，就是指“世异变，成功大”而说的。第三，从秦帝业在历史上的影响说，给后来的封建政权树立了榜样。所谓“法后王”，这里说得隐约其辞，实际上就是指汉继秦制而言的。司马迁在这一点上，嘲笑了那些书呆子，他们太不会看问题了。尽管对秦的帝业还可以有更深刻的分析，但这种“原始察终”的历史地分析问题的方法在当时是前无古人的。

“见盛观衰”的方法，在《平准书》中可以得到比较明显的实例。《平准书》记述汉兴70余年封建经济繁荣景象后，指出：“当此之时，网疏而民富，役财骄溢，或至兼并豪党之徒，以武断于乡曲。宗室有土，公卿大夫以下争于奢侈，室庐舆服僭于上，无限度。物盛而衰，固其变也。”

地主们在封建经济发展中增长了的信念、贪纵和腐化，在司马迁看来，这就是一种衰象。这种情况反映到封建政权上，就是会把国家由富庶推向人民困苦和财富衰耗的动荡中。《平准书》紧接着就指出：“自是之后，严助、朱买臣等招来东瓯，事两越，江淮之间，萧然烦费矣。唐蒙、司马相如开路西南夷，凿山通道千余里，以广巴蜀，巴蜀之民罢焉。彭吴贾灭朝鲜，置沧海之郡，则燕齐之间靡然发动。及王恢设谋马邑，匈奴绝和亲，侵扰北边，兵连而不解，天下苦其劳，而干戈日滋。行者赍，居者送，中外骚扰而相奉，百姓抏弊以巧法，财赂衰耗而不赡。入物者补官，出货者除罪，选举陵迟，廉耻相冒。武力进用，法严令具。兴利之臣自此始也。”

司马迁“见盛观衰”的历史价值，不在于并观一世之盛衰，而在于盛中观衰。他论汉武帝时的整个社会变化如此。他论儒林，一方面说“自此以来，则公卿大夫士吏彬彬多文学之士矣”，一方面又指出儒术所以缘饰文法吏事，也同此意。这在方法论上有了矛盾向对立面转化的朴素的认识，在现实生活上还结合着对时政的抗议。

《史记》论历史变化，如详今略古，如肯定吴起商鞅变法的成效和秦汉统一的成就，都表示历史进化的观点。《货殖列传》反对老子小国寡民“至老死不相往来”的历史倒退论，而详述“汉兴，海内为一，开关梁，弛山泽之禁”以后商业经济的发达，尤可表示这种进步的看法。《五帝本纪》有把黄帝当作传说人物看待的迹象。《六国年表》说：“然战国之权变亦有可颇采者，何必上古？”《高祖功臣侯者年表》说：“观所以得尊宠及所以废辱，亦当世得失之林也，何必旧闻？”这也都表示《史记》并不对上古抱有多大的敬意。《史记》还不免受历史循环论的影响。如《高祖本纪》称“三王之道若循环，终而复始”，这就好像是董仲舒的口气了。

通观司马迁《史记》一书，在中国史学上的贡献是巨大的。他提出的“稽其成败兴坏之理”和“究天人之际，通古今之变，成一家之言”，不只是自己的工作要求，而且提出了历史工作上的中心问题，并且他做出了空前的成就，为此后的历史学者指出了途径、提供了学习的榜样。此后的历史学者究竟做出了什么成绩，司马迁提出来的几个问题和他已达到的成绩，就好像测量器一样可用以测量出他们的高低来。司马迁之所以成为笼罩整个中国封建时代的史学大师，其秘密正在于此。

第三讲　刘向和班固与两汉之际的史学

1. 两汉之际的史学

自司马迁《史记》成书以后，约一百七八十年，班固写成了《汉书》，这是中国史学史上第二部巨著。

《史记》的创造性的工作曾吸引了这一百七八十年间的历史学者，成为他们模仿、学习的榜样。宣帝时，《史记》经司马迁外孙杨恽得以宣布于世。元、成之间，褚少孙为《史记》作了一些续补。后来，刘向、刘歆、冯商、卫衡、扬雄、史岑、梁审、肆仁、晋冯、段肃、金丹、冯衍、韦融、萧奋、刘恂等相继撰续《史记》。东汉初年，班彪不满意《史记》的这些续作，“于是采其旧事，旁贯异闻，作《后传》六十五篇”。班固是班彪的儿子，他的《汉书》是在这些已有的基础上创作的，断代为史，写出了起于汉高祖，终于王莽的230年间的史事。他的工作代替了各家续补的《史记》，得以单独地流传下来。后人曾经长时期地以《汉书》与《史记》并称，作为纪传体史书中最有代表性的著作。

这一百七八十年间时代的特点，第一，阶级矛盾的尖锐。继武帝晚年南阳、齐、燕各地暴动之后，成帝时有颍川、山阳铁官徒的起义，广汉郑躬、尉氏樊并的起义，王莽称帝后有绿林、赤眉的大起义。这次大起义，首尾约10年（公元17—27年），在规模的壮大上、在历时的长久上都超过了秦末的大起义。第二，统治阶级内部矛盾的尖锐，帝室和外戚间的矛盾是其中的一个侧面。自成帝时王氏当权，发展到王莽称帝，而达于极点。第三，皇家对学术思想控制的加强。继武帝独尊儒术、罢黜百家之后，公元前51

年石渠阁讲五经同异，宣帝亲临决断；公元 79 年白虎观讲五经同异，章帝亲称制临决；其间又有公元 56 年光武帝宣布图谶于天下。这些时代的特点不能不在当时的史学上印下烙印。《史记》的体例和司马迁史学才能虽受到推重，《史记》的进步的历史观点却决不会在正宗学者或正宗思想中得到地位。扬雄称《史记》为“实录”，但讥其“不与圣人同，是非颇谬于经”，班彪称《史记》“善述序事理辩而不华，质而不野，文质相称，盖良史之才”，但很反对它的论议，说“浅而不笃”，“大敝伤道”，其罪状是“论术学则崇黄老而薄五经，序货殖则轻仁义而羞贫穷，道游侠则贱守节而贵俗功”。班固略同于班彪的看法，而措辞少有不同。明帝也曾称“司马迁著书，成一家言，扬名后世”，但因《史记》“微文刺讥，贬损当世”，就断定司马迁“非谊士也”！两汉之际的史学是为阴阳学说和儒家伦理思想混合起来的正宗观点所支配的，这一时期史学的发展过程正是正宗史学形成的过程。正宗学者继承了司马迁技术的方面而阉割了他思想上的精华。

两汉之际的学者如刘向、向子歆和班彪的思想，都是折中主义的。刘向、刘歆父子各著书论《洪范五行传》，“集合上古以来历春秋六国至秦汉符瑞灾异之记。推迹行事，连传祸福”，是以天人感应的神学说历史。但他们考究学术源流，就脱离了神学的支配。班彪著《王命论》，旨在申明汉承尧祚，有灵命之符，“神器有命，不可以智力求”。但同时又以汉所以成帝业，归功于刘邦之略，说他能使“英雄陈力，群策毕举”，智力在这里又起很大的作用了。班固继承了班彪的看法，力图使史学能更好地为皇家的封建统治服务。

两汉之际正宗史学的建立及折中主义的历史观的出现，一方面表示正宗思想已在史学领域建立了阵地，又一方面则表示正宗思想的危机，它在社会矛盾的剧烈冲击下已显露出内在的贫困，而不得不谋求某些合理的因素以增加自己的力量。在这个意义上，犹如司马迁进步的历史观之为当时正宗思想的对立物一样，折中主义历史观是作为司马迁进步的历史观之对立物而出现的，这是正宗思想向进步思想反攻的武器。

两汉之际的史学也有它的新的发展。第一，纪传体逐渐为历史学者所普遍采用。有的学者还试图加以改进。成帝时，冯商“受诏续太史公十余篇”，可见这种体裁也为皇家认可了。明帝诏班固和陈宗、尹敏、孟异共成《世祖本纪》，班固又作功臣、平林、新市、公孙述等列传载记 28 篇，后来刘珍、刘毅、刘陶、伏无忌等相继撰次，称为《汉记》。纪传体从此成为“国史”的主要体裁。尽管此后纪传史的写作流品不齐，但为各个历史时期史料的保存提供了有利的条件。第二，成帝、哀帝时由刘向、刘歆负责，进行了大规模的皇家藏书的校订，为史料的考订、书籍的分类和系统地论述学术源流提供了范例。司马迁在《史记》里已开始了论述学术源流的工作，至此是向前发展了。以上主要是属于技术性的发展，但对于后来史学的发展，是起作用的。班固作为两汉之际史学的代表者和总结者，在这两点上也体现出《汉书》的成就。

2. 中国历史文献学的创始者刘向

两汉之际历史学者的著述多已不传。刘向的著述保留下来的要多一些，他对班固的影响也比较大。在东汉学者眼中，扬雄和刘向都是博学的典范。

（1）两次下狱，三次丢官

刘向（约公元前 77—前 6 年），字子政，初名更生，成帝时更名向。他是汉楚元王刘交的玄孙，是汉宗室，父兄相继为阳城侯，家产过百万。刘向 12 岁时，其父刘德保任他为辇郎。成年时提升为谏大夫，后又任为郎中给事黄门，升为散骑谏大夫给事中。

汉元帝初即位时，刘向被太傅萧望之、少傅周堪推举擢为散骑宗正给事中，与侍中金敞拾遗于皇帝左右。四人同心辅政，讨厌外戚许氏、史氏在位放纵，尤其愤恨中书宦官弘恭、石显弄权，打算报告皇帝罢退之。但还未报告而走漏了消息，遂被许氏、史氏和弘恭、石显等告了一状，刘向与周堪被关进监牢，萧望之被罢了官。

这一年地震，元帝觉得萧望之、周堪、刘向等人冤屈，遂重新启用刘向，任为中郎。刘向通过他的外亲，向皇帝上书，为萧望之等鸣冤，要求罢退弘恭、石显，重用萧望之等。他用阴阳灾异推论时政得失，矛头指向专权的外戚与宦官。这书奏了上去，弘恭、石显知是刘向所为，请求皇帝考问奸诈。刘向又被关进狱中，后被免为庶人。萧望之被诬而自杀。

汉元帝悼念萧望之，提升周堪为光禄勋，加以信用。永光六年（公元前 43 年），刘向见周堪等人在位，盼望自己得以信用，便上封事谏说，大谈灾异之变与政事得失相关，矛头直指当今“谗邪并进”的宦官。石显见到此书，与许氏、史氏等更加怨恨刘向等。当年夏寒，日青无光，他们便借此说是周堪等“用事之咎”，诬陷周堪与刘向等“谋毁骨肉”，律议“勿令典事”。

元帝将周堪等人下放为地方官，刘向的期望落了空。以后，元帝虽又重新任用周堪为光禄大夫，领尚书事，但石显为中书令主管尚书之事，周堪很少见到皇帝，办事取决于石显之口。适值周堪患瘖疾而死，石显诬陷是张猛所害，逼他自杀。刘向为此非常不快，乃著《疾谗》《擿要》《救危》及《世颂》等，凡 8 篇，“依兴古事，悼己及同类也”。刘向一直被废黜，竟达 10 余年之久。成帝即位，石显等伏法，刘向这才有机会得以进用，为中郎，主管三辅灌溉之事，随后又升为光禄大夫。

那时，王凤为大将军秉政，倚太后，专国权，兄弟七人都封为列侯。刘向上封事，极力论说外戚当权之害。他在封事中，引用了许多历史的事实，加以论说。他在封事最后指出：“夫明者起福于无形，销患于未然，宜发明诏，吐德音，援近宗室，亲而纳信。黜远外戚，毋授以政，皆罢令就第，以则效先帝之所行，厚安外戚，全其宗族。诚东宫之意，外家之福也。王氏永存，保其爵禄，刘氏长安，不失社稷。所以褒睦外内之姓，子子孙孙无疆之计也。如不行此策，田氏复见于今，六卿必起于汉，为后嗣忧。昭昭甚明，不可不深图，不可不早虑。《易》曰：‘君不密则失臣，臣不密则失身，机事不密则害成。’唯陛下深留圣思，审固机密，览往事之戒，以折中取信，居万安之实，用保宗庙，久承皇太后，天下幸甚。”刘向的封事使成帝大为感动，但并无办法，只有任刘向为中垒校尉。

元延年间（公元前 12—前 9 年），异常现象屡见，星孛东井，岷山崩坏，还有日食。刘向对此颇生恶感，产生了一些想法，又上奏，说：历来天象与人事相应，“天命信可畏也”，“神明之应，应若影响”。近来灾异多见，“有识长老莫不震动，此变之大者也”。建议崇刘氏，诛数奸，并要求成帝接见，以便“指图陈说”。成帝果然召见刘向，“然终不能用”。

刘向一生很关心刘氏宗室的命运，也正因此，刘向关心皇族，而讥刺外戚，就必然遭到外戚的忌恨与排挤。皇帝曾多次欲用刘向为九卿，然总得不到王氏居位者及大臣的支持，故终不得提拔。刘向居列大夫官前后

30 多年，72 岁去世。

（2）神学思想

刘向早年得《枕中鸿宝苑秘书》，“书言神仙使鬼物为金之术及邹衍重道延命方”，深受神秘思想的影响。他继而参与石渠阁的五经讲论，濡染于今文经学活动。他后来论历代兴革、国政得失，就拿出了今文学者的派头，以阴阳五行、天人感应作为论证的依据。元帝时，他上封事，论舜及文武周公时的祥瑞和幽厉以后春秋时期的灾异，而归结于“灾异未有稠如今者也”。成帝时上封事，论宗周以来大臣操持国柄之危国，借“王氏外祖坟墓在济南者，其梓柱生枝叶，扶疏上出屋”之异，申言“事势不两大，王氏与刘氏亦且不并立”。这表明刘向的历史观是神学的历史观。他这种思想反映了西汉晚年大权旁落、皇族失势的悲观情绪。

《汉书·五行志》保存了刘向《洪范五行传论》约 152 条。其中论灾异跟后、妃、君夫人及外戚间关系的约 31 条，论灾异跟君主失势、国家败亡间关系的约 39 条。这不只是刘向政治立场在学术上的反映，并且是有意地利用阴阳五行学说作政治斗争的工具。

刘向虽相信“天命所授者博，非独一姓”，“自古及今未有不亡之国”，但认为“明者起福于无形，销患于未然”，可以“刘氏长安，不失社稷”。这就等于说天命还是可以人为转移的，或至少可以多延一些时期。

当刘向校订皇家藏书的时候，却很少运用这种神学历史观，而在很大程度上表现了人文主义的态度。

（3）奉命校古今典籍

成帝河平二年（公元前 27 年），刘向奉命校古今典籍，把它们分成六类，由他负责经传、诸子、诗赋三类，步兵校尉任宏校兵书，太史令尹咸校数术，侍医李柱国校方技。每校过一书，“向辄条其篇目，录而奏之”。他做了这个工作约 20 年之久，刘歆在他死后奉命完成了未竟之业。刘歆把父亲的叙录，按照典籍的分类，分别概括为六艺略、诸子略、诗赋略、兵书略、术数略、方技略，另加辑略，成为《七略》一书。刘向的叙录后来别辑成书，称为《七略别录》。

依现存《七略别录》零篇和《汉书·艺文志》所删存《七略》的材料来看，刘氏父子在思想上，第一，发展了学术分类的概念。先秦评论学术流别者，多以学术思想接近的学者并举，不称学派。孟子和韩非始提“杨墨”

或“儒墨”。司马谈始区别六家，加以评论。刘氏父子增六家为十家九流，作为诸子一类。另外又分诸子以外的典籍为五类。他们把皇家藏书定为6类，39种，1603家，13000多篇。他们在总的分类上按着皇室进行统治的需要来安排次第。六艺、诸子和诗赋都是属于文治方面的，列在最前。兵书属于武备，列于其后。术数和方技，或在统治上起补充作用，或与生活有联系，就放在最后。这当然谈不上是科学的分类，在思想本质上反映了皇权思想。但这毕竟在学术分类的概念上有了很大的发展，对于典籍的具体分类、典籍的保存和检寻是可以起一定的作用的。第二，刘氏父子注意了学术源流及其政治背景，对各家各派做出了评述。他们一方面肯定了各种学术、各个学派在不同方面的作用，论其短长，在这一点上可以说继承了司马谈论六家要旨的形式。在另一方面，他们把诸子、诗赋、兵书、术数和方技都说成是出于王官之守，把诸子、诗赋都说成是六经的支流余裔而为衰世的产物，这里就贯穿了尊崇儒术的思想。把这两方面合起来看，好像给了诸子一定的地位，而实际上是在有限度地承认诸子的现实影响下，为儒术独尊提出了历史的根据。第三，刘氏父子称《易》为五经之原，“与天地为始终”，而五经之学则“世有变改，犹五行之更用事焉”。他们肯定术数各家能测吉凶、候善恶。这又是神学思想的表现。在技术上，刘氏父子创造了大规模校雠的范例，大规模缮写定本、编撰叙录的范例和制成系统目录的范例。这对于后来所谓“校雠学”“目录学”有很大的影响，被称为它们的始祖。同时《七略》的形式在相当长的时期内也成为学术史的主要的表达形式。

看起来，刘氏父子是很淹博的，但在淹博的华贵外衣下掩遮着虚弱的、贫困的思想。这是他们父子学风上的特点。班固称赞他们“博物洽闻，通达古今，其言有补于世”，“刘氏《洪范论》发明《大传》，著天人之应。《七略》剖判艺文，总百家之绪。《三统历谱》考步日月五星之度。有意其推本之也”。班固的赞语表明了他的思想，班固正是刘氏学风的很好的继承人。

刘氏父子还续补了司马迁的书，未传于世。刘向采摘先秦旧事及汉初遗文，撰《新序》《说苑》二书，又撰《列女传》，这是记载妇女史事的第一部专书。

3. 班固改《史记》

班固、王充、蔡邕是东汉时期卓有成就的著作家。其中，班固和蔡邕既是文学家，又是史学家，王充是思想家。

班固(约公元32—约92年)，字孟坚，扶风安陵(今陕西咸阳市东北)人。他生在一个豪富、外戚，并有正宗家学传统的人家。七世祖壹在楼烦有马牛羊数千群，是秦汉之际的边地豪富。曾祖况以大臣名家的身份占籍长安，女儿是成帝的婕妤。大伯祖伯能说讲《诗》《书》《语》，辨究不同的经说。在任定襄太守的时候，以善于搜捕，使“郡中震栗”。后来官至水衡都尉，成为皇帝亲密的侍从。二伯祖斿，同刘向校书，受到成帝的器重，得到秘书副本的赏赐。公元前1世纪20年代，班氏同许氏是齐名的外戚，被称为“许班之贵倾动前朝，熏灼四方，赏赐无量，空虚内藏”。父彪，当两汉之际，“家有赐书，内足于财”，在上层社会中颇有声誉，“好古之士自远方至，父党扬子云以下莫不造门”。他续《史记》，但反对司马迁的异端观点，坚持“唯圣人之道然后尽心”的正宗之学。

班固9岁就能写文章，又可诵诗赋，16岁至23岁游太学。治学不拘于章句，着重领略大义。建武三十年（公元54年），他的父亲班彪病死，留下了遗作《后传》。此时，23岁的班固离开太学，返乡为父守丧，并拜阅了父亲所作《后传》的手稿。他感到父亲“所续前史未详”，经过反复思考，决心要继承和发展父亲的史学事业。永平初年起，着手撰写《汉书》，专写西汉一代230年的历史，此举是为了适应大一统的时代的需要。

自司马迁撰《史记》之后，统一的西汉皇朝由盛而衰，西汉灭亡，随之东汉兴起。面对复杂的阶级斗争和统治阶级内部的矛盾，封建统治阶级一方面总结了历史的经验，在政治上做出了对策；另一方面又借助思想文化加强思想统治。史学要适应历史发展的需要，只补续《史记》，是远远不够的。班彪的《王命论》和《后传》也只是适应临时的需要，未能承担起历史的使命。班固所撰的西汉全史，给大一统的西汉皇朝以突出的历史地位，总结了西汉的兴亡盛衰，以及成败得失，完全适应了历史的需要。就在班固着手编撰《汉书》不久，永平五年（公元62年）有人向朝廷上书，告发班固“私改作国史”。皇帝下诏收捕，班固被关进了京兆监狱，家中的书籍也被查抄。其弟班超担心他受委屈而难以自明，便上书，在汉明帝面前申说班固著述之意，地方官也将《汉书》的书稿呈上朝廷。汉明帝了解情况之后，很欣赏班固的才学。召他到校书部，任命他为兰台令史。兰台是汉朝收藏图书的地方。兰台的令史共有6位，秩600石，其职是掌管和校定图书。

班固因祸得福，做了兰台令史，便和陈宗、尹敏、孟异等人共同撰成《世祖本纪》。这是一部撰写汉光武创立帝业的历史的书，因此班固升迁为郎。他又撰写开创东汉的功臣列传以及平林、新市、公孙述等载记，共28篇，送呈朝廷。这些著述都被后来的官修《东观汉记》所采用。随后，班固又在汉明帝的支持下，继续撰写《汉书》。他在散文赋《答宾戏》中，表示决心“专笃志于儒学，以著述为业”。先后历时20余年，至建初（公元76—84年）中，班固完成了大部分的著述，可谓“当世甚重其书，学者莫不讽诵焉”。

班固任郎之后，“遂见亲近”。当时建都洛阳，而关中耆老犹望迁都长安。班固乃作《两都赋》，呈给汉明帝，“盛称洛邑制度之美，以折西宾淫侈之论”。《西都赋》和《东都赋》都为鸿篇巨制。又及汉章帝雅好文章，班固固然更加“得幸”，多次入宫与帝论学。据说“每行巡狩，辄献上赋颂，朝廷有大议，使难问公卿，辩论于前，赏赐恩宠甚渥”。建初三年（公元78年），班固当了玄武司马，秩比千石，掌管守卫玄武门。次年，章帝于洛阳北宫白虎观召集诸儒，讲论五经异同。班固担任记录，会后奉命根据记录编纂成《白虎通义》（又名《白虎通德论》或《白虎通》）。此书为董仲舒以来，儒家学派的法典性著作。

元和元年（公元84年），北匈奴愿与汉人“合市”，并要求“和亲”。此时，章帝诏问群臣。议者意见不一，或以为匈奴“变诈”，不予理睬。班固发议：根据历史经验，应当通使修好，“上可继五凤、甘露致远人之会，下不失建武、永平羁縻之义”。章帝允许北匈奴前来“与汉贾客交易”，地方官府“赏赐待遇之”。这应该与班固的建议有一定的关系。

永元元年（公元89年），南匈奴单于向汉请兵征伐不轨的北匈奴。

窦宪因罪惧诛，自求讨伐北匈奴以赎罪。窦太后乃任命窦宪为车骑将军出征北匈奴，班固为中护军，参与谋议。汉军与南匈奴兵等大胜，出塞3000余里，追至燕然山（今蒙古境内杭爱山）。班固奉窦宪之命，刻石勒功，记汉威德。次年，北匈奴单于遣使向汉请求和亲，窦宪奏请派遣班固行中郎将事，带领数百骑出居延塞迎接北匈奴单于。适值北匈奴单于被南匈奴击败逃走，班固到了私渠海（今杭爱山南）闻知如此情况，只好返回。

永元四年（公元92年），窦宪因外戚专权而被和帝夺了兵权，被迫自杀。班固也由于和窦宪关系密切，而受到了牵累，被罢免了官职。又因班家奴仆以往曾仗势侮辱过洛阳令种兢，种兢起初因畏窦宪而含怒未发，待至窦宪垮台，以及班固失势，便乘机将班固逮捕入狱。不久，班固死于狱中，终年61岁。

班固去世了，《汉书》也就功亏一篑，八表及《天文志》尚未完成，和帝令其妹班昭就东观藏书阁续成之，班昭续成八表，《天文志》由马续奉诏完成。据此可言，传世至今的《汉书》，是经由班彪、班固、班昭和马续四人所撰而成，历时几十年。当然，其最主要的是班固20余年心血的结晶。班固除编撰《汉书》外，还有很多诗赋文章，明代张溥曾辑《班兰台集》，近人丁福保辑有《班孟坚集》。

班固在传记文学方面也是一把好手，在《汉书》里，有不少这方面的出色作品。但班固最主要的是在史学学术方面的成就，他所著《汉书》是一部杰出的历史著作。

班固写《汉书》，记刘邦起义以至王莽的失败，共分纪、表、志、传等四个部分。表和天文志没有写好，是由妹昭和扶风马续相继完成的。《汉书》中有4篇纪、6篇表、3篇志、40篇传是在《史记》的基础上写的，其中有的是增补了多少不等的材料，有的是就原有的材料另行编排，有的是就原文作了简单的分合，有的是基本上依原文照录。长期以来，旧史家就《汉书》是否抄袭《史记》而展开了对《汉书》的评论。其实这并不是重要的问题，重要的是《汉书》利用了《史记》在体例、史料、写作艺术以及某些观点上的成就，并且也利用了《史记》的学术威信和社会威信，但用正宗的观点挤掉了《史记》的进步精髓而加以改写。

第一，《汉书》不像《史记》那样把汉的建国放在历史发展过程中去考虑。

它反对这种做法，指责《史记》把汉史“编于百王之末，厕于秦项之列”，是把汉的历史地位压低了。它在《叙传》里特别提出“汉绍尧运以建帝业”，在《高帝纪》还把刘邦的世系从唐虞夏商周、春秋、战国，一直到秦汉之际，都大体地编排起来，并申述：“汉承尧运，德祚已盛，断蛇著符，皆旗秋上赤，协于火德，自然之应。”《律历志》依据《三统历谱》，“删其伪辞”，把所谓太昊以至刘秀的世代更替都排列起来，一一注明所值五德之运。这也不过是要证明汉以火德代周之木德，正如帝尧之以火德代替帝喾的木德一样，是按着必然的程序出现的。

《汉书》所表示的五德始终说属于五行相生说。这是西汉末年形成的一种说法，火生土，故王莽自称以土德代替汉的火德；土生金，故公孙述自称以金德代替王莽的土德；刘秀复兴，便要以火德继承西汉的火德。五行相生说，在东汉皇朝来说，是对农民，同时也是对统治阶级内部，证明其封建统治在神学上合法的依据。《汉书·高帝纪》几乎全部因袭《史记·高祖本纪》，但却特别编排了高祖世系和斩蛇的奇迹，当然，这就改变了《史记》的原有精神。但这正是为班固的正宗思想所决定的，是反映了东汉皇朝的要求的。由于同样理由，《汉书》虽为王莽写了一篇详细传记，但特别指出他同秦一样，都是“炕龙绝气，非命之运，紫色蛙声，余分闰位”。如果把《叙传》除外，《高帝纪》和《王莽传》恰好是《汉书》的一首一尾，表明了班固以西汉历史神化东汉皇权的企图。

《汉书》也称道高祖“明达、好谋、能听”，“初顺民心作三章之约”，建国后“虽日不暇给，规模弘远”，但把这些又归之于“实天生德，聪明神武”，好像高祖个人的一切作为也都是天意早就规定了的。《汉书》在这里虽把皇权神授的说法说到了家，却不可能把这种说法在别的历史问题上都贯彻下去。如果都贯彻了这个说法，人们就成了天意支配下的傀儡，他们的是非善恶都不必对历史负责了。因此《汉书》在惠帝以下的各帝纪里就把“实天生德”的论点搁起来了，却就各帝的政绩和个人言行评论起来。并且《成帝纪·赞》还说道：“建始以来，王氏始执国命，哀平短祚，莽遂篡位，盖其威福所由来者渐矣。”这就完全是就历史发展形势来讲的。在这里班固又好像已经忘记了他对高祖所弹的调子。仅仅在帝纪12篇之间，他的调子就已经这样不调和了。这是他的折中主义的表现，他是看不出他自相矛盾的拼凑的。

第二，《汉书》抛弃了《史记》“究天人之际、通古今之变”的进步内容，而把天人感应的神秘学说，特别是五行灾异学说当作社会现象的永恒规律来宣扬。《五行志》集中地表达了这种思想，它是《史记》八书所无而班固新创的项目。它在这里集中了董仲舒、夏侯始昌、眭孟、夏侯胜、京房、刘向、刘歆、谷永、李寻等这些阴阳五行学说的大师的论述，加上自己的意见，系统地编写起来。在时间上，它包含了对春秋以来直至王莽时期某些史事在灾异上的附会。在内容上，它企图表明水火木金土等自然现象可以反映政治上的得失，貌言视听思的失当也可影响到风雨、水旱、寒暖、蝗灾、地震等。《天文志》有许多内容同于《史记·天官书》，而特别强调“政失于此，则变见于彼，犹景之象形，响之应声”，并且详记秦楚以来天变对人事的征验，这跟《天官书》主旨在于记天官职守者有很大的分歧。

在纪的部分，《汉书》依《史记》高、吕、文三篇本纪写成《高帝纪》《惠帝纪》《高后纪》和《文帝纪》，除了在史事的分合增减上略有不同外，最显著的一点就是按年代的顺序分别加上了灾异的记事。

在传的部分，《汉书》依《史记》写公孙弘传，而增以公元前130年贤良对策，这主要是在答复武帝所问天人之道，吉凶之效，“属统垂业，物鬼变化，天命之符，废兴何如”。它把董仲舒从《史记·儒林列传》里分离出来，为立专传，而以天人三策占了主要的篇幅。它改《史记·楚元王世家》为《楚元王传》，实际上以刘向言天变的封事占了大量的篇幅。它新创的传，如《萧望之传》《翟方进传》《谷永杜邺传》等，都盛言灾异。《眭两夏侯京翼李传》是专为阴阳五行学者立的合传，赞语中说他们“假经设谊，依托象类，或不免乎亿则屡中”，这对于他们的本领虽好象不太尊敬，但既能“屡中”，实际上还是在肯定阴阳五行学说的正确性。

我们知道，《史记》还不能完全摆脱神秘思想的束缚，但它是走向无神论并且已具有无神论思想的。《汉书》就不是能否摆脱的问题，而是抱住有神论，多方宣传有神论。它强调灾异的作用，只不过是要表明皇帝的一举一动都受到上天的注视，都必然发生相应的影响。这跟《史记》的历史思想是背道而驰的。

第三，《汉书》以强调封建性代替《史记》的进步性。班固说《史记》“论大道则先黄老而后六经，序游侠则退处士而进奸雄，述货殖则崇势利而羞贱贫”，这并没有批评到司马迁，反而显示了自己拥护封建的面貌。

《史记》本来也尊信《诗》《书》，“折中于夫子”，详于孔子、七十弟子、孟荀等儒家之传记，但决不同意独尊儒术、罢黜百家，并且还自命为“一家之言”。《汉书》于《艺文志》也序列诸子，但却是把“艺”置于“文”之首，把诸子诗赋都看作“六经之支与流裔”。《史》《汉》各有《游侠》《货殖》二传。《史记·游侠列传》以布衣之侠跟好宾客的贵人、恣欲自快的豪暴严格地加以区分，称颂布衣之侠“设取予然诺，千里诵义，为死不顾世”的行为，以与“窃钩者诛，窃国者侯，侯之门仁义存”之虚伪的封建道德相对照。《汉书·游侠传》正相反，把结宾客、广交游、能形成一种社会势力的人都叫作游侠，而把孟尝君、淮南王安、魏其侯婴、效忠于王莽的楼护和陈遵，再三以报自己私仇著名的原涉，同布衣之侠剧孟、郭解等同列，一律谴责他们“背公死党”，说他们废弃了“守职奉上之义”。《史记·货殖列传》申述财富的不齐决定了人们社会身份的贵贱，并肯定农工商虞治生谋利的活动是人类生活资料的来源，从而反对官方的经济垄断。《汉书·货殖传》也与此相反，以封建等级为不可逾越的永恒秩序，说什么“爵禄、奉养、宫室、车服、棺椁、祭祀、死生之制各为差品，小不得僭大，贱不得逾贵”；以生产活动归之于圣王之教，说什么“后以财成辅相天地之宜，以左右民”；并且要求当老百姓的要“有耻而且敬，贵谊而贱利”。《史》《汉》的《游侠》《货殖》两传，篇名同，篇内的材料也多相同，但精神面貌却完全是两样的了。

《汉书》依据《史记》写的50多篇，改写的并不多。如果除去了技术性的修改，改写的就更少了。可是这种不多的改写却突出地体现了《史》《汉》的对立。这是封建性和进步性之政治倾向性的对立，是有神论和无神论、永恒不变和不断变化之历史观的对立。总之，这是正宗史学和异端史学的对立，这种对立，在中国封建时代史学发展中是有深刻意义的；它体现着中国封建时代史学前进行程中矛盾运动的基本规律。

4. 《汉书》的博洽

《汉书》的正宗史学为后来的封建政权和正宗学者所支持，但它在史学史上的重大影响并不在于它的正宗思想而在于它的博洽。它曾以“博物洽闻”推重司马迁、刘向和扬雄。它在《叙传》里提出的任务，也是在建立正宗史学的同时，要求各方面淹博贯通。范晔称它“文赡而事详”，颜师古称它“宏赡”，都是从博洽的角度去肯定它的。

《汉书》的博洽，首先在于创立了一个纪传体断代史的规模。在全书百篇中，十二篇记述了高、惠、高后、文、景、武、昭、宣、元、成、哀、平 12 世的大事，作为全书的纲领。在跟《史记》有关的四篇里，有了史事的隐讳，有了灾异和符应的增加，但也有更详明的年月，有了更多的纲领性。八篇表，有六篇王侯表是分合增减《史记》有关各表而成的。《百官公卿表》记秦汉官制和西汉将相大臣的升迁免死，《古今人表》分九等谱列远古至秦楚之际的历史人物，都是《汉书》所新创。十篇志，有律历、礼乐、刑法、食货、郊祀、天文、五行、地理、沟洫、艺文。《郊祀志》承袭《史记•封禅书》而作，但把原来讽刺世主之作改为祭神求仙的简单记录。《天文志》和《沟洫志》也承袭了《史记》的一些材料而增加了新的内容，其他七篇，虽有篇名同于《史记》或承袭了《史记》的一些材料，但实际上都可说是新创立的。十志和《古今人表》都不限于西汉年代的断限，而《古今人表》却又专谱汉以前的人物。七十传，有陈胜、项羽、张耳、陈馀等秦汉之际的起义人物，有韩信、张良、萧何、晁错等汉家将相名卿，有荆燕吴楚等同姓王侯，有窦田王史等外戚，还有经师、文学、说士、行人、清节、循吏、酷吏、货殖、游侠、佞幸、妃后嫔御、国内外民族，最后是《王莽传》和《叙传》。除了在《史记》原有基础上写的 40 篇外，有 30 篇是新创立的。全书具备两汉 230 年的史事，共 80 余万言。

《汉书》的十志是最足以表示其博洽的。这里包含了自然的和社会的学问，也包含了可信的和神秘的学问；包含了理论，也包含了技术。《沟洫志》详于《史记•河渠书》所缺的一些史事和治河对策，备载了贾让治河三策这一重大的治河文献。《食货志》基本上是《汉书》新创立的，它采用了《史记•平准书》的材料而冲淡了《平准书》对于当时社会矛盾的揭露。但另一方面，它系统地记述了宗周以至王莽时期的农政和钱法，反映了这一千多年社会经济发展的重要的侧面。《刑法志》是《汉书》完全新创立的，它记述宗周以来至东汉初年军制和刑法的变化。《地理志》和《艺文志》也是《汉书》所创立的。《地理志》记载《禹贡》《周官》的九州，汉郡县封国建置由来和变革、它们的山川户口、各地区的风土及海外交通。《艺文志》概括了刘向、刘歆《七略》的成果而有所出入，反映了西汉官府藏书的基本情况，并综述了各个学科和学派的源流和短长。这五个志，对于纪传体史书中经济史、政治史、文化史，或提供了新的具体内容和新的写法，或创始了一个新的探索的部门，对于后来纪传体史书的书志部分有很大的影响，对于后来《通典》《文献通考》等书也有很大的影响。而《地理志》在地理沿革的研究上，《艺文志》在目录学的研究上，后来逐渐成为最有代表性的作品。

《汉书》对于国内外民族历史的记载，也是可以表示其淹博的一个部分。它在这方面继承了《史记》的传统而有所发展。它合并了《史记》的有关列传而为《西南夷两粤朝鲜传》，于西南夷传增益了几乎一半的史事。它承袭了《史记·匈奴列传》，而增益了约3/5的史事，整齐了自越百以至更始末年匈奴的历史。后来史家相继传述，因而匈奴民族历史在汉文载籍中得以保持首尾相当完整的记载。它又创立了《西域传》，记述了今新疆境内各民族、城邦的风土、户口和道路远近，记述了安息、大月氏、大夏、犁靬、条支和中亚、西南亚国家的历史。无论在国内民族史还是中亚、西南亚古民族史的研究上，《西域传》都占了重要的文献地位。

《汉书》承袭《史记》的纪传，有时增多了诏疏或论议，如《汉书》所增董仲舒天人三策、公孙弘贤良对策，这可以说是《史记》作者有意地摒而不取。然如《汉书》所增晁错募民徙塞下疏，韩安国和王恢关于伐匈奴的辩论，就可能是由于司马迁的疏漏或当时未能见到，因而未入《史记》。《汉书》的正宗思想在《史记》进步思想的照耀下是黯然无色的，但在历史文献搜集上，班固有更方便的条件，他记下了更多的，有时是在历史文献上更重要的东西。

《汉书》记载的西汉一代的学术，是丰富的。十志中本来就有很大一部分是对西汉学术某些方面的总结，而《汉书》在传记中也给西汉学人以相当多的篇幅。它给贾谊、董仲舒、司马相如、司马迁、东方朔、扬雄都立了专传。刘向、刘歆的传虽附在《楚元王传》中，但篇幅并不算少。《汉书》记载了贾山的《至言》、邵阳的狱中上书、杨王孙的论裸葬、贡禹的奏议和夏侯胜等的论灾异；记载了楚元王、淮南王安和河间献王的学术活动；记载了陆贾、蒯通等的著作；还记载了著名政治人物与学术的关系，如晁错学申商，韩安国学韩非，汲黯好黄及韦贤、萧望之、张禹、翟方进等的经学。

《汉书》的博洽还表现在另外两个方面。一个是《汉书》多古字古义。因而东汉末年以后的所谓《汉书》之学，差不多可以说是《汉书》训诂之学。又一个是《汉书》收载文章诗赋，具备多种文体，富于辞藻，为后来文章家所取资。这就是柳宗元所说：“由高帝迄于哀平王莽之诛，四方之文章盖烂然矣。史臣班孟坚修其书，拔其尤者，充于简册。”这两个方面都不属于史学的范围，第二个方面也只是指《汉书》所收的文章，而不是说《汉书》本身的文学成就。但后人评论《汉书》往往因这两方面的影响，不适当地抬高《汉书》在史学史上的地位。

《汉书》的博洽，是从具体的历史资料和历史知识说的，也是从它能把后者组成一部断代史来说的。它在这方面做出了成绩，并有利于后人对西汉史的研究，这是可以肯定的。但这种博洽并不能解救它在历史思想上的贫困，也掩盖不了这种贫困，正相反，这种博洽却助长了它的驳杂，成为折中主义的工具。

上文已说到十志最足以表现《汉书》的博洽，但折中主义的面貌也在十志里暴露得更显著。《律历志》《天文志》和《五行志》，或把政权的兴替说成是神意规定的历史秩序，或把自然的灾异说成跟政治得失有必然的联系。《刑法志》在解释国家政权的形成时，则把它归之于人民群居的需要和对于圣王的归心，这里就没有神意的影子了。《食货志》通过农政叙宗周以后农业生产的发展，《地理志》从自然条件和历史条件说明各地区物产和风俗的特点，《艺文志》总括古今学术的流变，尽管它们也偶尔点出一两句阴阳五行说的术语，但都脱离神学的轨道而基本上就具体的现象作解释。这是《汉书》的折中主义首先表现为对政治史跟经济史、政治史、文化史之理解的矛盾，同时也表现为对政治史现象之间理解的矛盾。

甚至在同一历史问题上，《汉书》也遮盖不了它的折中主义所表现出来的混乱。例如秦楚之亡和汉之兴是一个历史问题的两个方面，在不同方面可以有不同的具体解释，但对于这一个问题的基本理解应该是一致的。《汉书》并不能这样做。它在《高帝纪》采用了刘向的五德相生说，把汉之建国归之于“协于火德”。在《陈胜项籍传•赞》，借鉴了贾谊《过秦论》，把秦亡归之于“仁义不施而攻守之势异”；又用了司马迁的说法，把楚亡归之于项羽战略上的错误。在《诸侯王表•序》，又用封建论者的说法把秦亡归之于“内亡骨肉本根之辅，外亡尺土藩翼之卫”。像这样采用众说，博洽是博洽了，但这四个说法之间却无一不矛盾。单独地就一个说法来看，却都还不失为一种看法，但合起来看，就什么问题都不能说明了。

《汉书》的折中主义是正宗思想在威信已经衰落时所表现的一种特殊形式。因此，它在一开始就表现出生命枯竭的窘态，它无论如何在混乱的博洽中翻跟头，却万变不离其宗，顽固地坚持拥汉的立场不放。

《汉书》在史学史上的成就，是在思想性和技术性的矛盾下的成就，是技术性远远超过思想性的成就。这种情况还会在以后的中国史学发展中，以新的形式出现。一向把《史》《汉》并举，应该说是一种很不相称的并举，它们在体例上虽各有创造性的地位，但就它们的史学的全部成就来说，是属于不同性质的类型的。

5. 《汉纪》的继出

《汉书》成书一百一十年之后，荀悦改编的《汉纪》出世。荀悦也是一个正宗史学家。他改编的《汉纪》约18万多字，不到《汉书》的1/4，但《汉纪》所载西汉灾祥可以说应有尽有，这也表现出他对正宗神学的态度。这种态度是跟他的政治立场一致的：他未尝不知道汉室已日暮穷途，但还是拥护汉室，还是不愿看到汉室灭亡。班固的历史思想已经无法掩盖其贫困的内容，荀悦就更沿着班固的旧路进入虚脱的阶段了。

在技术上说，《汉纪》以《汉书》的纪为纲，大量吸收了传的材料，还吸收了一些志表的记载。正如《汉书》发展了《史记》的体例，而创立了断代的纪传体，《汉纪》发展了《春秋经》和《左传》的体例而建立了颇具规模的断代的编年体。《汉纪》的出现，扩大了《汉书》的影响。它们成为封建社会正宗史学两类“正史”的创始者。在后来史学的发展中，不同时期不同史学流派对于《史记》和《汉书》《汉纪》的不同态度，常常成为其史学倾向的标志。

第四讲　秦，第一个封建皇朝

1. 百年奋斗，十年“初并天下”

公元前221年，秦灭齐后，占了七国原有的土地。后来又有所扩展。它把黄河中下游、长江中下游和珠江流域，基本上置于一个政权之下，形成了自商周以来最大规模的统一局面。战国时期，七国都对局部地区的统一有所贡献。秦又在七国局部统一的基础上大大地前进了。这不只是秦武力征服的结果，更重要的是社会生产力不断发展以及政治组织能力不断上升的结果。

秦原本是西方的小国，经过几代人前赴后继，与戎狄奋战，逐渐强大。

西周孝王，曾封予养马人非子一块土地，地名秦（今甘肃清水县），在戎狄间。宣王封非子曾孙秦仲做大夫后，他攻西戎而亡，子孙都戮力攻戎，国势进取渐盛。秦仲孙秦襄公因为救幽王有功，又护送平王东迁洛邑，因此平王封襄公做诸侯，遂而拥有了西周故地，成为西方强国。

秦当时仍旧承续戎狄法律及文化，虽成大国，却被东方华夏诸侯所轻视，使它不能参与盟会。

秦君之主，多有作为。秦文公设史官，定法律。德公建雍，秦穆公更为远见卓识，招揽了天下的贤士，起用谋臣百里奚，战胜晋国，扩地到黄河边上。接着又灭诸戎，开疆千里，成为春秋之霸主。秦孝公任用商鞅为相，两次变法。他奖军功，禁私斗；鼓励个体小家庭的生产，发展了封建经济；

普遍推行郡县制；推行统一度量衡等一系列重措。变法，使秦国增强了军事实力，促进了社会的转型，加快了诸侯割据称雄的封建国家向统一的封建国家演变的进程。

经过惠王、武王的艰苦经营，到了昭王时期，秦国的实力，已经大大超过了东方六国，成为战国七雄之最。这一切，为嬴政统一中国奠定了坚实的基础。

秦王政，“奋六世之余烈，振长策而御宇内”，发动了吞并六国的决战。从秦王政十七年（公元前230年）灭韩，至二十六年（公元前221年）灭齐，前后只用了十年，已“初并天下”，统一了六国。秦的统一，是秦皇朝建立的前提，是中国古代历史发展的重大转折点。

十年之快，可谓神速，但也曲折。秦伐楚时，秦始皇问李信需用多少兵力，回答不过20万；又问王翦，回答非60万不可。秦始皇错误地判断王翦人老胆怯，李信年青勇猛。于是便命李信、蒙恬率20万众伐楚。初始时，李信、蒙恬两路并进，节节胜利。但不久，却被楚军打败，秦军伤亡惨重，仅都尉就阵亡7人。

秦始皇后悔轻信李信，便亲自到频阳向王翦谢罪说：“寡人以不用将军计，李信果辱秦军。今闻荆兵日进而西，将军虽病，独忍弃寡人乎？”秦始皇几经谢罪，而王翦却毫不让步，无奈之余说：如果一定要用臣，“非六十万人不可”。秦始皇闻后，不但答应了王翦的要求，出发时还亲临灞上，为王翦送行。王翦带60万兵，“坚壁乘隙”，趁楚军撤离将楚军打败。此例，可见秦始皇立业用人之浩荡，十年不灭六国，实在难矣。

灭齐可谓不战而下，但还是有人想用齐的兵力，利用三晋及楚的流亡贵族，抵抗秦兵，并袭取三晋、楚的故地。秦灭六国，就是在最后的时刻，也并非一帆风顺。

自周平王东迁洛邑以后，社会逐渐陷入了长期分裂、混战的局面。“是后，或力政，强乘弱，兴师不请天子”，“政由五伯，诸侯恣行”。战国年间，更是“并大兼小，暴政经岁”，“力功争强，胜者为右”。秦王政，承秦孝、昭王以来，向外拓展，结束了过去“兵革不休”“流血满野”的混战，一改长期以来的“国异政教，各自独断，上无天子，下无方伯”的局面，这一切既适应了历史发展的趋向，也迎合了大众的心愿。秦之《泰山刻石》中，道：“廿有六年，初并天下，罔不宾服。……训经宣达，远近毕理，咸承圣志。”

《之罘刻石》中，也道：“六国回辟，贪戾无厌，虐杀不已。皇帝哀众，遂发讨师，奋扬武德。义诛信行，威燀旁达，莫不宾服。”

当时，即使还达不到“莫不宾服”，为数众多的百姓也当是归服的。正如西汉著名政论家贾谊在《新书·过秦》中所说：“秦灭周祀，并海内，兼诸侯，南面称帝，以四海养。天下之士，斐然向风。”

又见《史记·平津侯主父传》，秦灭六国之后，西汉中期的严安也说：“元元黎民得免于战国，逢明天子，人人自以为更生。”

这些都异口同声地道出了秦“初并天下”以后的大好形势。

2. 强化皇权，巩固统治

秦王嬴政面对这个空前的局面，要求有一个相应的尊贵的称号。他决定自己的称号是始皇帝，他的子孙继承帝位的称二世皇帝、三世皇帝。他认为，这样传下去，可以万世无穷。他还规定了皇帝的命令及皇帝自称的专门用语，不准别人使用。

秦皇朝建立以后，为了强化统治和维护封建国家多民族的统一局面，秦始皇进一步采取了一系列强化统治的重要措施。

在秦代以前，统治者最高的称号为“王”，商、周的君主均称为王。战国年间，王室衰落，七雄并立，于是包括秦国在内的一些诸侯国君也都自称为王，其实称“王”已达百余年之久。秦王政灭六国后，面对如此巨大的胜利，继续使用“王”号，已远远不能显示他的威严。他在二十六年（公元前 221 年），颁布了“议帝号”令。其中，秦王政先概述了他兼并六国的经过，紧接着便着重指出：“寡人以眇眇之身，兴兵诛暴乱，赖宗庙之灵，六王咸伏其辜，天下大定。今名号不更，无以称成功，传后世，其议帝号。”

这是秦王政下的第一道重要诏令，这标志着他建立秦皇权的开始。从此，“皇帝”便为秦王政的称号，由“始皇”开端，随后被历代最高封建统治者所沿用。秦始皇如此做法，显然不单单是为了更改称号，更重要的是为他自己建立至高无上、主宰天下一切的权力——皇权。

为了建立和强化皇权，秦始皇在议帝号之后，紧接着还规定了皇帝专用的称谓，规定了玉玺的制度，废除谥号。秦始皇采纳王绾、李斯等的建议，规定皇帝的命为“制”，令为“诏”，自己称“朕”。过去人们均可称“朕”，“上下共称之，贵贱不嫌”。自从秦始皇有了这一规定，“朕”便成了皇帝的专用称词，除皇帝之外，决不许任何人再用。而玉玺，则是“天子独以印称玺，又独以玉，群臣莫敢用”。

自西周中叶以来，开始有谥法。当时，王及诸侯国的君臣等死了以后，后人便依据其生前行为与表现，给予相应的谥号。由于行迹有是非之分，所以谥号也有善恶褒贬之别。这种后议其先、下议其上的做法，与秦始皇加强专制集权的意愿是相抵触的。他明确宣布：“自今以来，除谥法，朕为始皇帝，后世以计数。”秦始皇希望除谥法之后，能够“二世、三世至于万世，传之无穷”，当然这是秦始皇的个人意愿。

秦始皇推行很多加强和神化皇权的措施，如严格避讳制度，制作皇帝专用的冠服乘舆，修宫室以象“天极”，等等。看来，秦始皇为了树立至高无上的皇权，真是煞费心机。

3. 《秦律》与“三公”、诸卿

秦始皇建立了从朝廷到地方的一整套专制的政治体制。朝廷上设丞相，是皇帝的助手，处理全国政务；设太尉，管军事；设御史大夫，管监察。地方上，把统治地区分为 36 个郡，后来增加到 40 多个郡。郡设郡守、郡尉、监御史。郡的下级行政区划是县，县设县令、县尉、县丞。郡县的这三种官吏的职责，是跟朝廷的丞相、太尉和御史大夫的职责相一致的。县以下的基层单位是乡，乡设三老，管教化；设啬夫，管司法和税收；设游徼，管治安。乡以下，还有以十户编成的什和以五户编成的伍。户是指男耕女织的个体家庭。这一套政治体制好像一座宝塔。朝廷坐在塔尖上，把统治权力一直贯彻到什伍。什伍是封建朝廷进行统治和剥削的基层，是劳动力的编制单位，是粮源和兵源的组织细胞。秦始皇很重视男耕女织的个体家庭生产对封建国家的重要性，因而他把“男乐其畴，女修其业”作为自我颂扬的重要政绩。

秦始皇根据维护统治的实际需要，又将商鞅以来的律令加以补充、修订，形成了统一的、内容更为缜密的《秦律》，并颁于全国执行。

《秦律》保护封建土地所有制，严禁对封建国有土地和地主私有土地的侵犯。当时的田地是有地界的，并作为土地所有权或使用权的标志，得到国家的承认和保护。如果有人私自移动田界，都被认定是侵犯所有权，要受到法律的制裁，判以“赎耐”，强制其出钱以抵耐罪（古代剃去头发的刑罚）。在秦简中有关于征收田租的《田律》和《仓律》的记录，也有关于征发徭役和兵役的《徭律》《傅律》《敦表律》和《戍律》的记载。

《秦律》的制定，主要是为了防止和镇压反秦势力，稳定封建统治的秩序。

秦始皇倚仗至高无上的权威，一揽朝政，“天下之事无小大皆决于上”。无论如何，总不能事事躬亲，包揽一切。因此，在他议帝号、立皇权时，相应地建立了以他为首的封建朝廷，并由“三公”和诸卿组成。“三公”，即丞相、太尉和御史大夫；诸卿，“三公”之下，有分掌朝廷和国家各项行政事务的“诸卿”（或称“九卿”，实际并非九位）。其中，秦丞相多设左右二员。秦朝建立之初，首任丞相为隗状、王绾两人。此后，则有右丞相冯去疾和左丞相李斯。丞相既为文官之长，又居三公之首。秦始皇独揽一切，丞相职掌范围内的一切政务也要听皇上的，决不能自理，也无决策权。太尉，最早见于《吕氏春秋》。当时秦作战都是以丞相、将军、庶长、大良造、五大夫或客卿等领兵，并无太尉。战毕这些人当即解除兵权，仍归原职。秦皇朝建立后，一些重要活动也只有丞相、御史大夫，不见太尉。这自然与秦传统的君主专制体制相关，特别是与秦始皇强化皇权，意欲直接掌管军事、控制兵权的实意是一致的。御史大夫，由秦始皇始置。御史本出自周代，当时只是低职下官。到秦初，为了抑制相权，加强监察，于是改置御史大夫，擢为尊官。御史大夫，一为承转皇帝诏令制书，并兼掌图籍文书及记事之任；二为监察百官，“举劾按章”，主治重大案件。御史大夫为丞相之副，辅佐丞相，协理国政，仅次于相位。但他实际上又取得了皇帝的信赖，常充当皇帝的耳目，与皇帝的关系极为密切。以“三公”、诸卿为主组成的封建朝廷，是秦始皇专制体制的核心，是绝对受制于皇帝并代行皇帝政务的最高权力机关，遍布全国各地，成为秦始皇一统天下的庞大强权的国家机器。

4. 实行郡县制，稳定秦皇朝

秦始皇推行的郡县制，是春秋战国以来逐渐发展起来的一种政治体制。郡县制跟西周封国制不同，一般说来，第一，封国的君位和贵族职位都是世袭的，而郡县的首长可以随时由朝廷任免；第二，郡县必须直接接受朝廷的命令和监督，而封国对王朝却不一定。秦推行郡县制，是适应封建专制政体要求而采取的行动。这对封建社会的政治体制有长久的影响，但秦始皇究竟把郡县制推行到什么程度，记载不详。例如在西周初年建立的卫国，在秦始皇推行郡县制以后 12 年才被废，这就说明郡县制不会于短时期内在各地都施行。

秦始皇二十六年（公元前 221 年），秦始皇召集公卿大臣们进行商议，以全国范围内建立什么样的地方行政机构、采取什么样的地方统治形式为议题。

当时，以丞相王绾等为代表的群臣认为：“诸侯初破，燕、齐、荆地远，不为置王，毋以填（镇）之”，建议承袭西周以来的分封制度，“请立诸子”，以建封国。秦始皇下议于群臣，都以为秦始皇有 20 余子，理应效法周制，封邦建国，以藩皇室，大都赞同王绾的建议。然而，当时只有廷尉李斯不同意，一定坚持“废分封，置郡县”。在他的表述中，既回顾、总结了历史，又具对现实政状的思考；既安置“诸子功臣”，又协调了统治集团内部关系的筹谋与措施。早在商鞅变法时就曾普遍推行县制，后又增加了郡县，到秦始皇 13 岁继位时，已经每占领一个地区，就要设郡。事实上，当时秦已累计置郡十多个。因此，对于李斯所议，秦始皇大加肯定，道：“天下共苦战斗不休，以有侯王。赖宗庙，天下初定，又复立国，是树兵也，而求其宁息，岂不难哉！廷尉（当时李斯为廷尉官位）议是。”

秦始皇首建封建朝廷，实行郡县制，这就建构了从中央到地方，从“三公”、诸卿到乡里什伍的一整套的统治机构，这表明了秦皇朝的完全建立。

5. 实践法家的思想

李斯，秦始皇的丞相，原是楚国上蔡（今属河南省）人，是一个属于法家的人物。他很受秦始皇的信任和重视，是在秦封建皇朝建立过程中起到决策作用的人物。

李斯，约生于公元前 284 年，秦始皇病逝后，于二世二年（公元前 208 年）七月被害而死，终年约 73 岁。李斯从政的一生，基本上实践着法家的思想，以卓越的才能和远见，辅助秦王完成了统一六国的大业。

《史记·李斯列传》中载，李斯年轻时，为郡里掌管文书的小吏，职位低下。他决不甘心，时刻想着升迁。一天，他看到厕所里的老鼠在吃脏东西，每当有人或狗走过时，就受惊而逃。后来，他走进粮仓，看到那里的老鼠吃的是粟米，住着大屋，没有人或狗的惊扰。李斯感叹道："一个人有没有出息，就如同老鼠一样，是由自己所处的环境决定的。"于是，他就来到齐国的兰陵（今山东苍山兰陵镇），拜思想家荀子为师，学习君王如何治理天下的学问。当时，韩非、李斯都是荀子的学生，李斯学成之后，便从政，为推行以法治国的政策奠定了良好的基础。

公元前 247 年，战国末，李斯由楚西行入秦。那是秦庄襄王去世之时，他便请求当了秦相国文信侯吕不韦的舍人。由于吕不韦与李斯同来自社会下层，吕不韦就很容易地接纳了他，并赏识他，任命他为郎官。

公元前 238 年，秦王政亲理国事，免去了吕不韦的相职，而重用了李斯等人。李斯从此有了接触秦王的机会，他对秦王说："平庸的人往往失去时机，而成功业的人就在于他能利用机会，能下狠心完成一番大事业。如今诸侯服从秦国就如同郡县服从朝廷一样。以秦国的强大，王的英明，能像扫除灶上的灰尘一样扫平诸侯，成就帝业，使天下统一，这是万世难逢的良机。"李斯又见秦王时，"献利用时机，灭诸侯以成帝业之策"。秦王听了李斯离间各国君臣的计策，便"诸侯名士可下以财者厚遗结之，不肯者利剑刺之"。秦王不久就任命李斯为长史，采用了他的计谋，暗中派遣谋士带着金玉珍宝去各国游说，对各国显要人物进行物质收买；不被收买的，就用利剑将他们杀死。同时，秦王还派了良将随后攻打不从之国。秦王接连得手，又任命李斯为客卿。李斯那时献策的实际情况不详，但这些计策对加速六国灭亡，起到了决定性的作用。

公元前237年，韩国人郑国以修渠为名，来秦从事间谍活动。当郑国的计谋被发现后，秦宗室大臣乘机攻击客卿，并说："诸侯人来事秦者，大抵为其主游间于秦耳，请一切逐客。"当然外来的李斯也在驱逐之列。此时，李斯上书申述逐客的不当，此为著名的《谏逐客书》。他认为客卿对秦国强盛的贡献重大，并回顾了秦穆公招揽贤才，从西戎找到由余；从东边楚国的宛地得到了百里奚；从宋国迎来了蹇叔；从晋国招来了丕豹、公孙支。这五人并非生于秦，而被秦穆公重用，成功地吞并了20多个国家，并在西戎称霸。再秦孝公采用商鞅变法，因此国富民强，百姓愿意为秦效力，其他国家也就归顺，击败了楚国、魏国的军队，攻取了千里土地，至今安定强盛。又秦惠王用张仪的计策，收复了三川地区，向西又吞并了巴、蜀，向北占领了上郡，向南攻占了汉中，囊括九夷，控制鄢、郢，在东面占据了险要的成皋，割取了肥沃的土地，并进一步瓦解了六国的合纵联盟，使他们面向西方，奉事秦国，功业一直延续至今。又秦昭王得范睢，废黜穰侯，驱逐华阳君，使公室强大，杜绝了私门权贵的势力，如蚕食桑叶一般，吞并了诸侯的土地，为秦国奠定了统一天下的基础。上例四位君王，都是依靠了来自他国的客卿的力量。难道这些客卿辜负了秦国吗？李斯又对各国的物产和文化逐一追述，强调了对于秦国经济文化发展的诸多贡献，从而得出结论："物不产于秦，可宝者多；士不产于秦，而愿忠者众。今逐客以资敌国，损民以益雠，内自虚而外树怨于诸侯，求国无危，不可得也。"

秦王听取了李斯的上书，取消了逐客令，并恢复了李斯的官职，不久他官升廷尉。秦王又听从了李斯的计谋，对六国采取各个击破策略，从而秦20余年后并天下。

李斯，废分封，置郡县，是秦代政治体制上重大的变革者。

公元前213年，在一次宫廷宴会上，有人称道封国制的优点。丞相李斯认为，这些读过古书的人对皇帝的决定持不同意见，有损人主的威信。

他建议：史官所藏不属于秦国所记的历史材料，都要烧掉；《诗》《书》、百家语都要交地方官烧掉；有敢谈论《诗》《书》的，处死；以过去的事例非议当前政治的，杀全族；焚书令到达30天以后，不依令烧书的，处四年徒刑。秦始皇同意了李斯这种实行思想文化专制的建议。但这并不能根绝人们的议论。焚书的第二年，秦始皇发现有人议论他。他认为这是诽谤，派人严加追问，把有牵连的儒生活埋了460多人。

秦始皇“焚书”，是经历了关于郡县制度的两度争论后采取的严厉措施。在这两次的争斗中，李斯立场鲜明，舌战群儒，并提出了拟定的禁令，得到秦始皇的批准而实施。

李斯的禁令：

史官非秦纪，皆烧之；非博士官所职，天下敢有藏《诗》《书》、百家语者，悉诣守尉杂烧之；有敢偶语《诗》《书》者，弃市；以古非今者，族；吏见知不举者，与同罪；令下三十日不烧，黥为城旦（四年徒刑）；所不去者，医药、卜筮、种树之书；若欲有学法令，以吏为师。

从私藏《诗》《书》、百家语，到偶语《诗》《书》，再到以古非今，分别处以“黥为城旦”，以至弃市和族的重刑，可见这一系列禁令的严厉，也可见当时争斗的激烈。孔门的信徒们最不满的，是烧《诗》《书》。李斯所定禁令中的“学法令，以吏为师”是同过去的“学诗书，以儒为师”相对立的，同时也与后来的转化相顺应。《诗》（《诗》中的部分民歌除外）以及同《诗》《书》有同样重要地位的《礼》《乐》，原来是奴隶主贵族的经典，在一定意义上也是他们的法典。这些东西也是作为官学，而由官府掌握的。经过东周以后的动乱，这些东西才散失出来，成为儒家称颂“先王”“周礼”的依据，成为诸子百家论议的资料，也越来越成为阻碍社会发展的东西了。秦始皇批准了李斯拟定的禁令，以法令代替诗书，以吏代替儒生，是以法令维护巩固秦的统治，以“新圣”代替“先王”。

“坑儒”也同“焚书”一样，受到一些人的强烈抨击。“焚书坑儒”是春秋以来儒法斗争的一个重要组成部分。这是新旧社会制度、势力以及政治思想阵地的争斗。当然，以暴力解决的办法，过于简单，而又不可取。

这些主张除了破坏、阻碍了当时文化的发展，并没有其他什么好处，也未达到预期的效果。

唐代诗人章碣的《焚书坑》写道："竹帛烟消帝业虚，关河空锁祖龙居。坑灰未冷山东乱，刘项原来不读书。"

书焚了，秦的事业衰落了，秦始皇也死了，不久刘邦项羽这些原来不读书的人，却起兵把秦打垮了。然而"秦焚书，带来了自己的衰落与灭亡"，这种说法是生拉硬扯，是错误的。焚《诗》《书》，跟秦末农民起义，是不相干的两件事。农民起义并非突然发生，这是农民与秦始皇为代表的地主阶级矛盾的上升与激化的结果，这是秦二世灭亡的重要原因之一。

自商鞅变法到秦灭六国，已是一个半世纪了。伴随变法后封建关系的发展，农民阶级同地主阶级间的矛盾必然存在，但暂时还不是主要矛盾。灭六国以后，这种矛盾上升为主要矛盾。但秦始皇及李斯是决然看不到这一点的。他们在灭六国之后，幻想销毁各地的兵器就可能预防反秦的活动。他们根本看不见人民群众在他们取得胜利中所起的积极作用。也看不到人民群众对他们的帝业可能起到的摧毁作用。秦始皇晚年使用的过度的劳役，大量地践踏了人民的生产力和生命。这就激起了人民的反抗。秦始皇刚死不久，反抗奴役的农民起义的大风暴就起来了，秦皇朝像座纸糊的庞大房子，一下子就被反抗之火燃烧而倒塌。

李斯在秦统一六国的过程中，在秦皇朝大统一之后，为秦始皇出谋划策，在巩固统一、政权建设上，都做出了重要的贡献。比如建立帝号，设置官制、实行郡县，制定秦律，统一度量衡、统一文字等。对李斯的这些作为，应予以充分肯定。即使李斯在他生平的后期，将法家的思想推向了极端化，但归根到底还是一个法家思想的完全执行者。

李斯对于汉字书法的发展起了先驱作用。鲁迅推崇李斯在文字改革方面的贡献，他在《汉文学史纲要》中说："于文字，则有殊勋。六国之时，文字异形。斯乃立意，罢其不与秦文同者，画一书体，作《仓颉篇》七章，与故颇不同，后称秦篆。"

秦统一后，由于过去各诸侯国长期分裂割据，语言、文字有很大差异，这对于国家的统一和经济文化的发展极不相称。李斯便对秦始皇提出了统一文字的建议，并亲自主持这一工作。当时，他亲自用小篆书写了一部《仓颉篇》，作为范本，曾推行全国。这在中国文化史上是一伟大功绩。

李斯写的《谏逐客书》，不仅是具有重要价值的历史文献，而且也是一篇脍炙人口的优秀文章。鲁迅先生曾说："秦之文章，李斯一人而已。"

元代陈仁锡在《陈评史记》卷八七中道："先秦文章当以李斯为第一，太史公作传，载其书五篇，绝工之文也。"

李斯可称秦之文学家也。

李斯同时也是秦著名的书法家，是中国书法史上有记载的第一个创新者。他主持整理出了小篆。《峄山刻石》《泰山刻石》《琅琊刻石》《会稽刻石》即为李斯所书。历代都有极高的评价。小篆的出现是汉字发展史上的一大进步。令人遗憾的是，"斯手书已汛大多散失"。现在，中国国家博物馆还收藏有李斯亲书的《琅琊刻石》，山东泰山岱庙现存有李斯篆书的秦二世诏书刻石的残片，这些刻石虽已严重残损，但它们是我国已发现的最早文字刻石，实为稀世珍宝。

李斯传世书迹有《泰山刻石》《琅琊刻石》等。《泰山刻石》，又称《封泰山碑》，秦小篆碑刻，传李斯书，为秦始皇二十八年（公元前 219 年）所刻。内容是颂扬秦始皇的功德。此刻石为四面环刻，三面为始皇诏，一面为二世诏，刻于公元前 209 年。南向二世诏文 7 行，满行 12 字。传宋拓本为 223 字，后不知何时被毁坏。元拓本存 50 余字，明末残存 29 字。清乾隆五年（1740 年），毁于祠火。嘉庆二十年（1815 年）复为蒋因培访得残石 2 块，仅存 10 字，1901 年罗正均作亭护之，时已仅存 9 字。残石今存山东泰安岱庙东庑。现传世的拓本以明安国藏北宋拓本为最，存 165 字，现在日本，其余大多是 29 字本。《泰山刻石》为典型秦小篆，在书法史上，上接《石鼓文》之遗绪，下开汉篆之先河，是中国古文字的最后阶段。观其书法，用笔似锥画沙，劲如屈铁，体态狭长，结构上紧下松，平稳端严，疏密匀停，雍容渊雅，有庙堂之概。唐张怀瓘则称颂李斯的小篆是："画如铁石，字若飞动"，"骨气丰匀，方圆妙绝"，并非过誉。李斯《泰山刻石》具有相当重要的价值。它是秦篆保留至今的唯一真迹。据《史记·秦始皇本纪》载，秦始皇称帝后曾五次出巡，先后留下泰山、峄山、琅琊、之罘、碣石、会稽六处七篇刻石，皆为李斯所书。《泰山刻石》堪称李斯小篆唯一的传世真迹了。李斯《泰山刻石》还是中国碑刻制度演变的重要见证。

李斯下场悲惨，并非同于"少正卯以有进步的言论而被杀；吴起因变法而被射死；商鞅也因变法被车裂而死”。秦始皇死后，李斯因为个人得失，上了赵高的圈套，制造宫廷政变，促使秦皇朝走向衰亡，而他本人为赵高所害，历史的教训更为沉痛。不过，后来赵高也并没有什么好下场。子婴即位之后，担心赵高再作乱，就杀了赵高，同样也诛其三族。

李斯对秦的功绩是很大的。司马迁为李斯立传，说秦王撤回逐客令后，“复李斯官，卒用其计谋，二十余年竟并天下”。又说他“明法度，定律令，皆以始皇起。同文书，治离宫别馆”，以及“巡狩，外攘四夷，斯皆有力焉”。

为了有利于统治，秦始皇命令统一文字，统一度量衡。前者便于官方的行文，后者便于官方征收粮帛、物资及土木工程等的计算，而它们也为文化、生产和交易的发展提供了方便条件。

秦始皇采取各种措施以镇压反抗和防止可能发生反抗的力量。他把各地的兵器收集起来，加以销毁。他消除了可资军用的险阻，甚至连一些城郭也破坏了。他迁徙各地豪富 12 万户于咸阳，因而削弱了地方上的旧有势力，也加强了朝廷对他们的控制。他还多次出巡，以到齐楚两国旧土的次数为多。他的出巡，带有很大的示威的性质。

战国时期，在秦、赵、燕等国的北方有一个强大的游牧民族，名叫匈奴。三国跟匈奴不断有军事上的冲突，因而各修了一条长城。秦始皇把这几处的长城连接起来，使之成为西起临洮、东止辽东的更大规模的长城。长城修好后，也并不能阻挡匈奴的南下，但长城本身作为伟大的建筑工程遗留后世，成为古时候劳动人民富于智慧和独创性的见证。

第五讲　肯定秦始皇的历史作用

1. 秦的耕战政策，促进了封建经济的发展

评论秦始皇，须从商鞅变法说起。秦始皇的事业是商鞅变法的继续和发展。

商鞅变法，开始于公元前359年，在公元前350年又有一些补充。他比吴起在楚国的变法晚了二十几年；比起李悝在魏国的变法，晚了七八十年。但商鞅所变的法，在秦能长期坚持下去，并且做得比较彻底，这跟楚魏的情况是不同的。

商鞅变法，最重要的是抓住了政治上最根本的东西，这就是作为他变法核心的耕战政策。他在推动新的经济基础上下功夫。他的耕战政策促进封建经济前进，取得挫败敌人的不断增长的力量。

《商君书·徕民篇》说："意民之情，其所欲者，田宅也，晋之无有也信，秦之有余也必。若此而民不西者，秦士戚而民苦也。今利其田宅而复之三世，此必与其所欲，而不使行其所恶也。然则山东之民无不西者矣。"

同篇又说："夫秦之所患者，兴兵而伐，则国家贫；安居而农，则敌得休息。此王所不能两成也。故三世战胜，而天下不服。今以故秦（原来的秦民）事敌，而使新民作本，兵虽百宿于外，竟内不失须臾之时，此富强两成之效也。臣之所谓兵者，非谓悉兴尽起也。论竟内所能给军卒车骑，令故秦兵（叫原来的秦民当兵），新民给刍食。天下有不服之国，则王以此春围其农，夏食其食，秋取其刈，冬陈其宝……十年之内，诸侯将无异民，而王何为爱爵而重复乎？……今以草茅之地徕三晋之民，而使之事本，

此其损敌也，与战胜同实，而秦得之以为粟。”

吸引三晋的人到秦来，给他们田宅，免去他们三代人的徭役，使得专力耕田，同时就可把大量的亲人投入战斗，不受农时的限制而继续进行战争。这是商鞅耕战政策的基本内容。杜佑说这个政策的效果是“数年之间，国富民强，天下无敌”（《通典》卷一）。这个政策之所以有效以及有深远的历史意义，就因为它在当时能促进新的封建的生产力和生产关系的发展，使封建经济进一步代替奴隶制经济。

商鞅的变法令中说：

①“民有二男以上不分异者，倍其赋。”这就是以法令迫使成丁的男子各立门户，从而促进封建的一夫一妻组成的一家一户的个体经济的发展。

②“有军功者各以率受上爵，为私斗者各以轻重被刑。”这就是通过对军功的奖赏，去扶植新兴地主阶级，以新兴地主的政治地位代替过去奴隶主的政治地位，从而促使旧的生产关系和阶级关系进一步变化。

③“僇力本业，耕织致粟帛多者复其身。事末利及怠而贫者，举以为收孥”。这是奖励以男耕女织为内容的个体经济，打击离开农业生产的商人和游民，从而加强了自然经济的统治，把直接生产者束缚在土地上，以保证地主获得劳动力。

④“宗室非有军功论，不得为属籍。明尊卑爵秩等级，各以差次名田宅，臣妾衣服以家次。有功者，显荣。无功者，虽富无所芬华。”这是按有无军功及军功的大小来规定新兴地主和旧贵族之间的升降及地主阶级的内部等级。对于新兴地主阶级是一种扶植，对旧日的贵族阶级是一种打击。即使旧贵族仍有可以保持政治地位的，但他们的身份已经不是简单的贵族了。

商鞅通过这些重大措施，在秦发展了男耕女织的个体经济，发展了以军功获得社会地位的新兴地主阶级。这符合当时历史发展的形势并且有助于这种形势进一步发展。

公元前350年，商鞅下达了第二次变法令。其中有一条说：“令民父子兄弟同室内息者为禁。”这改变秦地过去一家之中两性关系的混乱现象，而促进一夫一妻制个体家庭的发展，使其有利于男耕女织的个体经济的发展。还有一条说：“为田开阡陌封疆”，这是对旧贵族土地所有制的打击，在发展耕地的情况下使旧日贵族占有的土地疆界受到破坏。

《史记》称，在第一次变法令实行后，“行之十年，秦民大悦，道不拾遗，山无盗贼，家给人足，民勇于公战，怯于私斗，乡邑大治”。这话说得未免夸大，但总可以在一定程度上反映商鞅变法对发展农业的个体经济，扶植地主阶级，使生产关系与生产力相适应，是卓有成效的。

《吕氏春秋·上农》说：“农则其产复，其产复则重徙，重徙则死其处而无二虑。”“民舍本而事末，则其产约。其产约，则轻迁徙。轻迁徙则国家有患，皆有远志，无有居心。”“苟非同姓，农不出御，女不外嫁，以安农也。”又《爱类》：“士有当年而不耕者，则天下或受其饥矣。女有当年而不织者，则天下或受其寒矣。”吕不韦和秦始皇之间，是有斗争的，但这里的记录却反映了对男耕女织的个体经济、自然经济的统治和直接生产者被束缚于土地，这些都是在社会生产上作为支配的形式出现的。《吕氏春秋》约成书于公元前239年，秦始皇已经在位8年，距商鞅变法约120年了。

秦始皇亲自掌握政权，是在公元前238年。他在已经发展起来的封建经济的基础上继续推行耕战政策。公元前221年灭六国以后，战争结束了，他继续按照耕战政策的精神，推进有利于封建经济的措施。有关的整套法令没有见到，但秦始皇在各地的刻石上表现了当时的施政的方向。

公元前219年，《泰山刻石》记秦始皇的教诲：“贵贱分明，男女礼顺，慎遵职事。”这说的是发展新的阶级关系和封建等级制，并规定了男女有别的措施以巩固个体家庭。

同年，《琅琊刻石》说：“皇帝之功，勤劳本事，上农除末，黔首是富。”这是始皇以发展农业作为自己的功劳。“本事”就是农事。“上农除末”，就是重农抑商，是维护自然经济的统治，将直接生产者束缚于土地的办法。

公元前215年，《碣石刻石》：“男乐其畴，女修其业，事各有序，惠被诸产，久并来田，莫不安所。”公元前210年，《会稽刻石》：“饰省宣义，有子而嫁，倍死不贞。防隔内外，禁止淫泆，男女絜诚。夫为寄豭，杀之无罪，男秉义程。妻为逃嫁，子不得母，咸化廉清。”这里提出来当时鼓励的经济是男耕女织的个体经济，秦始皇自颂这是有利于生产和人民生活的经济措施。这里提出的“男女絜诚”和女贞男义，也是为了巩固作为个体经济单位的家庭组织。对妇女贞节特别强调，要求有儿子的妇女在丈夫死了以后，仍能为地主国家保持这一生产单位。当时为了经济原因对妇女进行政治上和道德上的压迫，在此后的长期封建社会中越来越成为妇女的枷锁。但比起奴隶制下处于奴隶地位的妇女和“父子兄弟同室内息”状态下的妇女，地位是有所改善的。

《史记》记秦始皇赐甘罗以田宅，王翦请美田宅园池甚众，“为子孙业”，李斯狱中上书称“官斗士，尊功臣，盛其爵禄”，这都是秦始皇扶植新兴地主的事例，在时间上包括了灭六国以前和以后。而开凿的郑国渠，能灌溉咸卤之地4万多亩，亩收6斛4斗，“关中由是益富饶”，这也是秦始皇在发展农业上的重大措施。

秦以落后地区的身份奋起西方，经过长时期的努力，终于在10年之间（公元前230—前221年）先后灭了六国，其原因不是一方面的，但适应历史的发展，使上层建筑能够不断推动经济基础前进，符合历史要求，是最后取得胜利的根本原因。《汉书•沟洫志》说秦修郑国渠，“于是关中为沃野，无凶年，秦以富强，卒并诸侯。”这把秦灭六国简单地同郑国渠联系起来，未免太肤浅了，但这也可在一定程度上反映秦灭六国同它发展封建经济的关系。

变法是自上而下的变革。但当时如无一定的经济基础，变法是不能成功的。应该说，商鞅和秦始皇起了促进历史发展的作用。他们的历史功绩是应该肯定的。但真正创造历史的仍然是人民群众。没有奴隶们的暴力斗争，没有奴隶的大量逃亡以致造成奴隶制下劳动力缺乏，生产力不会得到相应的转变，封建的生产关系即不会形成，封建经济是不能实现、不可能前进的。

历来的孔门的信徒们，其中包含一些政治家和历史家，一向反对秦的变法，他们把封建社会的“富者田连阡陌而贫者无立锥之地”，归咎于秦的耕战政策“灭先王之道”，责备秦以地主所有制代替奴隶主所有制。我们说，秦的耕战政策不能使地主所有制代替奴隶主土地所有制，但能促进这种代替。这种促进在历史上是起进步作用的。他们“灭先王之道”，是灭得好的。当然，封建制度出现了，同时就出现了地主阶级和农民阶级的对立。这个问题，在整个封建时代，包括秦始皇时期在内，是不能解决的。

2. 秦始皇灭六国，立郡县，实现了中央集权的统一国家

秦始皇灭六国，让分割局面结束了，实现了中国很大地区的统一，是历史上未曾有过的煊赫事业。

秦始皇的统一事业，有它长期的历史背景，是我国历史长期发展的产物。相传，禹时，涂山之会，执玉帛者万国。汤时，有国三千。武王时，有1800国。这些数字不可尽信，但可反映当时的国，即部落，数目众多。春秋时，见于记载的，有140余国。其中有较多记载的，《史记》概括为12诸侯。战国时，主要只有7个大国。当时，国之由多到少，由分散到相对集中，表明社会经济不断发展，从而有政治军事力量的增长。七国扩大活动地域，除了灭掉一些国外，还发展了一些落后地区。今云南、贵州和四川西南一带，总称为西南夷，在战国时已分别属于秦楚统治的地区。分布在今东南地区的，也有不少地域为楚所控制。燕赵也向北方和东北方有所发展。秦国在西方有所发展。秦的统一，基本上是在战国时期这种发展规模上的统一，而在一些边远地方，又有一些发展。中国的统一，是一个长期发展的过程。秦始皇还不能使整个中国统一起来，但他做到的统一的规模是空前的。

历史的发展必然反映到思想上来。春秋战国时期已出现了要求全国统一的思想。儒家把西周理想化，把周王和诸侯之间的关系，说成是等级严明的，其思想的本质在于恢复所谓“周礼”，但也反映了当时要求统一的思想。《禹贡》和《周礼》这两部书，大概是战国人的作品，也反映了这种要求统一的思想。《春秋》大一统之义，是后来公羊家吹起来的，这是为了适应汉的政治形势。但《春秋》尊王的思想，是显著的。战国时合纵、连横的斗争，实际上也是统一和反统一的斗争。

自春秋到战国，战争的规模越来越大，各国之间已形成不能并立的局面。不只秦与六国间的战争不能停止，六国之间也存在着不可避免的矛盾。连横之所以能够占上风，而合纵搞不起来，就因为山东六国有解不开的死结。以统一的战争来结束割据的战争，这就成为历史发展的必然趋势。正是在这样的形势下，秦始皇利用秦国多年积累的力量，发挥了他个人的作用，

实现了空前的统一事业。

秦能灭六国，其重要原因，首先是政治上比六国搞得好些，搞得比较有办法。上文所说的耕战政策，是最重要的。此外，吏治也是有办法的。荀子在秦始皇即王位前的一二十年，曾到过秦国。他称道秦的官府“百吏肃然”，秦的朝廷“百事不留，恬然如无治者”。荀子说“佚而治，约而详，不烦而功，治之至也。秦类之矣。”（《强国篇》）这是其他六国难以做到的。

秦灭六国后，办了几件大事。一件是“器械一量，同书文字”。

这是统一度量衡，统一文字，都是便于统治阶级在全国范围内进行统治的工具。统一度量衡，便于官方税收等执行。统一文字，便于官方行文。这在民间是做不到，也不必要的。许慎《说文解字·后叙》：“秦始皇帝初兼天下，丞相李斯乃奏同之，罢其不与秦文合者。斯作《仓颉篇》，中车府令赵高作《爰历篇》，太史令胡毋敬作《博学篇》，皆取史籀大篆，或颇省改，所谓小篆者也。是时……官狱职务繁，初有隶书，以趋约易。”所谓“同书文字”，当指小篆，而隶书后来的流行，不一定在“同书文字”范围之内。

还有一件是修驰道。《汉书·贾山传》说秦“为驰道于天下，东穷燕齐，南极吴楚，江湖之上濒海之观毕至。道广五十步，三丈而树，厚筑其外，隐以金椎，树以青松。”这是对付六国残余势力，预防地方势力再起的军事措施。《史记·蒙恬传》，“始皇欲游天下，道九原，直抵甘泉。乃使蒙恬通道，自九原抵甘泉，堑山堙谷，千八百里。”这是北防匈奴的军事措施。像这样的全国性通道，有利于军事交通，也方便皇帝的巡游。普通老百姓是否也可以利用这种路，还没有见到记载。

第三件是移民。公元前 221 年，徙天下豪富 12 万户于咸阳，从而削弱地方势力，加强中央对他们的控制。公元前 219 年，徙民 3 万户于琅琊台下，“复十二岁”。公元前 213 年，迁 3 万家于丽邑，五万家于云阳，“皆复不事，十岁”。公元前 212 年，迁于河北榆中 3 万家。这都是移民实边。

第四件是修长城。把战国时期秦、赵、燕原来在北方修筑的长城连接起来，建成一防止匈奴南下的军事防御工程。

第五件是“堕坏城郭，决通川防，夷去险阻。”“堕坏城郭”，有军事上的意义，同时也可以说明以都市为据点的商业在经济地位上下降了。“决通川防，夷去险阻”，是有利于人民生产、生活和交通的。

以上这几件事，都是有利于加强统一的措施。但最重要的措施还是废除分封制度，建立中央集权的郡县制度。

耕战政策，是用封建制经济代替奴隶制经济，其特征是新兴地主阶级对农民阶级的统治。郡县制度，在政治上以地主阶级专政代替奴隶主贵族阶级专政，以专制主义的中央集权代替王侯世卿的世袭分封。秦的封建经济是以个体经济为出发点，秦的封建政治也是以统治个体农民为出发点的。专制主义的中央集权正是以政治的强制手段，把处于分散状态的农民编制起来，作为粮源兵源的保证，从而为封建国家服务，也就是为地主阶级专政服务。

公元前221年，秦始皇灭六国之后，“分天下以为三十六郡，郡置守、尉、监”，分司行政、军事和监察，犹如朝廷之设丞相、太尉和御史大夫。郡之下有县，县有令（万户以上），长（万户以下），有丞、尉。丞是县令长的副手。县下有乡，乡设三老“掌教化”；设游徼，“禁盗贼”；设啬夫，掌诉讼，收赋税。小乡只有啬夫，“主知民善恶，为役先后；知民贫富，为赋多少。”乡之下，按商鞅的法令，还要“令民为什伍，而相司连坐。”郡县制这一整套系统，从朝廷直到一宗一户，专制到一家一户的“为役先后”“为赋多少”。这种制度是以农村为出发点的统治，和奴隶主贵族的分封制之以血缘关系为出发点的统治，有很大的不同。前者是全国统筹的，强化了全国政治上的统一；后者是政权分割的，不只是诸侯王之间的分割，而且是王国、侯国内部的分割。前者的守、令等官是可以随时撤换的，后者的掌权者是世袭的。前者，中央政府下的地方权力只有服从中央；后者，贵族的割据势力经常互相争夺。在促成全国统一、利于人民生产上，郡县制显然是比分封制进步的政治制度。当然，郡县制普遍建立以后，也并不能使“兵不复起”。但这并不是郡县制本身造成的后果，而是阶级矛盾以及统治阶级内部矛盾必然引起的后果。

郡县制度不始于秦始皇。顾炎武举出春秋时有县的记载11条，战国时有郡的记载7条，战国时有郡守、县令的记载11条（《日知录》卷22）。而实际上，见于《史记·秦始皇本纪》，秦灭六国以前，已置有南郡、河东郡、太原郡、上党郡、三川郡、东郡、颍川郡、会稽郡等。秦之36郡中，沿袭燕、赵、魏已置之郡，又有上谷、渔阳、右北平、辽西、辽东、云中、雁门、代郡、西河、上郡等。可见郡县的设置至少已有400多年发展的历史。

而秦始皇在灭六国后，把郡县制度作为一个统一的政治制度，是一个创始人。春秋时虽有县的产生，但又有“兴灭国继绝世”的存在。郡的设立，也多开始在边远地区。出现这种情况，是因为春秋战国时期尚不能在经济上、政治上具备充分吸收灭国及克服国内旧势力的力量。秦始皇普遍设置郡县，表明当时秦国力的强大。

自汉以后，孔门的信徒们，特别反对中央集权的郡县制度，主要有两种说法。一种是说“荡灭前圣之苗裔，靡有孑遗”。这以班固的《汉书·地理志》为代表。又一是把分封子弟、功臣和朝廷的关系，说成是枝干的相辅，把分封制的废除说成是王朝寿命不能长久的原因。这实际是想复活地方割据的政治体制。

3. 秦始皇“焚书坑儒”，以“新圣”代替“先王”

在意识形态上，秦始皇进行了“焚书坑儒”的措施。“焚书坑儒”，在思想根源上是来自法家的社会变革的思想，这也可从商鞅谈起，而“焚书”，在商鞅时是已经做过了的。

商鞅变法时提出的口号是：“苟可以强国，不法其故；苟可以利民，不循其礼。”

当时保守派甘龙反对他说：“圣人不易民而教，智者不变法而治。因民而教。不劳而成功。缘法而治者，吏习而民安之。”

商鞅说：“三代不同礼而王，五伯不同法而霸。智者作法，愚者制焉，贤者更礼，不肖者拘焉。”

保守派杜挚又出来反对：“利不百不变法，功不十不易器。法古无过，循礼无邪。”

商鞅说：“治世不一道，便国不法古。故汤武不循古而王，夏殷不易礼而亡。反古者不可非，而循礼者不足多。”

这场辩论是法古同变革的斗争，是循礼同变法的斗争，是维护奴隶制还是促进封建制的斗争，这是当时秦在思想上、政治上两条路线的斗争。只有变革才有历史的前途，这是商鞅的指导思想。这跟儒家把所谓“先王之道”说成万古不易的绝对真理，是尖锐对立的。《韩非子·和氏》：“商君教秦孝公以连什伍，设告坐之过。燔诗书，而明法令。塞私门之请而遂公家之劳。禁游宦之民而显耕战之士。”商鞅已经开始以“焚书”来打击当时有反动影响的思想议论，并且是跟“塞私门”“显耕战之士”并提的，是跟“明法令”作为对立的矛盾提出来的。这已是秦始皇“焚书”以前一百三四十年的事了。

韩非子发展了商鞅的变革思想。《五蠹》把历史的变化分成上古、中古、近古和当今，各有各的时代特点。他说：“今有美尧、舜、禹、汤、武之道于当今之世者，必为新圣笑矣。”他抬出“新圣”来，把儒家所称道的尧、舜、禹、汤、武这许多“古圣先王”，都一概否定了。从历史的基本观点上说，这是唯心论的英雄史观。但把历史看成是有阶段性发展的，在当时是进步的。他提出“圣人不期修古，不法常可。论世之事，因为之备”。“世异则事异，事异则备变。”这就是说，一个时代有一个时代的特点，一个时代有一个时代的事业。时代需要的事业不同了，就必须有变革的准备。

《韩非子·五蠹》又说：“今修文学，习言谈，则无耕之劳而有富之实，无战之危而有贵之尊，则人孰不为也？是以百人事智，而一人用力。事智者众则法败，用力者寡则国贫。此世之所以乱也。故明主之国无书简之文，以法为教；无先王之语，以吏为师；无私剑之捍，以斩首为勇。是境内之民，其言谈者必轨于法，动作者归之于功，为勇者尽之于军。是故无事则国富，有事则兵强……超五帝，侔三王者，必此法也。”这里已经明白地提出了“以法为教”“以吏为师”，这是以“新圣”代替“先王”的具体化。这里没有说“坑儒”，却也已明白说出当时文学言谈无益于用，“必轨于法”了。

韩非著书在灭六国之前。秦始皇见到了《孤愤》《五蠹》之书，说：“嗟乎，寡人得见此人，与之游，死不恨矣。”可见韩非的议论深深打动了秦始皇。后来秦始皇焚书坑儒，可以说是与韩非的论述有联系的。

秦始皇“焚书”，是经历了关于郡县制度的两度争论后所采取的严厉措施。

公元前 221 年，丞相王绾主张在燕、齐、楚地置王，理由是：“地远不为置王，毋以填之。请立诸子。”群臣都同意这个说法，只有李斯反对。李斯的理由是：周封子弟同姓很多，但后来互相攻击，像仇人一样。诸侯之间互相征伐，周天子并不能禁止。现在全国统一，都成为郡县了。诸子功臣，用赋税重重地赏赐他们，也就够了。这是使国家安宁的办法。重新设置诸侯是很不方便的。秦始皇同意了他的意见。此后，就做出废除分封制的决定。这是斗争的第一个回合。

公元前213年，郡县制已经实行了8年，博士齐人淳于越又把恢复分封制提出来，说："臣闻殷周之王千余岁，封子弟功臣，自为枝辅。今陛下有海内，而子弟为匹夫。卒有田常六卿之臣，无辅拂，何以相救哉？事不师古而能长久者，非所闻也。"淳于越公然把复古的旗帜打出来了。李斯坚决地回击他，并指出当时复古思想的不可容忍。李斯说："五帝不相复，三代不相袭，各以治。非其相反，时变异也……今天下已定，法令出一。百姓当家则力农工，士则学习法令辟禁。今诸生不师今而学古，以非当世，惑乱黔首……今皇帝并有天下，别黑白而定一尊。私学而相与非法教。人闻令下，则各以其学议之。入则心非，出则巷议，夸主以为名，异取以为高，率群下以造谤。如此弗禁，则主势降乎上，党与成乎下。"于是李斯紧接着就提出了他所拟定的禁令，得到秦始皇的批准而施行。

秦始皇批准了李斯拟定的禁令，以法令代替诗书，以吏代替儒生，是以法令维护并巩固以"新圣"代替"先王"的思想阵线，是社会制度由奴隶制向封建制转化在上层建筑方面的具体体现。秦始皇批准这一禁令，是企图以政治的强制力量促进其转化。

焚书的第二年，因卢生等对秦始皇的诽谤以及一些儒生方士宣扬一些复旧的议论，秦始皇使御史案问他们。"诸生传相告引，乃自除犯禁者四百六十余人，皆坑之咸阳"。秦始皇的这件事，也同"焚书"一样，受到一些人的抨击。但这种用暴力对待反对派的办法，也并不是从秦始皇开始的。公元前496年，少正卯以有进步的言论而为孔子所杀。公元前381年，吴起因变法受到楚贵族的仇恨，为贵族们射死。公元前338年，商鞅也因变法受到秦贵族的仇恨，被车裂而死，还被杀了全家。"焚书坑儒"是春秋以来儒法斗争的一个组成部分。这是新旧社会制度、新旧阶级专政的斗争，是哪一个阶级占领政治思想阵地的斗争。当然，以暴力解决思想问题的办法，想得太简单了，是不会有多大效果的。

我们评价秦始皇，肯定他的历史作用，是给他"以一定的科学的地位，是尊重历史的辩证法的发展"的。

第六讲　秦末农民大起义

秦始皇在建立封建皇朝、促进封建社会生产力、发展社会生产关系的过程中，起了进步的作用。但另一方面，称帝以后，越来越暴露了他作为一个暴君的面目。他奴役了大量劳动人民，从事征戍、军粮运输和长城的修建，造成了人民的痛苦和死亡。他为自己兴建许多宫殿，仅仅阿房宫就役使了 70 万人。为修建自己的陵墓，也役使了 70 万人。在他的严刑峻法的压制下，人民随时有得罪的机会。比起奴隶制来，封建制是一种进步的社会制度，但它仍然是劳动人民的牢狱，而在暴君的统治下更是这样。秦始皇虽知道男耕女织的个体家庭对封建国家的重要作用。但他并不因此而放松对人民的奴役。秦始皇的晚年，人民为了打开这座牢狱，已经在各地埋下了反秦的火种，只要有人把火种点燃起来，秦皇朝就会迅速崩溃。

公元前 210 年，秦始皇出巡途中，病死沙丘（今河北省平乡县东北）。宦官赵高和丞相李斯合谋，伪造诏书，害死了秦始皇的长子扶苏和大将蒙恬，拥立秦始皇的少子胡亥做二世皇帝。赵高教唆二世放纵地享受，并严酷地对待自己所怀疑和厌恶的人们。阶级矛盾和统治阶级内部矛盾都越来越尖锐了。很多宗室、大臣和秦始皇的子女被杀。劳动人民所遭受的痛苦就更不必说了。公元前 209 年，二世皇帝即位仅仅 10 个月，陈胜、吴广率领的农民起义军就把反秦的大旗举起来了。

1. 反秦起义的首倡

陈胜，字涉，阳城（今河南省登封市东南）人。吴广，字叔，阳夏（今河南省太康县）人。

陈胜和吴广，都是屯长。

陈胜少时，被人家雇佣耕田。有一天，他耕田到了地垄上，便对伙伴们说：“我陈胜如果有一天富贵了，决不会忘记你们大伙。”伙伴们笑着答应道：“你是雇佣耕田的，哪里来的富贵呀？”陈胜叹息说：“燕雀怎能知道鸿鹄的志向呢！”

秦二世元年（公元前209年）七月，他们和900个农民应召在大泽乡（今安徽省宿县境）集中，要北上戍守渔阳（今北京市密云县境）。正赶上大雨，道路不通，大家无法按期到达。依照秦法，服役误期是要处斩的。陈胜、吴广密谋应付的办法。吴广说：“现在，逃亡是要死的，起来反抗也是要死的。都是要死，为什么不大干一场？”陈胜说：“老百姓遭受秦的折磨，已经很久了。只要我们带头打起反秦的旗号，一定会有很多人响应的。”于是，他们筹划了起义的办法。

不久以后，戍卒买鱼，在鱼肚子里发现一块帛，上有丹书，写着“陈胜王”。大家觉得奇怪。到了晚间，又发现附近树林的神祠里闪着火光。有狐狸嗥叫般的声音，说：“大楚兴，陈胜王”。戍卒们从睡眠中惊醒了。天亮以后，戍卒们看见了陈胜，就悄悄地议论。陈胜成了戍卒们注意的人物。有一天，带领戍卒的军官喝醉了酒。吴广故意用话去顶撞他。军官大怒，责打吴广，并把剑拔出来。吴广抢过了剑，把他杀了，陈胜把另外两个军官也杀了。陈胜、吴广号召大家说：“你们遇雨误期，误期当斩。即使不斩，到戍所去也是十之六七要死的。大丈夫不死便了，死也要成个大名。王侯将相，难道是天生的吗！”于是大家设坛盟誓。陈胜称将军，吴广为都尉。他们攻下了大泽乡，攻下了蕲（今安徽省宿县南），很快又攻下了附近的几个城，进占了陈（今河南省淮阳县）。这时，陈胜、吴广已有战车六七百乘，骑兵千余，步卒数万人。陈胜被推为王，国号张楚。各地人民纷纷起来，杀掉官吏，响应陈胜。农民军的声势很快就壮大起来了。

陈胜以陈为根据地，分兵多路，向秦统治的地区出击。一路由吴广率领，围攻战略要地荥阳（今属河南省）。一路由武臣、张耳、陈馀率领，北渡黄河，向河北进军。一路由周文率领，直驱秦朝的首都咸阳。另外，还分别派军进攻南阳、九江等地。各地农民军攻占城邑的，也很多。

当时，西线以吴广为假王，欲先得荥阳，取道函谷关，直捣咸阳。荥阳是秦在东方的战略要地，附近有贮粮基地敖仓。秦以李斯之子李由为三川守，死守敖仓。吴广久攻不下，双方的主力都陷在荥阳，进退两难，形成僵持状态。

二世二年（公元前 208 年）冬，陈胜另以周文为将军，蔡赐为上柱国，取道函谷关，攻关中。周文一路收兵，至函谷关，战车已千乘，兵数十万人。

函谷关地处崤山之口，地势险要，易守难攻。向称一夫守关，万夫莫开之地。周文一举越过了函谷关，进至咸阳附近的戏。

陈胜政权刚建时，秦吏从东方还，禀告二世。二世大怒，把他打入狱中。后从东方还者，二世复问，皆对曰："群盗，郡守尉方逐捕，今尽得，不足忧。"当周文军逼近咸阳时，二世再不能自欺了，他急忙召集群臣商议对策。少府章邯认为调兵已来不及，建议赦免骊山刑徒，编组新军。二世采纳他的建议，下令大赦，很快组成一支几十万人的队伍，由章邯率领。周文面对秦大军突然进攻，准备不足，加之孤军深入，缺乏后援，被迫退出关中，屯兵曹阳。陈胜"令赵发兵西入关"，增援周文。武臣拒不执行。周文等了两三个月，援兵不至，败退渑池。章邯追至，周文战败自杀，全军覆没，形势发生逆转。

章邯败周文后，继续东进。吴广面临章邯与李由夹击的危险。吴广围荥阳数月，久攻不下，并与部将发生矛盾。副将田臧矫称陈胜令，杀了吴广。

陈胜非但不惩处田臧，反而赐"楚令尹印，使为上将"。陈胜赏罚不当，还不止这一件事。当初，葛婴徇蕲东，至东城，立襄强为楚王。陈胜立为楚王后，葛婴杀襄强，拥戴陈胜，可是，陈胜还是把葛婴杀了，使田臧取得指挥权。田臧令李归继续围攻荥阳，自己率精兵迎击章邯，败死于敖仓。章邯既杀田臧，乘胜进击荥阳，杀李归，起义军的主力被消灭。

章邯移兵陈县，陈胜与他战于陈西。柱国房君、将领张贺先后战死。陈胜兵败，退至下城父。二世二年（公元前 208 年）十二月，御者庄贾杀陈胜，降秦。

这是公元前 208 年年初的事。陈胜自起义到被杀，只有 6 个月。

陈胜提出的"王侯将相宁有种乎"，为当初的"布衣将相"的局面奠定了思想基础。汹涌澎湃的农民起义，由于陈胜用人不当，赏罚不明，骄傲自满，受到严重挫折。陈胜雇佣耕田时，与穷伙伴相约："我如果有一天富贵了，决不会忘记你们。"当穷伙伴真的找来时，只不过说了几句"陈王故情"，陈胜认为有损他的威望，就把穷伙伴杀了。昔日的穷伙伴都远离而去。

陈胜以朱房为中正，胡武为司过，主管群臣诸将。朱房、胡武办事不公，陈胜却很信任他们，群臣诸将因此也都远离而去。"不得人心"，这就已经决定了陈胜会失败。

陈胜、吴广领导的反秦战争，是中国历史上第一次大规模的农民起义。陈胜提出的王侯将相无种的思想，是对商周以来贵族世袭政权的否定，是革命的政治思想。因周文等军事上的失利和陈胜的牺牲，起义军暂时受到了挫折。但陈胜发动的反秦洪流成为越来越大的力量。陈胜牺牲后不到两年，秦的统治就被摧毁了。

2. 两支力量最强的农民军

项羽和刘邦领导的农民军，是陈胜牺牲后两支力量最强的队伍。刘邦，沛县（今属江苏省）人，出身于一个农民或小地主的家庭。陈胜、吴广起义以后，他聚众响应，在沛县小吏萧何、曹参等人的帮助下，夺取了沛县。项羽，名籍，原是楚国的贵族。他的叔父项梁是楚将项燕的儿子。叔侄两人，在会稽（治所在江苏省苏州市）起义，率八千人渡江北上。他们听到陈胜的死讯后，拥立楚怀王的孙子心为王，仍然称楚怀王，并联合了一些起义队伍，一时声势大振。

刘邦（公元前 256—前 195 年），字季，为人豁达，体壮大度，无拘无束，为泗水亭，酒色之徒。常到酒铺赊酒，喝得大醉，到了年底也不还账。刘邦曾服役咸阳，也曾见到过秦始皇出巡的气派，便喟然叹息："嗟乎！我大丈夫也当如此也。"刘邦倒也有想当皇帝的"狂妄之心"。

项羽（公元前 232—前 202 年），名籍，字羽，"籍长八尺余，力能扛鼎，才气过人，虽吴中子弟皆已惮籍矣”。起兵时24岁，自刎时30岁。羽叔项梁，下相（今江苏宿迁西南）人。羽祖父项燕，秦王政二十四年（公元前223年）为秦所杀。因项氏世代为楚将，所封于项，也就姓项。

项羽少时，读书学剑都不成。但他自有说法：“书足以记姓名而已；剑一人敌，不足学，学万人敌。”项梁教他兵法，“籍大喜”，但略知其意，又不肯学了。后来，项梁杀了人，与项羽逃到吴中，当地贤士大夫，对项梁很是敬重。吴中有大事，常请项梁主办。项梁又以兵法部勒宾客以及子弟，足以让人们知道他通晓兵法。

秦二世元年（公元前209年）九月，项梁被会稽郡守殷通召见时说：“江西都造反了，此亦是天亡秦的时候到了，我想先发制人，至后就会被人所制了。”这里江西造反是指陈胜起义。殷通想请项梁为将军，共谋计事，但召来了后祸。此时，项梁反而认为自己应做郡守，就与项羽商量，项羽便拔剑斩了殷通，顿时一片哗然，紧接着又杀了要反抗的百十人，剩下的人也就全服了。此时，项梁自封会稽守，并封项羽为裨将，安排豪杰为校尉、侯、司马，收吴中及下县兵，得八千人，起兵反秦，此为“会稽起义”。

随着刘邦、项氏的起义，东南江淮一带燃起了反秦的烈焰。秦二世二年（公元前208年）六月，项梁得知陈胜已死，便召集众将在薛地（今山东滕州市南）议事，刘邦率百余骑兵赴会。范增往说项梁立楚后，要从民愿。项梁采纳了他的进言，使找到了正在做羊倌的楚怀王孙心，立为楚怀王，建都盱台。项梁也自封武信君。这次会议，意味着项梁政权的诞生，也成为继陈胜之后能够统领全局的第二位农民起义的领袖，可谓“薛地会议”。

项梁在北上攻秦的战斗中，由胜而骄，疏于防备，在定陶（今属山东省）受到秦将章邯的袭击，兵败被杀。不久，在河北的起义军也被章邯的军队围困在钜鹿（今河北省平乡县西南）。

秦二世二年九月，章邯得胜，自以为楚军大伤元气，就暂时撤离黄河以南，并带领秦军北上攻打赵国，很快攻下了赵国都城邯郸，而赵王歇逃到钜鹿。章邯派秦将王离将钜鹿围起，自己带军驻扎钜鹿南面的棘原。他还在棘原与钜鹿间修筑粮道，供给王离军粮草。

在赵王歇多次向楚怀王求救之时，楚怀王拟西攻咸阳，而项羽又急于为叔项梁报仇，力求带兵进关。怀王身边老臣却暗道：“项羽性子太暴躁，杀人又太多；刘邦倒是忠厚，不如派他去救赵国。”于是楚怀王便派刘邦打咸阳，另派宋义为上将军，项羽为副将，带领20万大军奔向钜鹿。

宋义、项羽奉楚怀王命，率军赴援。行至安阳（今属河南省），宋义按兵不动。

秦二世三年十月，宋义带楚兵北上，到了安阳（今河南安阳东南），就停了下来，想等秦赵两军打上一阵，消耗掉了兵力之后再去进攻。宋义按兵不动，一待就是46天。项羽已耐不住了，去找宋义说：“秦军包围了钜鹿，形势紧急，赶快渡河，与赵军来个里外夹击，定能打败秦军。”宋义却说：“还是等秦赵两军决战以后再说吧。”他又说：“上阵跟敌人交锋，我比不上你；要说坐在帐篷里出个计策，你就比不上我了。”他接着下了一道命令：“将士中如有不服从指挥的，就得按军法砍头！”此令明明是针对项羽的，项羽气坏了。这时已是十一月的天气了，北方天冷，又遇大雨，军粮接济不上，楚营兵士们饿寒之下纷纷抱怨。项羽便向宋义发问：“军营缺粮，上将军却按兵不动，并喝酒作乐，如此上不顾国家，下不顾兵士，哪里像个大将的样子。”

第二天一早，项羽闯入宋义帐中，斩其首后，道：“宋义背叛大王（指楚怀王），我奉大王之令，将他处死。”将卒无不慑服，一致拥护项羽为假上将军。项羽令桓楚报告楚怀王，楚怀王只能无言以对，拜项羽为上将军，统领救赵大军，属下当阳君、蒲将军皆归项羽指挥。命当阳君、蒲将军率2万兵将渡漳河，切断秦军粮道，分割了章邯和王离的军队。

项羽率主力，抢渡漳河后，令将士每人带足三天的干粮，然后砸了饭锅；将渡河船只全部凿沉，“皆沉船，破釜甑，烧庐舍，持三日粮，以示士卒必死，无一还心”，此乃成语“破釜沉舟”之出处。项羽的决心和勇气，极大地鼓舞了楚军将士。随后，楚军把王离的秦军包围起来，打得勇猛，以一当十，以十抵百，秦军遭痛击。此乃成语“以一当十”之出处。项羽率军九次激战，终于活捉了王离，其他残余亡逃兼之，章邯也被迫退兵，围攻钜鹿的秦军就这样被瓦解了。

《史记·项羽本纪》曰：“诸侯军救钜鹿下者十余壁，莫敢纵兵。及楚击秦，诸将皆从壁上观。”只待项羽率众打垮秦军，与十余支诸侯军在军营相见时，他们都跪地爬着，连头都不敢抬。诸侯军纷纷扬扬：“上将军的神威真是了不起，自古至今独一无二。我们心甘情愿，听从上将军您的指挥。”项羽只以5万兵士，大胜章邯的20万大军，生擒了王离，可谓威武之师，这场战役也就是史上有名的“钜鹿之战”。从此，项羽实际上已经成了各路反秦军队的首领了。

秦军钜鹿大败后，项羽再次发动攻势，又派遣蒲将军在漳南打败了秦军。项羽自己率军大败秦军于汙水（漳河之支流）之上。章邯被迫投降。后来，项羽立其为雍王。钜鹿之战，扭转了整个战局，消灭了秦军的主力，导致了秦在政治上的崩溃，促使了秦国的彻底瓦解。钜鹿之战，是秦末农民战争中规模最大的一次战役，一举全歼秦之全部镇压农民起义的主力，取得了反秦斗争的决定性的胜利，为刘邦入关推翻秦皇朝创造了极为有利的条件。

当宋义等奉命北上的时候，刘邦也奉楚怀王命西进。他的军队取道南阳，攻入武关，进逼咸阳。前后约经一年的时间，未遇坚强的抵抗。在这期间，赵高陷害了李斯，又杀害了二世，立二世之侄子婴执政，去帝号，称秦王。不久，子婴又杀了赵高。刘邦兵临咸阳，子婴迎降于霸上（今陕西省西安市东），秦亡。这是公元前207年冬的事。秦末农民起义推翻封建皇朝，是中国历史上创始的记录。

汉元年（公元前206年）十一月，项羽进而西进咸阳，至函谷关。不料刘邦已捷足先登，派兵守关，项羽大怒，遣当阳君攻破函谷关。项羽率40万大军，进至戏（今陕西省西安市临潼区东，已近咸阳）西，驻军于新丰鸿门。这时，刘邦兵10万，驻军霸上，两军对垒。此时，刘邦左司马曹无伤遣人到项羽处告密，说：“沛公欲王关中，使子婴为相。珍宝尽有之。”项羽闻言大怒，将于次日攻击刘邦。范增说：“沛公居山东时，贪于财货，好美姬。今入关，财物无所取，妇女无所幸，此其志不在小。吾令人望其气，皆为龙虎，成五彩，此天子气也。”他鼓动项羽从速进兵，勿失时机。一场恶战已迫在眉睫。在此关键时刻，项羽的叔父项伯当夜驰至刘邦驻军处。刘邦借口骗说：“吾入关，秋毫不敢有所近，籍吏民，封府库，而待将军。所以遣将守关者，备他盗之出入与非常也。日夜望将军至，岂敢反乎？”项伯便听信刘邦的话，嘱咐刘邦次日及早到鸿门拜谢项羽，消除误会。项伯连夜赶回鸿门，把刘邦的话转告项羽，并说：“沛公不先破关中，公岂敢入乎？今人有大功而击之，不义也。不如因善遇之。”

次日，刘邦率张良、樊哙等百余骑兵，携带礼品，到鸿门假意拜谢项羽。刘邦解释说：“臣与将军戮力而攻秦。将军战河北，臣战河南，然不自意能先入关破秦，得复见将军于此。今者有小人之言，令将军与臣有郤。”项羽设宴招待刘邦。席间，范增一再示意项羽击杀刘邦，项羽默然不应。范增出外，召唤项庄进去祝酒，欲乘舞剑助兴，击杀刘邦。项庄祝酒毕，便借舞剑为乐，随即拔剑起舞。此刻，项伯识破了项庄舞剑的用心。他也拔剑起舞。项庄多次要剑刺刘邦，项伯“常以身翼蔽沛公，庄不得击”。此乃成语“项庄舞剑，意在沛公”之出处。张良见事急迫，至军门，见樊哙。樊哙闻事急，带剑拥盾，推倒卫士，闯入军门。他嗔目视项王，头发上指，目眦尽裂。此又为成语“冲冠眦裂”之出处。他陈述刘邦之功，怒斥项羽听信谗言，欲杀功臣。项羽令赐酒肉，连连称壮士，令其入席就座。刘邦借口去厕所，招张良、樊哙等一起出去。刘邦要逃，但又怕项羽怪罪。樊哙说：“大行不顾细谨，大礼不辞小让。如今人方为刀俎，我为鱼肉，何辞为？”这便是成语“人为刀俎，我为鱼肉”之出处。刘邦遂与樊哙等四人从小道归霸上。留张良拜谢，赠送礼品。范增听说刘邦已走，气愤地说：“唉！竖子不足与谋，夺项王天下者，必沛公也，吾属今为之虏也。”充满着战争气氛的刘项对峙，至此得到了暂时的缓解。这便是史书所称的“鸿门宴”。

刘邦在攻秦的过程中，很注意对居民和降将的安抚，而项羽却往往屠城杀降。刘邦到了咸阳，召集当地父老，宣布废除秦的苛法，约法三章：“杀人者死，伤人及盗抵罪。”人民送牛羊酒食来犒军，刘邦一概谢绝。刘邦的这些做法，得到了人民的好感。

鸿门宴后，项羽进咸阳，开屠全城，杀子婴，烧阿房宫，携带珍宝美女，回军中戏乐了。

当初怀王有约，谁先入函谷关，就可在其地封王。因此，刘邦就以掌握关中权力的人自居，派军扼守函谷关，拒绝别的军队进来。项羽到关，不能进，大怒，督军破关，准备向刘邦进攻。这时，项羽有大军40万，号称100万，而刘邦的兵力只有10万。刘邦被迫求和，暂时把局面稳定下来。项羽随即进入咸阳，大肆烧杀，火光三个月不熄。项羽自立为西楚霸王，建都彭城（今江苏省徐州市），名义上尊怀王为义帝。把他由彭城迁郴（今属湖南省），并在迁移途中把他杀了。项羽立了18个王，其中有好多人的封地比原来占有的地盘小得多。对刘邦，他完全背弃了当初怀王的诺言，改封为汉王，以汉中巴蜀为封地。项羽的这些做法，既加深了楚汉间的矛盾，也加深了楚跟其他武装之间的矛盾。

对于如何分配胜利果实一事，项羽遣人试探楚怀王的态度。“刘邦应为关中王”，这是楚怀王的意思。此时有人劝项羽说：“关中地势险要，难攻易守，土地肥沃，如要称霸，就要建都关中。”而项羽却认为，“富贵不归故乡，如同夜间穿锦绫走路，没有人知道”，以此为借口，加以拒绝。此时，劝他的人感叹道：“人们说楚人是沐猴而冠，果真不假。”项羽听罢此言，就杀了这人。当然，项羽也不愿刘邦占据关中，便诡称，“巴、蜀亦关中地也。”项羽封刘邦为汉王，王巴、蜀、汉中，都南郑。把关中分为三块，封秦的三个降将：章邯为雍王，王咸阳以西，都废丘；长史欣为塞王，王咸阳以东至河，都栎阳；董翳为翟王，王上郡，都高奴。其目的是利用他们截断刘邦东进的道路。

项羽尊怀王为义帝，意在将其架空。项羽把关东地区，分封为14个王国。徙魏王豹为西魏王，都平阳；封申阳为河南王，都洛阳；韩王成不变，都阳翟；司马印为殷王，都朝歌；徙赵王歇为代王；张耳为常山王，都襄国；英布为九江王，都六；吴芮为衡山王，都邾；共敖为临江王，都江陵；徙燕王韩广为辽东王，都无终；臧荼为燕王，都蓟；田安为济北王，都博阳；田都为齐王，都临菑；徙齐王田市为胶东王，都即墨；另外，封陈馀为三县侯，梅销为十万户侯。凡有功于项氏者，都得到封地。项羽自立为西楚霸王，占地九郡，都彭城。汉元年（公元前206年）四月，诸侯罢戏下，各就国，此史书称为“分封诸侯”。至此，“三年，遂将五诸侯灭秦，分裂天下，而封王侯，政由羽出，号为‘霸王’。”（《史记·项羽本纪》）其实，项羽面临着三种选择：选择周天子的王业；选择秦始皇的帝业，当皇帝；选择春秋时期的霸业，当霸主。项羽选择了最后的一种，即霸业，做诸侯霸主。但是，项羽的分封，出现了重大的差错，也为以后自己的失败，埋下了祸根。

3. 垓下之围与霸王败死

诸侯各就国王，其中韩王成既已受封，项羽却以他无军功又推翻，不让他为国王，再封到彭城废为侯，又杀之，项羽自毁其言。项羽徙义帝楚怀王于长沙郴县，密令英布、吴芮、共敖等杀之于江中。这一切，招致封王和群臣的不满。

项羽分封，错封了四个人。第一个人为刘邦，项羽虽对他有防范，却封为汉王，封地在巴蜀（今四川，其东为巴，其西为蜀），并把秦岭以南的汉中也划给了他。如此，刘邦和关中也只有一道秦岭相隔，也为他后来进攻关中，提供了便利。项羽又错封了三秦王，即三个秦军将领：章邯、司马欣和董翳。其中，章邯主力投降，倒是应该封王的。但是，司马欣（救过项梁）和董翳，并无功劳，是不应该封的，反而把他们三人封地定为原来的秦地关中，本来项羽想以秦治秦，但秦国人都仇恨项羽，同时也恨降将章邯，因此三秦王在关中的统治并不顺利。项羽在封王时，又错待了田荣、彭越和陈馀。尤其是田荣，曾与项羽反目为仇。项羽在封王时，记恨田荣，就没有给他封王。于是，项羽在汉元年（公元前206年）四月（当时计年，十个月为一年）刚封完王，田荣在五月就造反了，成为反对项羽的第一人。田荣不但自己反，他还资助彭越和赵国的陈馀共同反击项羽，还写信给刘邦，劝他也来反击项羽。汉二年（公元前205年）冬，田荣反叛，项羽大怒，出兵平息，打败了田荣，田荣后被老百姓杀了。此时，田荣的弟弟田横反击楚军，楚军一时无法抗击，陷于齐国。三月，刘邦自临晋渡河，至洛阳，采纳新城三老董公的建议，为义帝发丧。刘邦“袒而大哭”，以“杀主背义”的罪名，号召诸侯共同讨伐项羽。四月，刘邦率诸侯兵56万，迅速攻占了楚都彭城，尽收项羽的美人财宝。项羽闻讯，率精兵3万，回救彭城，大败汉军。此时，汉军溃不成军，坠入泗水淹死或被杀的，多达十几万人。项羽追至睢水，再歼汉军十几万人，尸体塞满河道，致使“睢水为之不流”。刘邦所率几十万大军，死散殆尽。

他被项羽包围，侥幸率数十骑突围。这就是所谓的彭城之战。

刘邦狼狈出逃，半路遇见了他的儿子（后来的汉惠帝）和女儿（后来的鲁元公主），车夫夏侯婴就把两个小孩抱上车，继续赶路。车跑了一会，刘邦嫌车载人过多，跑得太慢，就把他自己的儿子和女儿推下车去。夏侯婴见状实在不忍，就又把小孩抱上车来同行。如此反复多次，又经夏侯婴再三劝说，刘邦才勉强作罢，可见刘邦如此心狠毒辣，已不为仁。

公元前206年，项羽分封各王不到半年，刘邦就由汉东返，夺取了函谷关及其以西的地区。第二年，刘邦偕同其他武装共56万人，东伐项羽，攻入彭城。但项羽回击时，汉军大败，刘邦带着几十个骑兵跑了。此后，以荥阳、成皋为中心，展开了激烈的争夺战。

彭城战败，刘邦西逃，直至郑州西边的荥阳，后经萧何、韩信遣百姓、士卒，先后又有部分散卒回归，刘邦这才得以重整军队。但太公和吕后竟成了项羽的俘虏。虽然项羽战胜了刘邦，但是他却失去了黥布，失去了整个南方地区。随后，项羽追至荥阳，刘邦迎战于城南，项刘各有胜负。项羽不能越过荥阳而西行，刘邦也无力东进，荥阳倒成了楚汉相争的主要战场。汉三年（公元前204年），项羽多次破坏汉的粮道，汉军给养困难，军心动摇。刘邦请求以荥阳为界，与楚握手言和。此时，范增向项羽进言："汉易与耳，今释弗取，后必悔之。"项羽听了范增的劝说，急攻荥阳。刘邦恐，采用陈平之计，离间项羽与范增。于是项羽就存有疑心，夺去了范增的军权。范增十分气愤，"天下事大定矣，君王自为之，愿赐骸骨归卒伍"。范增离项羽而去，没等到彭城，就发病而死。刘邦被困荥阳，处境危急。纪信假扮刘邦，乘天子辇，率2000多名妇女夜出东门，近而欺骗项羽，"城中食尽，汉王降。"楚军听后，跑到东城观看。此时，刘邦率数十骑，乘机从西门出城，逃往成皋。项羽得知后，发现受骗，将纪信拿下烧死。

刘邦几经挫折，无力应战，退回关中，又南走宛、叶，项羽又追至宛、叶。刘邦坚壁不战。这时，彭越渡过睢水，大败楚将项声、薛公于下邳。项羽被迫东击彭越。刘邦乘机北走，败终公，复取成皋。项羽已破彭越，回兵夺取荥阳，杀周苛公，虏韩王信，然后兵围成皋。刘邦无力固守，出北门，渡河，走修武，“得韩信军”。刘邦派遣刘贾率领军士2万人，数百骑，渡白马津，入楚地，助彭越，“烧楚积聚”，攻下梁10余城。项羽再次被迫东击彭越，一路节节胜利，夺取陈留、外黄等十余城。

公元前203年，刘邦夺得了成皋，进围荥阳。这时汉军粮多而士气旺盛，楚军缺粮而士气疲惫，汉军居于优势。刘邦趁机跟项羽讲和，相约以鸿沟（在今河南省中牟县）为界，沟东归楚，沟西归汉。在项羽引兵东归的时候，刘邦出其不意，追击项羽于固陵（今河南省淮阳县西北），却又为项羽所败。后来，刘邦与韩信、彭越等会师，把项羽围在垓下（今安徽省灵璧县东南）。楚军兵少食尽。项羽以800骑兵转战至乌江渡口（今安徽省和县东北的乌江浦），自杀而死，年30岁。这是公元前202年初的事。

汉四年（公元前203年），刘邦乘项羽东击彭越，围攻成皋。本来项羽告诫守将曹咎：“谨守成皋。若汉挑战，慎勿与战，无令得东而已。”开始刘邦挑战，曹咎不应，后刘邦一日数次挑战，羞辱曹咎，曹咎终于不顾项羽的训令，率军渡汜水，欲与刘邦决战。曹咎军刚渡一半，刘邦发动进攻，大败楚军。守将曹咎、长史翳、塞王欣统统自刎。刘邦再得成皋，驻军广武，就食敖仓。项羽已破彭城，回军广武，与汉对峙。

楚汉相争，汉军断绝楚军粮草，项羽将刘邦的父亲放在高高的肉案上，对刘邦说：“今不急下，我烹太公（刘邦的父亲）。”刘邦说：“我与项羽俱北面受命怀王，曰‘约为兄弟’，我翁（父）也是你翁，必欲烹而翁，则幸分我一杯羹。”此又作成语“杯羹之让”。项羽大怒，欲烹太公，经项伯劝止。见此招不灵，项羽提出与刘邦决战。刘邦笑谢说：“吾宁斗智，不能斗力。”项羽反复要求决战。刘邦此时列举了项羽的十大罪状：一负约封他为汉王；二矫命杀卿子冠军宋义；三已下赵，不回报，擅自将兵入关；四烧毁秦宫，掠夺财物；五杀秦降王子婴；六坑秦降卒20万，王其降将；七分封不公；八夺占义帝彭城，多占封地；九杀义帝；十弑主，杀降，为政不平，主约不信，故天下不容，大逆不道。项羽听后，怒不可遏，伏弩射中刘邦胸。刘邦急扪足曰：“虏中吾指！”他带伤慰劳将士，而后走成皋。此间，韩信攻齐，取历下、临淄。齐王逃到高密，求楚援救。项羽遣龙且率20万众救齐，龙且求胜，不顾劝告，急与韩信决战。双方隔潍水对阵。韩信令人以万余沙袋截断水流，率军渡河，行至河中退回。龙且以为韩信怯懦，率军渡河追击，刚过潍水一半，韩信令人撤去沙袋，大水骤至，将龙且军隔断。韩信乘机进攻，全歼齐楚联军。

项羽与刘邦正面对峙，虽然略占上风，但已是“汉兵盛食多；项王兵罢食绝”的势态。刘邦遣陆贾见项羽，请求释放太公，项羽不应。刘邦又遣侯公请项羽释放太公，项羽这才释放太公、吕后，并与汉中分天下，以鸿沟为界，以西为汉，以东为楚，正如中国象棋盘所示，“楚河汉界”，也为史书中“楚汉战争与鸿沟划界”。

此后，项羽东归，而刘邦听从张良、陈平之劝，违约越过鸿沟，追项羽于阳夏，并邀韩信、彭越共击项羽。由于韩信、彭越不到，项羽于固陵大败刘邦。刘邦以大片封地，争取韩信、彭越的兵力，共击项羽，遂围项羽于垓下。在此关键时刻，楚大司马周殷归汉，这使得项羽的处境更加困难。

垓下之围，汉楚决战在即。刘邦战前作了重大部署，令韩信任主攻，自己于二线，准备接应。周勃等人在三线待命。战斗开始，韩信佯败后退，楚兵追击。韩信令左右侧出击，楚兵不利，大败于垓下。

项羽被围，夜闻歌声，是汉军一齐高唱的楚歌，这就是著名的“四面楚歌”。这使得项羽以为刘邦已经把整个楚国攻打下来了，非常吃惊。这是刘邦给项羽和楚军的一种错觉，仿佛楚国已经被汉军全部占领了。项羽被扰乱，楚军心乱，他决定出走，带领着800壮士杀出重围。

项羽逃前，只与一人告别，那人就是虞姬，他们“演绎”了一场“霸王别姬”的悲剧。虞姬一直伴随着远征的项羽，坚守身边，从此可以看出虞姬和项羽的感情之深。项羽与虞姬告别时唱出了《垓下歌》：

力拔山兮气盖世，
时不利兮骓不逝。
骓不逝兮可奈何，
虞兮虞兮奈若何！

《史记·项羽本纪》记载：“歌数阕，美人和之。项王泣数行下，左右皆泣，莫能仰视。”阕，即乐曲每终了一次，为一阕。“数阕”就是几遍。

项羽唱完了以后，虞姬还和了一首歌，以表达虞姬的离别之情。咏唱楚歌，洒泪而别之后，虞姬结束了自己的生命，不愿拖累项羽，也不愿落入好色的刘邦手中。项羽流传至今的唯一作品，就是《垓下歌》。

项羽率 800 骑士突围，汉将灌婴率 5000 骑军紧追。战过淮水，项羽只剩 100 余骑。至阴陵迷失道路，陷入大泽。项羽引兵至东城，仅剩 28 骑。他对随从将士说："吾为公取彼一将。"果如其言，连斩汉将 2 人，杀汉卒数十人。项羽逃至乌江，乌江亭长已备船等候渡江，几番催促，项羽不决。亭长道："江东虽小，地方千里，众数十万人，亦足王也。"项羽笑曰："天之亡我，我何渡为！且籍与江东子弟八千人渡江而西，今无一人还。纵江东父兄怜而王我，我何面目见之？纵彼不言，籍独不愧于心乎？"遂自刎而死。从此故得成语"无颜见江东父老"。

汉军为了领赏，争抢项羽的尸体，自相残杀达数十人，最后由王翳等 5 人分别取得项羽的遗体拿去，倒也被刘邦同一天封了侯。项羽经合尸，以鲁公礼葬于谷城。这便是"垓下之围与项羽败死"。

项羽是我国历史上极富传奇色彩的英雄人物，李清照的脍炙人口的诗曰：

生当作人杰，
死亦为鬼雄，
至今思项羽，
不肯过江东！

秦亡以后，农民军反秦的斗争转化为农民军领袖之间争夺权力的斗争，实际上也就开始了刘邦及其子孙们为建立和巩固汉家的封建皇朝而展开的一系列的长期斗争。这个长期斗争，从刘邦入咸阳，经历了惠帝、吕后、文帝和景帝，约六十五六年（公元前 207 年至前 141 年）。

第七讲　西汉皇朝的建立和巩固

刘邦的劲敌打倒了，他建立封建皇朝的主要障碍扫除了。他在项羽死后两个月，即皇帝位，后来被称为汉高祖。他初都洛阳，不久即定都长安。西汉封建皇朝正式开始了。

1. 开创西汉帝业

刘邦，开创了西汉皇朝，于公元前202年称帝，谥号高祖皇帝，在位7年。

秦末农民大起义以后的历史发展，是以西汉皇朝代替了秦皇朝。西汉皇朝初建立时的皇帝及王侯将相基本上都不是贵族出身，这是商周以来政治上的一大变局，而且恰好实现了陈胜所说王侯将相无种的政治观点。

刘邦当初入关，对全体部下提出约法三章。

刘邦在约法三章中提出来的“杀人者死，伤人及盗抵罪”，反映了当时人民群众对人身生存权的要求，也是一件很重要的政治大事。

汉初，朝廷制定了律令法仪，定都长安，颁行一系列安定社会的诏令，树立了西汉立国的规模。丞相萧何“攈摭秦法，权宜于时者，作律九章”。这有名的《九章律》，比秦朝的律令宽缓、简明，为汉朝制定法律的基础。韩信删定军法，将原有的182家兵法，“删取要用”，定著为35家。

此外，张苍（汉北平侯，前256—前152年，以数学见长）为章程，包括制定历法和规定汉代度量衡。历法关系到确定封建王朝的正朔、安排农业生产和人民生活的需要，十分重要。当时仍旧沿用秦朝的《颛顼历》（十月为岁首），被称为“比于六历，疏阔中最为微近”。

叔孙通（名何，薛人，以文学见长，薛即今山东滕州东南）定礼仪，同操汉初大事。叔孙通原为秦待诏博士，彭城战后归降，刘邦拜为博士。刘邦初登帝位，并未建立朝廷的礼仪，“群臣饮酒争功，醉或妄呼，拔剑击柱”，刘邦深感头痛和不满。叔孙通研究了古礼及秦仪后，取舍、变通和充实，制定了汉朝比较适合且又简易的朝仪，经刘邦看后确定，又让朝臣们作了一番礼仪实练。汉七年（公元前200年）十月，长安举行长乐宫落成大典，按照叔孙通所定仪式，文官武将严格按尊卑次序，分别列队拜见皇帝，不合仪法者，当场被带走，严肃处之，“诸侯王以下莫不振恐肃敬”，“竟朝置酒，无敢讙哗失礼者。于是高帝曰：‘吾乃今日知为皇帝之贵也。’”于是叔孙通被拜为太常。汉初朝仪、宗庙仪法等都由叔孙通制定。

刘邦初都洛阳，不久定都长安。当时，在定都的问题上有两种主张。大多臣子希望都城离家乡近些，认为秦都关中二世而亡，周都洛阳则延续了几百年，并且东西有成皋、殽山之险，南北靠着黄河、洛河，可以据险而守；另一种主张，娄敬和张良倡导定都长安为妥。

娄敬，齐人。汉五年（公元前202年），他戍边于陇西，行至洛阳，正巧刘邦在这里。娄敬见同乡虞将军说：“臣愿见上，言便事。”请求虞将军引见。当时，娄敬推着小车，身披羊皮袄。虞将军要给他更换服装。娄敬说：“臣平时衣帛，衣帛见上，平时衣褐，衣褐见上，不敢更换衣服。”

娄敬见刘邦便问：“陛下都洛阳，岂欲与周室比隆哉？”刘邦说：“然。”娄敬以汉得天下与周不同，建议刘邦迁都关中。他说：“尧封周祖后稷于邰，积德累善十余世，深得百姓拥护。公刘避桀徙居豳，太公避狄徙居岐，百姓争着随他们走。及文王断虞芮之争，深得诸侯敬慕，贤人纷纷归附。武王伐纣，诸侯会者八百，一举灭殷。殷亡周兴，是长期积德的结果。而陛下起于丰沛，席卷蜀汉，还定三秦，与项王战荥阳，大战七十，小战四十，致使百姓肝脑涂地，父子暴骨郊野，不可胜数，哭声未绝，伤者未起。陛下靠武力得天下，欲与周比隆，窃以为汉与周不同。”他说：“洛阳无险可守，有德则易以王，无德则易以亡。至于关中，则物产丰富，被山带河，四塞以为固。卒然有急，百万之众可具也。因秦之故，资甚美膏腴之地，此所谓天府者也。陛下入关而都之，山东虽乱，秦之故地可全而有也。”同时，张良也驳斥了群臣的异议，同意娄敬的看法。刘邦当日便起驾，西都关中。娄敬以建议迁都关中有功，赐姓刘，拜为郎中，号为奉春君。

西汉是封建专制的王朝。它在政治机构和政区体制上承续了秦朝的制度，但西汉皇朝究竟还是在反秦农民大起义后建立的。刘邦及其大臣们深知暴秦迅速灭亡的原因与教训，于是在统治思想和政策上又有重大的改变，这对汉来讲，非常重要。

西汉皇朝，在建立后的60年中，主要从两个方面巩固封建政权。第一是从经济方面，缓和阶级矛盾，保证朝廷收入以巩固统治基础。第二是解决王国势力对朝廷的威胁。

那时的“汉承秦制”，主要为两项：一项是职官制度采用了秦制。皇帝掌握最高权力，实行专制统治。在皇帝以下又同样设置了12个主要朝臣：丞相、太尉、御史大夫、奉常（景帝时更名太常）、郎中令（武帝时更名光禄勋）、卫尉、太仆、廷尉、典客（景帝时更名大行令，武帝时又更名大鸿胪）、宗正、治粟内史（景帝时更名大农令，武帝时又更名大司农）、少府。这些朝臣的职掌也与秦制相同。另一项是同样实行郡县制，作为全国基本的政区体制。以对居民实行编制为基础，郡辖县，县辖乡、里，而最基层的组织则是编户齐民的什伍。郡守、县令都由皇帝直接任免，实行上计制度，上报户口、垦田、赋税的统计数字，作为对郡县长官成绩的考核。郡县制保证了朝廷政策法令在全国范围内施行，对巩固国家的统一发挥了很大的作用。但在汉初，决不可小看封国的势力，其仍旧很大。

西汉建立后，王国势力强大，成为统治集团内部的重大问题。西汉的政治体制，有郡县，有封国。封国，有王、侯两级。西汉初年的王，势力很大。王国官吏，除丞相外，都由王来任免。王国的封地，多者一百多城，少者有三四十城。汉初七个异姓王封地的总面积，比朝廷直辖的郡县还要多。异姓王中的韩信是一个优秀的军事家，彭越和英布都是立下功劳的战将，他们的手下都有自己的武装。这使西汉朝廷感到很大威胁。公元前196年，韩信被杀。接着，彭越、英布也先后被杀。另外三个异姓王，或逃或废。公元前195年刘邦去世以前，异姓王的问题已基本解决。只剩下一个长沙王国，公元前157年，因王死无后而废除了。

刘邦用以代替异姓王的，是同姓王。他封为王的子弟，有九个。他以为这是“天下一家”，是维护朝廷的可靠保证。他还规定：“非刘氏而王，天下共击之。”但这些同姓王的封地和权力还是很大，随着社会生产力的发展，他们的经济力量也不断增长。他们仍然是威胁皇朝的力量。公元前177年，济北王刘兴居反。公元前174年，淮南王刘长谋反。这都是刘邦死后不到20年，文帝在位时的事情。贾谊评论当时封国强大的形势，说好比害了臃肿的病，小腿肿得差不多像腰一样，指头肿得差不多像胳膊一样，身体转动都很困难。他建议，在原来的封地上增加封君的数目，以分散其实力，使朝廷跟他们的关系可以像身之使臂，臂之使指。他的建议初步被实施了，但没有认真去推行。景帝时，晁错提出了削减诸王国领地的主张，并被采纳施行。他也估计到，削地会激起反抗。但他认为，“今削地亦反，不削亦反。削之，其反亟，祸小。不削，反迟，祸大。”公元前154年，早有反汉预谋的吴王刘濞，联合楚、赵、胶东、胶西、济南、菑川，共七个王国，以清除晁错为名，发动了叛乱。

景帝派太尉周亚夫带兵出征，在三个月内把乱事平定下来。朝廷乘平乱的余威，免除了各王的行政权力，削减了王国的官吏，改称王国的丞相为相。王国势力从此受到很大的限制，而朝廷则加强了它的统治力量。

从根本上讲，汉初政治与秦是决然不同的。刘邦废除秦苛法，与民休息作为施政的根本方针，这是刘邦执行宽厚政治的继续，也是当时社会经济凋敝的状况的迫切需要。经历了秦朝15年的严酷压榨和8年的苦战，人民大量地死伤流亡。名都大城的人口锐减，只有战前的十分之二三。老百姓家里毫无积蓄。皇帝想要配齐四匹一色的马来拉车，都办不到。丞相和将军当时只好乘坐牛车。面对这种情况，恢复和发展社会生产力是很急迫的任务。自刘邦至景帝，不断地注意这个问题，并采取了措施。五六十年间，有的地区人口增加了一倍，有的增加了三四倍。一般的农民可以生活下去，地主们得到更多的利益。地主们自愿向边疆缺粮地区交纳粮食，还可以按照数量的多少，得到不同等级的爵位。

刘邦在开国短短的7年时间内，为稳定政权和恢复社会生产，颁布了一系列重要的政令。高祖五年（公元前202年）五月，罢兵并遣送回家。同年又连续下诏奖励农业生产，并规定：

（1）入关灭秦的关东人愿意留在关中为民的，免徭役12年，回关东的免徭役6年。

（2）劝说因逃避战乱而逃亡山泽者，回到原籍，重新为编籍内民户，恢复爵位、田地、住宅，以从事农业生产，不准官吏虐待。

（3）规定因饥饿自卖为奴婢者，恢复庶民的身份。

（4）规定所有军吏卒无罪的，凡无爵者一律晋爵为大夫，原先是大夫的晋爵一等，并且一律免除本人及全家的徭役。

七年（公元前200年）春，刘邦因人户稀少而鼓励生育，规定对增添丁口者给以免服徭役2年的优待。

十二年（公元前195年）二月，刘邦连续下两道重要诏令。一是布告天下，朝廷立意减少赋敛，指出由于未对各郡国向朝廷贡献作出规定，所以造成献礼过多，向民众征收赋敛过重。命令诸侯王等每年10月朝献，并规定数额。另诏令各郡国荐举贤能之士，要求各郡守、诸侯相国，发现德才兼备之士，立即上报，并护送到京师。这两道诏令，既体现了汉初轻徭薄赋的方针，又为汉代重视荐举人才的先导。尤其实行十五税一，更是刘邦在汉初推行轻徭薄赋政策的重要内容之一。

汉代能够有效地实行恢复生产、与民休息的重要政策，无不是汉初君臣重视总结历代兴亡的教训的结果。史载：陆生（陆贾，楚人，汉初出使南越，获得政治上的成功）常常在高祖前称说《诗》《书》。高帝骂之曰："乃公居马上而得之，安事《诗》《书》！"陆生曰："居马上得之，宁可以马上治之乎？且汤、武逆取而以顺守之，文武并用，长久之术也。昔者吴王夫差、智伯极武而亡；秦任刑法不变，卒灭赵氏。乡使秦已并天下，行仁义，法先圣，陛下安得而有之？"高帝不怿而有惭色，乃谓陆生曰："试为我著秦所以失天下，吾所以得之者何，及古成败之国。"陆生乃粗述存亡之征，凡著12篇。每奏一篇，高帝未尝不称善，左右呼万岁，号其书曰《新语》。陆贾指出秦施暴政而致灭亡，继起的汉朝要立稳根基，就必须反其道而行之，在用暴力手段夺得天下后，要用宽缓的手段治理天下。刘邦醒悟之后对此十分重视，郑重要求陆贾总结秦亡汉兴以至历代兴衰的教训。《新语》12 篇可以说是汉初君臣共同总结历史经验的产物，体现出汉初统治集团的指导思想，受到刘邦及群臣的赞赏。汉初君臣总结历代兴亡教训推动了国家的治理，同时也影响此后汉代政治人物重视评论历史问题。文帝时有贾谊著《过秦论》《治安策》，贾山著《至言》，都对历史经验作了深刻的总结，正是汉初风气的继续。

2. 强本弱末，纳群臣之言

“强本弱末”，或称“强干弱枝”，为刘邦采纳群臣之言，体现了他在政治实践上的战略思想。

汉六年，田肯进言：“夫齐，东有琅琊即墨之饶，南有泰山之固，西有浊河之限，北有渤海之利。地方二千里，持戟百万。县隔千里之外，齐得十二焉，故此东西秦也。非亲子弟，莫可使王齐矣。”刘邦以称善为本，分楚地为二国，以从兄刘贾为荆王，弟交为楚王；子肥为齐王，王七十余城，民众能齐言者，皆属齐。汉九年，刘敬从匈奴那儿归来，因言匈奴去长安，“近者七百里，轻骑一日一夜可以至秦中。秦中新破，少民，地肥饶，可益实。夫诸侯初起时，非齐诸田、楚昭屈景莫能兴。今陛下虽都关中，实少人。比近胡寇，东有六国之族宗强。一日有变，陛下亦未得高枕而卧也。愿陛下徙齐诸田、楚昭屈景、燕赵韩魏后及豪杰名家居关中。无事可以备胡。诸侯有变，亦足率以东伐。此强本弱末之术也。”刘邦听后称好，乃使刘敬徙所言齐楚大姓于关中，有十余万口。

把齐楚大姓西迁，以加强关中，又以刘姓子弟分王齐楚，这是从两个方面强本弱末的措施。刘邦末年宣称：“非刘氏而王者，若无功，上所不置而侯者，天下共诛之。”强本弱末的措施，更制度化了。强本弱末，是巩固封建专制主义的必要措施，在中国封建政治史上有久远的影响。

3. 铲除威胁，趋向稳定

刘邦汉五年称帝，汉十二年死，在位仅 7 年。在这些年间，刘邦并不能将他的汉家天下治理得太平无事，但他缓和了汉与匈奴、南越的关系，平定了内部的反叛，铲除了内部潜在的威胁，使当时的政治局势趋向稳定。

匈奴在秦末，乘内地变乱之机，扩张势力，不断向南入侵。刘邦于汉七年（公元前200年）被匈奴围困于白登7天，用计才得以解脱。汉九年（公元前 198 年），与匈奴结和亲之约，汉与匈奴的关系相对缓解，得到暂时的安定。

南越赵佗，原为秦南海尉。秦既将破灭，赵佗击并桂林、象郡，自立为南越武王。刘邦派陆贾说服赵佗归顺。汉十一年，封赵佗为南越王，令称臣，奉行与汉的盟约。南越一带开始成为汉朝统治的地区。

刘邦在位时，汉的内部反叛活动比较集中地出现在燕代地区，并多与匈奴有些联系。汉五年，燕王臧荼反，攻下代地。刘邦自将出击，俘臧荼。汉六年七月，韩王信以马邑降匈奴，与匈奴勾结反汉。刘邦自将击之，破其军。一直到八年冬，韩王信的残部还继续活动。汉十年八月，陈豨与匈奴勾结反汉，自立为代王。刘邦仍是亲自出击，于十一年冬败陈豨军。十二年冬，斩陈豨。

刘邦灭楚战争中的手下将领，以韩信功劳最大，威望最高，彭越、英布次之。这些战争中的得力人物，在战争结束后，可能会成为威胁皇权的人物，这是刘邦所不放心的。刘邦在楚灭后不久，就夺取韩信的兵，并将原封韩信为齐王加以变动，而改封为楚王。汉六年十月，黜韩信为淮阴侯。汉十一年，以谋反的罪名杀韩信和彭越，夷三族。英布因韩信、彭越之死，起兵反汉。刘邦仍自将击之。汉十二年十月，英布败走，被追斩于鄱阳。

刘邦征英布后，回长安，过沛，留置酒沛宫，悉召故人父老诸母子弟佐酒，道旧故，为笑乐。刘邦自为歌，起舞，慷慨伤怀，泣数行下。歌曰：

大风起兮云飞扬，威加海内兮归故乡，安得猛士兮守四方。

乐饮十数日，乃去。

汉十二年（公元前 195 年），刘邦死于长乐宫，享年 62 岁。

刘项之争后，刘邦建立了西汉皇朝，历史上中国又一次得到了统一，为以后中国的强大建立了雄厚的基础。

第八讲　汉初三杰及二将

刘邦的丞相萧何，沛丰（今属江苏省）人；谋士张良，字子房，原是韩国的贵族；大将韩信，淮阴（今属江苏省）人。他们号称汉初三杰，在西汉建立的过程中，都是很有贡献的人物。

1. 第一功臣

萧何（？—前193年），秦时为沛主吏掾，常以吏职之便帮助刘邦，汉初三杰之一，刘邦的第一功臣。

刘邦为亭长，萧何为吏尽职，有方略，后晋升为“泗水卒史事，第一”。秦二世元年（公元前209年）七月，陈胜、吴广起义。九月，沛县吏民响应，萧何等拥立刘邦为沛公。汉元年（公元前206年），秦王子婴降于轵道旁。沛公进咸阳，萧何收“秦丞相御史律令图书藏之”，全靠这些图书，才使刘邦知天下阨塞、户口多少，强弱之处等，以利从政。

萧何为相，汉初办成两件大事，为开国之功，从中也看出萧何之才干。

第一件，当初楚怀王与诸将有约，“先入关破秦者王其地”。刘邦破秦，先定关中，理应王其地。但项羽负约，却封刘邦为汉王。刘邦大怒，他手下的周勃、灌婴、樊哙等主张攻击项羽，而唯独萧何劝刘邦屈居关中。他说：“虽王恶地，岂不比死好吗？”刘邦不以为然，萧何又说：“今众弗如，百战百败，不死何为……臣愿大王王汉中，养其民，以致贤人，收用巴蜀，还定三秦，天下可图也。”刘邦听从了萧何的劝告，拜萧何为丞相。

第二件，刘邦不缺勇将，但缺帅才。萧何数次推荐韩信，刘邦犹豫不决。韩信得知不被重用，不辞而别。萧何得知后，急忙追赶韩信。刘邦误以为萧何外逃。萧何星夜兼程，将韩信追回，即刻去见刘邦。刘邦责骂萧何为什么逃走？萧何回答道："臣不敢外逃，臣去追外走的人了。"当刘邦知追韩信时，便大骂："诸将外逃的数十人，你不追，为什么偏偏要去追回韩信？"萧何答道："诸将容易得到，像韩信这样的人，国士无双，天下实在难得。王想要在汉中站得住，并欲争天下，非韩信不行。请王决定吧。"刘邦见萧何如此极力推荐，便拜韩信为将。萧何说："虽为将，信必不留。"最后，刘邦只好答应让韩信为大将军。拜将时，韩信向刘邦讲了汉与楚决斗的有利条件和策略，刘邦听后高兴地说："我深感得到韩信为时恨晚呀。"萧何在汉初开国时办的两件大事，对以后汉的发展，起到了极为重要的作用。

楚汉相争，长达五年，萧何治理关中井井有条。汉得三秦后，未及巩固，便出关东征。"何（萧何）留守关中，侍太子，治栎阳，为令约束，立宗庙社稷、宫室、县邑。"在刘邦多次失军亡众，溃不成军时，萧何总是以关中的人力、物力输助刘邦，才使汉军重整旗鼓，坚持战斗。

汉五年（公元前 202 年），楚汉战争结束，论功行赏。刘邦想给萧何记头功，众武臣反对，说："臣等身被坚执锐，多者百余战，少者数十合，攻城略地，大小各有差。今萧何未尝有汗马之劳，徒持文墨议论，不战，顾反居臣等上，何也？"刘邦说："追杀兽兔的是狗，而发踪指挥狗的是人。诸君徒能得走兽耳，功狗也。萧何发踪指示，功人也。"众武臣哑口无言。

在朝廷排位次时，刘邦赐萧何带剑履上殿，入朝不趋，封为酂侯，食邑 8000 户，益封 2000 户。萧何父子兄弟十余人皆受封，有食邑。

汉建立全国政权以后，刘邦与秦民的约法三章，已不能适应当时社会秩序的需要。于是萧何攈摭秦法，取其宜于时者，作律九章。《九章律》是汉律令的基础。

汉十一年（公元前 196 年），刘邦拜萧何为相国，益封 5000 户。萧何一生，谨慎从政，并一再设法自保，但最终还是被刘邦打入了监狱。多亏王卫尉从中说情，才免厄运。惠帝二年（公元前 193 年），萧何死，谥为文终侯。后嗣以罪失侯。武帝时，寻找萧何后人，续封酂侯。

2. 三杰之首

张良（？—前 186 年），字子房，城父（今安徽亳县东南）人，其先是韩国公族，曾为相韩的五世君主。祖父开地，相韩昭侯、宣惠王、襄哀王。父平，相釐王、悼惠王。张良为汉初三杰之首。

张良自幼一心为韩报仇灭秦。公元前 218 年，秦始皇东巡，行至阳武博浪沙，张良埋伏刺客，以百余斤重的铁锥，投向秦始皇的车驾，误中了副车。秦始皇下令搜捕，张良更姓换名，逃到下邳，过桥时遇一老人。老人有意把鞋子甩到桥下，并命令张良："孺子到桥下取回我的鞋来。"张良就把鞋子捡了回来。老人又说："给我穿上。"张良跪下就给老人穿鞋。老人走时转头对张良说："孺子可教矣。后五日早晨，与我在此见面。"张良感到老人并非一般人，立即跪拜应允。

五日后，天未亮，张良就赶到桥上，见老人已在。老人生气地说："与老者约会，为什么迟到？回去吧！五日后早点来。"五日过后，鸡刚鸣，张良便赶到桥上。但老人早到了。老人责备张良说："为什么又晚了？回去吧！五日后再来。"又五日后，不到半夜，张良就去桥上等候。不一会，老人来了，见到张良高兴地说："应该如此。"于是老人递给张良一本书，说："读此，则为王者师矣。后十年兴。十三年，孺子见我济北，谷城山下黄石即我矣。"天亮后，张良看到这是一本《太公兵法》。这部书为他以后成大事，成为汉初之首杰起到了关键性的作用。

张良在下邳，还参与了一些反秦活动。项伯杀人，张良把他藏匿起来。后来，张良聚合了百余少年，要去投奔景驹。但半路遇到了刘邦，刘邦接纳了他们，并封张良为厩将。张良伺机将《太公兵法》讲给刘邦听，得到刘邦的赞许和采用。"沛公殆天授"，张良十分佩服刘邦，就一直跟随着刘邦。

秦二世三年（公元前 207 年）四月，楚怀王派遣刘邦西取关中。刘邦欲速取关中，令韩王把守阳翟，张良跟随刘邦攻打关中。至南阳，刘邦战胜秦军。八月，张良随刘邦进至武关，北至蓝田，一再击败秦军。汉既灭秦，张良一心辅佐刘邦，此后把项羽灭掉了。

张良是刘邦的得力谋士。刘邦对楚作战胜利后，与群臣畅叙得天下之故时，说：“夫运筹帷幄之中，决胜于千里之外，吾不如子房（张良字）。”

秦二世三年，刘邦攻秦，已抵边南阳。为急速入关，刘邦打算放弃宛城，西去。此时张良劝谏道：“沛公虽欲急入关，秦兵尚众，距险。今不（攻）下宛，宛从后击，强秦在前，此危道也。”刘邦认为张良说得有道理，便偃旗息鼓，当晚秘密返回，把宛城层层包围起来。南阳郡守见刘邦兵临城下，估计难以抵挡，就不战而降了。为此，南阳郡守投诚有功，刘邦封其为殷侯。此后，刘邦引兵西去，节节得胜，秦兵无不投降。这年八月，刘邦至武关，准备用兵2万，攻打秦峣下军。张良谏曰：“秦兵尚强，未可轻。臣闻其将屠者子，贾竖易动以利。愿沛公且留壁，使人先行，为五万人具食，益为张旗帜诸山上为疑兵。令郦食其持重宝啖秦将。”刘邦按张良的计谋用兵，秦军果然想投降，并要与汉军一起攻打咸阳。正值刘邦准备接受秦军投降时，张良当断：“此独其将欲叛耳，恐士卒不从。不从，必危，不如因其解击之。”于是刘邦以防后患，指挥军士攻打秦军，秦军大败。

张良十分重视动机与效果的统一及其影响。汉元年（公元前206年）十月，刘邦进入咸阳，对秦宫室的豪华装饰、珍宝和美女动了心，想长住下来。樊哙劝说，刘邦不听。张良于此道：“夫秦为无道，故沛公得至此。夫为天下除残贼，宜缟素为资。今始入秦，即安其乐，此所谓助桀为虐。且忠言逆耳利于行，毒药苦口利于病。愿沛公听樊哙言。”刘邦这才离秦宫返霸上安营扎寨。这件事传到了项羽的谋士范增处，就说：“沛公居山东时，贪于财货，好美姬。今入关，财物无所取，妇女无所幸，此其志不在小。”

刘邦入关后，有人劝说用兵守函谷关，不要让诸侯的军队进关。不久，项羽率诸侯的军队西来，欲入关，见城门紧闭，大怒。这时，项羽兵40万，号100万；刘邦兵10万，号20万，双方兵力悬殊。项羽拟以优势的兵力重创刘邦。曾受张良救命之恩的项伯夜入汉军营，私访张良，约张良离去，躲开这场激战之灾。张良反而带项伯去见刘邦，说明当前的情况。刘邦请托项伯，代他向项羽解释说：“沛公不敢倍项羽，所以距关者，备他盗也。”事后，刘邦、张良率百余骑又亲访项羽驻地，加以释说。项羽便设鸿门宴相待。宴前虽也有些惊险，但是刘邦与项羽间的矛盾得到了缓解，避免了一场争斗。这对于保全刘邦的实力，十分关键。

汉元年（公元前 206 年）四月，刘邦以汉王身份就国。张良送刘邦至褒中，分手时张良对刘邦说：“王何不烧绝所过栈道，示天下无还心，以固项王意。”刘邦因使张良在回去的时候，烧绝所过栈道。张良还致书项羽说：“汉王烧绝栈道，无还心矣。”同时，张良又以齐王田荣造反，向项羽书告。后来，他再致书项羽，说：“齐欲与赵并灭楚。”张良的所作所为，迷惑了项羽对战局的认识，争取到了保全刘邦实力，趋向优势转化的时间。

汉四年（公元前 203 年）八月，楚与汉约定，中分天下，割鸿沟以西者为汉，鸿沟以东者为楚。项羽遂即引兵东归。刘邦也打算西归。张良、陈平此时认为这是军事上的关口，军机不可失。他们对刘邦道：“汉有天下大半，而诸侯皆附之。楚兵罢（疲）食尽，此天亡楚之时也。不如因其机而遂取之。今释弗击，此所谓养虎自遗患也。”刘邦听了他们的话。汉五年十月，刘邦出兵攻打项羽，十二月就围攻项羽于垓下，致楚亡，汉确立统治地位。

除此之外，张良主张点将讲究任用；据情讲究为之，等等，都在刘邦用人才、汉初裂土分封等重大问题上取得了可喜的效果。

刘邦想建都洛阳。刘敬劝都关中。刘邦的左右大臣都是东方人，力主都洛阳，刘邦犹豫不决。张良说：“洛阳四周虽有山河险阻，但仅有地数百里，容易四面受敌，并且土地贫瘠，不是用武之地。而关中地势险要，四塞为关，沃野千里，南有巴蜀之饶，北有胡苑之利，阻三面而守，独以一面东制诸侯。诸侯安定，河渭漕挽天下，西给京师；诸侯有变，顺流而下，足以委输。此所谓金城千里，天府之国也。”张良的话，使得刘邦当日起驾，西都关中。

虽然张良得到了刘邦的器重，但他始终谦抑自守，甘作谋士。汉六年（公元前 201 年）封功臣，张良未有军功，然以运筹帷幄，为刘邦所重，使自择齐 3 万户，这是黄河下游肥沃之区。张良说：“始臣起下邳，与上会留，此天以臣授陛下。陛下用臣计，幸而时中，臣愿封留足矣，不敢当三万户。”于是张良封为留侯。

张良是军事家，但不掌军权；是政治家，但也不掌握国家的行政权力。他给人的印象，是一派谦抑自守的谋士。晚年，他表示愿弃人间事，欲从赤松子游，学辟谷、导引、轻身之术。刘邦死后，在吕后的强迫下，恢复了日常的饮食。张良卒，谥文成侯。

3. 国士无双

韩信（？—前196年），淮阴（今江苏淮安市淮阴区东南）人。初属项羽，后归刘邦。汉初诸侯王，被任大将。善于将兵，著有《兵法》3篇，今佚。韩信为汉初大将军，武将之首，国士无双。

年少时的韩信，家境贫穷，父母早逝。母亲过世时，无钱埋葬，一贫如洗。当时的韩信，只好流浪讨饭，常遭众人白眼。他只能到下乡南昌亭长家吃饭，亭长的内人讨嫌韩信，常常使他吃不到饭。

韩信到城下钓鱼，有一些老妇人在那里洗衣。其中一位老妇见他常饿肚子，便把自己的饭分给他吃，一连数十日。韩信感激地说："吾必有以重报母。"老妇愤怒地说："大丈夫不能自食，吾哀王孙而进食，岂望报乎！"

淮阴屠户少年，见韩信长得身材体大，好带刀剑，却要到处乞食，便当众羞辱韩信说："信能死，刺我。不能死，出我袴下。"围观者起哄，等待韩信的应对。韩信强忍耻辱，"俛出袴下，蒲伏。一市人皆笑信，以为怯"。

项梁率领起义军渡淮后，韩信仗剑往从之，居戏下而无声无名。项梁战死后，项羽拜韩信为郎中，韩信多次献计策，终不为用。韩信决定弃项羽，而投奔刘邦，刘邦则封他为连敖。

不久，韩信犯罪，同行的13人均已被处决。当处决韩信时，他仰视监斩官滕公，说："上不欲就天下乎？何为斩壮士！"滕公听了韩信之言，又看他相貌不凡，释而不斩。滕公便与韩信交谈，认为韩信是个人才，建议刘邦重用他。刘邦封韩信为治粟都尉，但韩信仍感到英雄无用武之地，于是刘邦就拜韩信为大将军。

登坛拜将时，刘邦说："丞相数言将军，将军何以教寡人计策？"韩信反问说："大王东向争天下，对手是不是项王？"刘邦答："是。"又问："大王自己感觉勇悍仁强，与项王谁强？"刘邦答："不如项王。"刘邦既已承认不如对手，韩信便提出从强者手中夺天下的计策。他分析：

“项王暗恶叱咤，千人皆废，然而他不能任用贤将，所以是匹夫之勇。项王待人恭敬慈爱，说话和气，然而有功当封爵者，印刓弊，忍不能予，所以是妇人之仁。项王虽然称霸天下，然而他残暴之极，又好杀人，分封不公，天下多怨，百姓不亲附，所以虽有霸王之名，实际上已失天下人之心。”基于上述分析，韩信得出“其强易弱”的结论。他进一步又释说：“大王如能反其道行之，任天下武勇，何所不诛？以天下城邑封功臣，何所不服？以义兵从思东归之士，何所不散？况且，关中父兄怨恨三秦王。而大王自入关中，秋毫无犯，除秦苛法，与民约法三章，关中百姓皆拥戴大王，盼望大王进驻关中。今大王举而东，三秦可传檄而定也。”韩信的一席话，使得刘邦深深感到与韩信相见恨晚。韩信对项羽的透彻分析，增强了刘邦争夺天下的信心，就依韩信的计策，部署诸将出征讨伐楚项。

汉元年（公元前 206 年）八月，刘邦东进，击败三秦，夺取了关中。汉二年（公元前 205 年）四月，刘邦乘项羽征讨田荣、田横兄弟的机会，又率诸侯兵士 56 万，攻占彭城。项羽率 3 万兵回救，大败刘邦。汉兵死伤 20 余万。刘邦率数十骑士突围，逃至荥阳。在刘邦大败之际，韩信从关外收集散归之兵，使诣荥阳，从而阻止了项羽的西进，缓解了刘邦的败退困境。

刘邦彭城败后，塞王欣、翟王翳亡汉降楚。齐、赵亦反汉，与楚共和。诸侯皆复与楚而背汉。魏王豹也是其中之一。他占据今山西南部，扼守临晋关，西向可取关中，东向可使刘邦腹背受敌，对刘邦威胁极大。刘邦“方东忧楚，未及击”，遣郦食其游说魏豹。豹不仅不归顺汉，反而陈兵黄河东岸的蒲坂，封锁临晋关渡口，截断刘邦与关中的联系。在这紧要关头，韩信坚决以武力击败魏豹。他当时采用了声东击西、避实就虚的战术，把船只集中在临晋，摆出渡河的架势，吸引魏豹的兵力。暗中调兵遣将，准备渡河用的木罂缶。一切具备，出其不意，从夏阳抢渡黄河，一举成功。渡河后，直逼魏都安邑。魏豹闻讯，惊恐万状，仓皇迎战，战败被俘。接着，韩信击破代兵，擒获代相夏说。然后，韩信把收编的魏、代降卒以及自己的精兵，送到荥阳前线，增强正面的战斗力量，使刘邦恢复了作战元气。

汉三年（公元前 204 年），韩信提出他的作战方略：“北举燕、赵，东击齐，南绝楚粮道，西与大王会于荥阳。”刘邦给了他 3 万人，使与张耳率兵越过太行山，攻打赵国。赵以 20 万大军扼守井陉口，准备与韩信决战。赵谋士李左车认为，韩信涉西河，虏魏豹，擒夏说，乘胜远斗，锋锐不可当。他想利用井陉的有利地形，制伏韩信。他献策说："今井陉之道，车不得方轨，骑不得成列，行数百里，其势粮食必在其后。愿足下假臣奇兵三万人，从间道绝其辎重，足下深沟高垒，坚营勿与战。彼前不得斗，退不得还，吾奇兵绝其后，使野无所掠，不至十日，而两将之头可致于戏下。"成安君陈馀则认为，韩信以少数兵力远征，士卒疲惫，不堪一击。他傲气十足，以"义兵不用诈谋奇计"，轻易地拒绝了李左车的建议。

韩信遣人探知赵不用李左车之谋，即刻进兵，离井陉口 30 里，停止前进。选轻骑二千人，各持一赤旗，埋伏在赵营侧后。任务是待赵兵倾巢而出，进击汉军的时候，闯入赵营，拔掉赵旗，插上汉的赤旗。为了诱使赵军出营决战，韩信故意背水列阵，把将卒布置在绵蔓水东岸的微水村，摆出易受攻击的阵形。然后，他亲自率军出井陉口。赵军见韩信军至，出营阻击。经过一阵急战，韩信佯败，丢弃旗鼓，向绵蔓水后退。背水列阵，向来为兵家之大忌。所以，赵王歇、成安君陈馀误认为韩信不懂兵法，见他后退，便下令追击。赵军倾巢出动，争抢旗鼓，一味前进。韩信埋伏的二千人，乘机占领赵营，拔掉赵旗，插上汉的赤旗。韩信与绵蔓水的将卒会合后，被置于死地的汉军，拼死战斗，勇猛异常。赵军见取胜无望，准备退回，但见营寨一片赤旗，顿时仓皇溃逃。韩信军前后夹击，追至泜水，全歼赵军，俘虏赵王歇，斩成安君陈馀。韩信庆功完毕，将领们问："兵法右倍山陵，前左水泽，今者将军令臣等反背水陈，曰：'破赵会食。'臣等不服。然竟以胜，此何术也？"韩信答说："此在兵法，顾诸君不察耳。兵法不曰：'陷之死地而后生，置之亡地而后存。'且信非得素拊循士大夫也，此所谓'驱市人而战之'。其势非置之死地，使人人自为战。今予之生地，皆走，宁尚可得而用之乎！"

赵败后，韩信立即下令：不准杀害李左车，并且高价千金悬赏生得李左车者。当李左车被捆来时，韩信亲自为他解绑，并赐座给李左车，向他请教攻燕伐齐的策略。李左车详细地分析了韩信军队的实际战力之后，便提出了用和平方式解决燕的具体良策。韩信听后称赞说："太好了！"便听从了李左车的策划，操兵使燕。燕从风而靡。于是韩信不发一兵一卒，迫使燕国归降。

在韩信节节胜利之时，刘邦却被项羽困在成皋。他和滕公从北门逃出，渡黄河，到修武。韩信再次把精兵交给他。刘邦由于“得韩信军，则复振”。

韩信“收赵兵未发者”及刘邦挑选剩下的士卒，东进击齐。乘齐军守备懈怠，韩信一举破齐，夺取齐都临淄。齐王田广逃到高密，请求楚军救援。项羽派遣龙且率军救齐，而龙且却坚壁清野，令齐王发使招所亡城郭，逼使汉军“无战而降”。龙且自恃有大兵20万，齐将田间也有将士20万，所以傲慢地说：“吾生平知韩信为人，易与耳。且夫救齐不战而降之，吾何功？今战而胜之，齐之半可得，何为止？”遂与韩信夹潍水对阵。韩信军水西，龙且军水东。韩信夜遣人以沙袋万余截断水流。然后，引军渡河，刚过一半，佯败而还。龙且高兴地说：“固知信怯也。”遂追渡水。龙且军刚渡近半，韩信派人撤去沙袋，大水骤至，把龙且军分成两半。渡过河的龙且军，人数并不比韩信军队少，但是由于被分割，将士恐慌，韩信轻易地击败了渡河的楚军，杀了龙且。未渡河的楚军惊慌逃散。韩信乘胜追击，至城阳，全歼楚军，虏齐王田广和守将田光。又打败齐相田横于嬴下，杀齐将田既于胶东，遂定齐地。但是，齐田氏仍在抵抗。

汉四年（公元前203年），韩信以齐伪诈多变、反复之国，“南边楚，不为假王以镇之，其势不定”，遣人申请做假齐王。刘邦拆书，大怒，骂道：“吾困于此，旦暮望若来佐我，乃欲自立为王！”张良、陈平急踢他的脚，并附耳说：“现在能阻止韩信为王吗？不如善待之，使其守齐。不然，生变，后果不堪设想。”刘邦醒悟，马上改口说：“大丈夫定诸侯，即为真王耳，何以假为？”就这样，刘邦违心地遣张良拜韩信为真齐王。

汉五年（公元前202年），韩信已经是战绩累累的大将了，率领汉兵士围战于垓下，与楚最后决战。当时项羽所剩兵力约10万人，但“楚战士无不一以当十”。汉军当时的军力排阵为韩信将30万自当之，孔将军居左，费将军居右，为第一线；刘邦在后是第二线；周勃、柴将军在刘邦后，为第三线。战斗开始时，韩信假作佯败。项羽便“乘胜追击”，孔、费二将从左右两侧夹击，楚不利。韩信杀回马枪，战败楚军。此时，第二、三线的兵力未动，楚军便被打垮。项羽丧失了再战的信心，被迫突围，至乌江自刎，楚汉战争就结束了。

楚汉之战刚一结束，刘邦立即“袭夺齐王军”，封韩信为楚王，建都下邳。韩信到了下邳，故地重返，马上派人找到了年少时那位把饭分给他吃的洗衣老妇人，“馈赠千金，高赏赐食之恩”。不单如此，韩信还召见了当年逼他钻胯下的屠户少年，又拜他为中尉，并称“此壮士也。方辱我时，我宁不能杀之邪？杀之无名，故忍而就于此。”

十分念旧的韩信，到了建王都之地，便马上还了他少年时许的愿。韩信能如此处理微贱时的恩恩怨怨，可见他为人处世之大度，本身涵养之深厚。

汉六年（公元前201年），有人告韩信谋反。刘邦用陈平之计，伪游云梦，谲谋擒住韩信。韩信恍然大悟地说：“果若人言，‘狡兔死，良狗烹；高鸟尽，良弓藏；敌国破，谋臣亡。’天下已定，我固当烹！”刘邦说：“人告公反。”把韩信押解到洛阳，降为淮阴侯。但是，并未让韩信去淮阴，而是使他居留长安。

通过被捕，韩信进一步认识到，刘邦“畏恶其能，常称病不朝从”。但仍很高傲，羞与绛、灌等列。一次，刘邦与韩信讨论诸将带兵的能力。“上问曰：‘如我能将几何？’韩信曰：‘陛下不过能将十万。’上曰：‘于君何如？’韩信曰：‘臣多多而益善耳。’上笑曰：‘多多益善，何为为我禽？’信曰：‘陛下不能将兵，而善将将，此乃信之所以为陛下禽也。’”刘邦本来就“畏恶其能”，韩信不顾阶下囚的劣位，毫不隐瞒自己的观点，进一步触动了刘邦的痛处。

高帝十一年（公元前196年），刘邦去代地镇压陈豨的叛乱。韩信的舍人得罪了韩信，韩信要杀他。其弟上告韩信兵变，说韩信与叛将陈豨合谋造反。吕后与萧何诈称刘邦已诛讨陈豨，引诱韩信入宫祝贺。“信入，吕后使武士缚信，斩之长乐钟室。信方斩，曰：‘吾悔不听蒯通之计，乃为儿女子所诈，岂非天哉！’遂夷信三族。”刘邦回到长安，对韩信之死，“且喜且怜之”。并问韩信死时说了些什么。吕后回答：“信言恨不用蒯通计。”所谓“蒯通之计”是指韩信定齐后，项羽派遣武涉说服韩信反汉，三分天下之事。当时韩信对刘邦授上将军印，予数万众，言听计从，感恩不尽，表示“虽死不易”，婉言回绝了武涉。齐人蒯通知晓天下之事，“权在韩信”，便欲以奇策打动韩信，三分天下。蒯通从相面入手，对韩信说：“相君之面不过封侯，又危不安。相君之背，贵乃不可言。”“面”，指跟刘邦走；“背”，指背叛刘邦。蒯通接着说：“当今两主之命悬于足下，足下为汉则汉胜，与楚则楚胜。”“莫若两利而俱存之，叁分天下，鼎足而居，其势莫敢先动。”“今足下戴震主之威，挟不赏之功。归楚，楚人不信；归汉，汉人震恐，足下欲持是安归乎？”几天后，蒯通再次敦促韩信反汉。韩信坚定地回绝说：“汉王遇我甚厚，载我以其车，衣我以其衣，食我以其食。吾闻之，乘人之车者，载人之患；衣人之衣者，怀人之忧；食人之食者，死人之事。吾岂可以乡利倍义乎！”那时，韩信要搞垮刘邦并不难。但是，他坚定地谢绝了蒯通的献策相劝。“悔不用蒯通之计”，足以说明韩信未曾反。至于说韩信与陈豨有谋，显系诬陷。陈豨叛乱，是养客引起的。陈豨养客很多，门庭若市，周昌怀疑他图谋不轨，上报刘邦。刘邦遣人调查，事多牵连陈豨，陈豨恐惧，仓促起兵叛乱。“安得与淮阴有夙谋？”

中国自古以来，如韩信之死一类的悲壮之事甚多！

4. 两大主将

彭越，英布，是佐刘邦争天下的两员主要将领。

彭越（？—前196年），昌邑人（今山东巨野县），字仲，楚汉战争时汉军著名将领，西汉开国功臣，拜魏相国，又被封为梁王。后因被告发谋反，为刘邦所杀。

陈胜、项梁揭竿而起，一伙年轻人推举彭越效仿他们，说：“很多豪杰都争相树起旗号，背叛秦朝，你可以站出来，咱们也那样干。”彭越推诿说：“现在两条龙刚刚搏斗，还是等一等吧。”

过了一年多，泽中聚集了100多年轻人，前去追随彭越，说：“你做我们的首领，我们一块干。”彭越再次拒绝。年轻人们执意请求，彭越这才同意了，并跟他们约好明天太阳出来时集合，迟到的杀头。第二天，当太阳出来的时候，迟到的有十多人，彭越只好杀了最后来的那个人，众人都十分震惊，开始畏惧彭越。于是，彭越就开始带领大家夺取土地。收集诸侯逃散的士兵，聚众1000余人。

沛公从砀北上攻击昌邑，彭越前去援助。昌邑没有攻下来，沛公带领军队向西进发，彭越领着他的人马驻扎在大野泽中，并收入魏国逃散的士兵，后来彭越的部队已发展到10000多人，却没有归属。

汉元年秋天，齐王田荣背叛了项王，便派人赐给彭越将军印信，并派他进军济阴攻打楚军。楚军令萧公角率兵迎击彭越，却被打败。汉王二年春天，汉王和魏王豹以及各路诸侯，向东攻打楚国，彭越率领30000多人，在外黄归附汉王。汉王对彭越说："彭将军收复魏地十几座城池。急于拥立魏王的后代。如今，魏王豹是魏王咎的堂弟，是真正的魏王的后代。"于是就任命彭越做魏国国相，独揽兵权，平定梁地。

汉王三年，彭越为汉王游动出兵，攻击楚军，在梁地断绝他们的后援粮草。汉四年冬，项王和汉王在荥阳相持，彭越攻下睢阳、外黄等17座城邑。项王得到消息后，派曹咎驻守城皋，亲自带兵，收复了彭越攻克的城邑。彭越则带着他的队伍北上谷城。汉五年秋，项王的军队向南撤退到夏阳，彭越又攻克昌邑旁20多个城邑，缴获谷物10多万斛，充作汉王的军粮。

汉王打了败仗，派使者叫彭越合力攻打楚军。彭越说："魏地刚刚平定，还畏惧楚军，不能前往。"汉王举兵追击楚军，却被项羽在固陵打败。他便对留侯说："诸侯的军队不来参战，可怎么办？"留侯对曰："齐王韩信自立，不是你的本意，韩信自己也不踏实。彭越平定了梁地，战功累累，当初您为了魏豹，只命彭越做魏国国相。如今魏豹死了，又无后代，何况彭越也想称王，而你却没有做出决断，您和两国约定：假如战胜楚国，睢阳以北到各城的土地，都分封给彭相国为王；从陈以东的沿海地区，分封给齐王韩信。你如能拿出土地分给他们二人，很快他们就可以招来……"于是，汉王派出使者见彭越，按照留侯说的行事。如此这番，彭越就率领全军人马，在垓下与汉王会师，于是大败楚军。那年春天，汉王封彭越为梁王，建都定陶。

汉六年（公元前201），彭越到陈地，朝见汉高帝刘邦。九年、十年，都来长安朝见。

汉十年秋天，陈豨在代地造反，汉高帝亲自率领部队前去讨伐，到达邯郸，向梁王彭越征兵。彭越推说有病，派将带军到邯郸。高帝很是生气，指责彭越。彭越怕了，打算亲自前往谢罪。此时，部将扈辄说："大王当初不去，被指责了才去，下场定是被捕。不如就此出兵造反。" 彭越不理会，仍称有病。由此引发了太仆向汉高帝指控彭越和扈辄阴谋叛变的事。于是高帝派使臣袭击梁王，并逮捕了彭越，囚禁在洛阳。后来高帝又赦免了彭越，废为平民百姓，流放到蜀地青衣县。彭越流放走到郑县，正好遇上吕后从长安而来，打算前往洛阳。彭越见到吕后，痛哭流涕，满腹冤枉，亲述无叛之罪，希望回到故乡昌邑。吕后便和他一块回了洛阳。吕后对刘邦说："彭越是豪壮勇敢之人，如今流放蜀地，留下后患，不如杀掉。"于是，吕后就告彭越再次谋反，廷尉王恬开呈报请诛灭彭越家族。刘邦批准，于是诛杀了彭越，灭了其家族，废除了封国。

彭越虽死，却是世界战争史上第一个使用游击战术的军事家，可谓游击战始祖。论军事谋略与指挥才能，彭越仅次于韩信，但论功绩，他可能不次于韩信。在楚汉战争中，正是由于他在楚军的后方展开了游击战，打击楚国的补给，使用敌进我退、敌退我追的战术，才使项羽两面作战难得应付，使楚军的粮食装备得不到补给，也给了前线汉军不被项羽歼灭的机会，楚汉战争正是在刘邦的正面防御、韩信的千里包抄和彭越后方游击战的基础上，才赢得垓下之战的胜利，最终灭楚。

英布（？—前 196 年），秦末汉初名将。六县（今安徽六安）人，因受秦律被黥，又称黥布。初属项羽，为霸王帐下五大将之一，被封为九江王，后叛楚归汉，被封为淮南王。与韩信、彭越并称汉初三大名将。

英布，秦朝时是个平民百姓。小时候，有人给他看相说："当在受刑之后称王。"到了壮年，犯了法，被判处黥刑。英布愉快地笑着说："有人给我看了相，说我在受刑之后就可称王，现在是时候了吧？"黥布定罪后，被押送到骊山服役，骊山刑徒有几十万人，黥布专和罪犯的头目、英雄豪杰打交道，终于带着这伙人逃到长江之中，做了群盗。

陈胜起义时，黥布去见番县令吴芮，并跟他的部下一起反叛秦朝，聚集了几千人的队伍。番县令还把自己的女儿嫁给他。章邯消灭了陈胜、打败了吕臣的军队之后，黥布就带兵北上攻打秦军，在清波打败了他们后，就带兵归属了项梁。

项梁率师渡过淮河向西进发，在攻打景驹、秦嘉等人的战斗中，黥布骁勇善战，总是列于众军之首。项梁到达薛地，听说陈王的确死了，就拥立了楚怀王。项梁号称武信君，英布为当阳君。项梁在定陶战败而死，楚怀王迁都到彭城，将领们和英布也都聚集在彭城守卫。正当这时，秦军加紧围攻赵国，赵国屡次派人来请求救援。楚怀王派宋义担任上将军，范增担任末将军，项羽担任次将军，英布、蒲将军都为将军，全部归宋义统帅，向北救助赵国。之后项羽在黄河之畔杀死宋义，怀王趁势改任项羽为上将军，各路将领都归属项羽统辖。项羽派英布率先渡过黄河攻击秦军，英布屡立战功。项羽率领全部人马渡过黄河，跟英布协同作战，于是打败了秦军，迫使章邯等人投降。楚军屡战屡胜，功盖各路诸侯。各路诸侯的军队都能逐渐归附楚国，是因为英布指挥军队作战能以少胜多，使人臣服。

项羽带领军队向西到达新安，又派英布等人领兵趁夜袭击并活埋章邯部下 20 多万人。项羽到达函谷关，不得入，又派英布等人，先从隐蔽的小道打败了守关的军队，才得以进关，一直到达咸阳。英布常常担任军队的前锋，项王分封诸将，封英布为九江王，建都六县。

汉元年（公元前 206 年）四月，诸侯们都离开项王的大本营，各回到自己的封国。项王拥立怀王为义帝，迁都长沙，却暗中命令九江王英布等人在半路上偷袭。这年八月，英布派将领袭击义帝，追到郴县把他杀死。

汉二年，田荣叛楚，项王前往攻打，向英布调军，英布推脱病重，不能前往，只派将领带着几千人应征。汉王在彭城打败楚军，英布又说病重，不去辅佐楚国。项王因此怨恨英布，屡次指责他，并召他前往，英布恐慌，不敢前往。项王正为北方的齐、赵国担心，西边又担心汉王起兵，知交的只有英布，又推重英布的才能，打算亲近、任用他，所以没有攻打他。

汉三年，汉王攻打楚，在彭城展开大规模的战争，失利后从梁地撤退，来到虞县，对身边亲近的人说：“像你们这些人，不配共同谋划天下大事。”负责传达禀报的随何近前说：“我不理解陛下说的是什么意思。”汉王说：“谁能替我出使淮南，让他们发动军队，背叛楚国，在齐国把项王牵制几个月，我夺取天下就万无一失了。”随何说：“我请求出使淮南。”汉王给了他 20 人一同出使淮南。到达后，因为太宰做内主，等了三天也没能见到淮南王。随何趁机游说太宰说：“大王不召见我，一定认为楚强大，汉弱小，这正是我出使的原因。请使我得以召见，我的话要是说得对呢，那正是大王想听的；我的话说得不对呢，让我们 20 人躺在砧板之上，在淮南广场被斧头剁死。以表明大王背叛汉国亲近楚国之心。”太宰这才把话转告淮南王，淮南王接见了他。随何说：“汉王派我恭敬地上书大王驾前，我私下感到奇怪的是，大王为什么和楚国那么亲近。”淮南王说：“我面向北边以臣子的身份侍奉他。”随何说：“大王和项王都列为诸侯，北向而以臣子的身份侍奉他，一定是认为楚强大，可以把国家托付给他。项王攻打齐时，他亲自背负着筑墙的工具，身先士卒，大王应当出动淮南全部人马，亲自率领着他们，做楚军的前锋，如今只派 4000 人去帮助楚国。面北而侍奉人家的臣子，本来是这个样子的吗？汉王在彭城作战，项王还未曾出兵入齐，大王就应该调动淮南所有的人马，渡过淮河，帮助项王与汉王日夜会战于彭城之下。大王拥有万人之众，却没有一个人渡过淮河，这是垂衣拱手地观看他们谁胜谁败。把国家托付给人家的人，本来就是这个样子的吗？大王挂着归向楚的空名，却想扎扎实实地依靠自己，我私下认为大王这样做是不可取的。可是，大王不背弃楚，是认为汉弱小。楚的军队即使强大，却背负着天下不义的名声，因为他背弃盟约而又杀害义帝。可是楚王凭借着战争的胜利自认为强大，汉王收拢诸侯之后，回师驻守成皋、荥阳，从蜀、汉运来粮食，深挖壕沟，高筑壁垒，分兵把守着边境要塞，楚要想撤回军队，中间有梁相隔，深入敌人国土八九百里；想打，可是又打不赢，攻城又攻不下，老弱残兵辗转运粮千里之外；等到楚军到达荥阳、成皋，汉王的军队却坚守不动，进攻又攻不破，退却又逃不出汉军的追击。所以说楚军是不足以依靠的。假使楚军战胜了汉军，那么诸侯们自身危惧，必然要相互救援。一旦楚国强大，恰好会招来天下军队的攻击。所以楚比不上汉，这形势是显而易见的。如今大王不和万无一失的汉国友好，却将自身托付于危在旦夕的楚国，我私下替大王感到疑惑。我不认为淮南的军队足以灭亡楚国。只要大王出兵背叛楚国，项王一定会被牵制，只要牵制几个月，汉王夺取天下就可以万无一失了。我请求大王提着宝剑归附汉国。汉王一定会分割土地封赐大王，又何况还有这淮南，淮南必定为大王所有啊。因此，汉王严肃地派出使臣，进献不成熟的计策，希望大王认真地考虑。”淮南王说：“我遵从你的意见。”于是暗中答应叛楚归汉。

这时，楚国的使者也在淮南，正催促英布出兵。随何径直闯去，说：“九江王已归附汉王，楚国凭什么让他出兵？”英布显出吃惊的样子。楚国使者站起来要走。随何趁机劝英布说：“大事已成，就可以杀死楚国的使者，不能让他回去，我们赶快向汉靠拢，协同作战。”英布说：“就按照你说的办，出兵攻打楚国吧。”于是杀掉使者，出兵攻打楚国。楚国便派项声、龙且进攻淮南，项王留下来进攻下邑。战争持续了几个月，龙且在淮南的战役中，打败了英布的军队。英布想带兵撤退到汉国，又怕楚国的军队拦截杀掉他，所以，和随何从隐蔽的小道逃归汉国。

淮南王到时，汉王叫英布去见他。英布见状，怒火燃胸，后悔前来，想要自杀。当他退出来，来到为他准备的住所时，见到一切如同汉王那里的一样豪华，英布喜出望外，于是就派人进入九江。这时楚王已经派项伯收编了九江的部队，杀尽了英布的妻子儿女。英布派去的人找到当时的宠臣故友，带着几千人马回到汉国。汉王又给英布增加了兵力，一道北上，到成皋招兵买马。汉四年七月，汉王封英布为淮南王，共同攻打项羽。

汉五年（前202年），英布又派人进入九江，夺得了好几个县。汉六年，英布和刘贾进入九江，诱导大司马周殷，周殷反叛楚国后，就调动九江的军队和汉军共同攻打楚国，大败楚军于垓下。

项羽一死，天下平定。英布就做淮南王去了，建都六县，九江、庐江、衡山、豫章郡都归属英布。

汉七年，英布到陈县朝见皇上。汉八年，又到洛阳朝见皇上。汉九年到长安朝见皇上。

汉十一年（公元前196年），吕后诛杀了淮阴侯，因此，英布内心恐惧。这年夏天，刘邦诛杀了梁王彭越，并把他剁成了肉酱，又把肉酱装好分别赐给诸侯。送到淮南，淮南王正在打猎，看到肉酱，特别害怕，暗中使人部署，集结军队，守候并侦察邻郡的意外情况。后来，英布因为与贲赫结仇，贲赫就告发英布叛变，说可以在叛乱之前诛杀了他。刘邦看了贲赫的呈报，与萧相国商量对策，相国说："英布不应该做这样的事，恐怕是因结有怨仇受到诬陷。请把贲赫关押起来，派人暗中验证淮南王。"淮南王见贲赫畏罪潜逃，上书言变，本来已经怀疑他会说出自己暗中部署的情况，汉王的使臣又来了，认为受到怀疑，就杀死贲赫的全家，起兵造反。造反的消息传到长安，刘邦就释放了贲赫，封他做了将军。

刘邦召集将领们，问他们如何整治英布？将领们都说："英布造反，出兵打他，活埋了这小子，还能怎样！"刘邦追究："英布为什么造反呢？"令尹答道："往年杀死彭越，前年杀死韩信，这三个人是一伙的，很自然英布会十分不满，并疑心祸患一定会殃及他自己的，所以就造反了。"这也是英布本来就为骊山刑徒的本能所为。因此刘邦调动军队，亲自率兵攻打英布。经两军大战，英布的军队战败逃走，渡过淮河，几次停下来交战，都不顺利，和100多人逃到长江以南。后来，英布被人诱骗，到了番阳，番阳人在兹乡百姓的民宅里杀死了英布。

第九讲　文景之治

文帝和景帝在位共39年，继续执行轻徭薄赋、奖励生产、与民休息的政策，是西汉社会经济上升的时期，史称“文景之治”。

汉文帝刘恒原为代王。代，地处北方边境，自然条件较差。他居代17年也经受了一些磨炼。他即皇帝位后，重视农业生产，实行减轻赋税和刑罚的政策，提倡节俭。

文帝屡诫百官守令劝课农桑，并连续下诏令减轻民众负担。文帝前元元年（公元前179年）三月，诏令群臣对百姓鳏寡孤独穷乏之人举行赈贷，又下诏规定各地存问老年人，发给布帛酒肉之物，地方官吏应当亲自阅视或送到。六月，令郡国无来献。

文帝前元二年十一月，下诏举贤良方正、能直言极谏者，指摘施政的弊病；敕官吏务省经费以便民；减少守卫京师的士卒；减少太仆用马，用以补充邮驿的需要。正月，下诏亲耕籍田，并赦免因被论罪充当官府役作为奴者回乡务农。

文帝多次下诏提倡重视农业的社会风气。十二年（公元前168年），下诏派遣使者到各地慰问孝悌、力田、三老等乡官和廉吏。贾谊向文帝上疏，指出天下“背本而趋末”的情况很严重，致使国家或民户的粮食积贮都少得可怜。同时社会上奢靡成风，大量浪费财富。他认为，朝廷应极其重视积贮粮食，吸引农民回到本业：“夫积贮者，天下之大命也。”“今驱民而归之农，皆著于本，使天下各食其力，末技游食之民转而缘南亩，则蓄积足而人乐其所矣。”贾谊的上奏引起文帝的重视，当即在春耕时节到京城的“籍田”上举行亲耕仪式，向天下表示皇帝奖励务农。

汉文帝刘恒（公元前203—前157年），是汉高祖刘邦的中子，公元前180年即皇位。

1. “薄税劝农，与民休息”

刘恒，汉高祖十一年（公元前196年）春为代王。高后八年（公元前180年），吕后去世。汉宗室、大臣们与外戚吕氏之间原本就有矛盾，至此已完全公开化，并更为激化。外戚吕氏为了维持自己的统治地位，又害怕被汉宗室、大臣们所害，于是聚集了兵力，阴谋作乱。汉宗室、大臣们合力灭诸吕，而成功。

代王刘恒，“高帝中子，最长，仁孝宽厚。太后家薄氏谨良。且立长故顺，以仁孝闻于天下”，因此大臣们认为立刘恒为帝，最为合适。于是他们派使者前去恭请刘恒。但他一再推辞，不愿为帝。当刘恒得知众臣们确实忠心拥戴他为帝后，便来到长安，受到了大臣们的欢迎。此时的刘恒谦逊地说自己不足以当此重任。汉群臣们齐请刘恒继位。刘恒谦让再三后说：“宗室将相王列侯以为莫宜寡人，寡人不敢辞。”于是当夜入未央宫，登上帝位，是为汉文帝。

汉文帝即位后，封赏了诛吕有功的将相大臣，颁布了《振贷诏》《养老诏》等诏令，以赈救、抚养贫困年老的百姓。刘恒在位期间，基本上奉行了一条与民休息的政策，深受百姓们的拥护，为汉的长治久安、和谐进步奠定了基础。

汉文帝前元二年（公元前178年）正月初春，汉文帝下诏：“夫农，天下之本也，其开籍田，朕亲率耕，以给宗庙粢盛。”

汉文帝在此诏中明确了以农为重的富国思想，举行了亲耕仪式，以示务农为当务之急、重中之重的头等政务。

同年九月，汉文帝再次下诏：“农，天下之大本也，民所恃以生也，而民或不务本而事末，故生不遂。朕忧其然，故今兹亲率群臣，农以劝之。其赐天下民今年田租之半。”重申以农为本，反对弃本事末，还决定减免当年半数的田租。

十三年（公元前167年）春二月，汉文帝再三下诏书：“朕亲率天下农耕以供粢盛，皇后亲桑以奉祭服，其具礼仪。”

此后，汉文帝又曾多次下诏书，申劝务农之旨，批责不力官吏，并诏令各地各阶官吏设置“常员”，督百姓务农力田，甚至全免税收，诏示了“民以食为天”的根本。

后元元年（公元前163年），因连年歉收，又遇水旱疾疫之忧，汉文帝下诏求言。诏中曰：“而食之甚不足者，其咎何在？无乃百姓之从事于末以害农者蕃，为酒醪以靡谷者多，六畜之食焉者众欤？”这反映了汉文帝在思考农民饥馑的原因。他要求各地官吏想出办法，补救歉收，确实要“佐百姓”。

另外，汉文帝还下诏“务省徭费以便民”，并裁减了侍卫人马，以减轻赋税。

汉文帝劝民务农，减轻租税和赋役，对汉初社会生产力的恢复和发展、汉初社会的稳定起了一定的促进作用。

汉文帝很慎于用法。他在即位之初，曾对群臣们说：“法者，治之正也，所以禁暴而率善人也。”汉文帝倡导：“用法当正，禁止暴力，倡导善顺。”

汉文帝不同意那种“一人犯法，株连全家”的做法，强调法使用得正当，才能使民众诚顺；适当的定罪，才能使民众心服口服。官治民，应当顺导民众，以民众为善。不然，反而害了民众。汉文帝下诏废除了收帑相坐律令（一人有罪株连全家的法令）。但后来汉文帝后六年，新垣平谋反，汉文帝“复行三族之诛”，看来在那个时代，根除苛滥之法是完全不可能的。

汉文帝前元二年（公元前178年）五月，下诏废除诽谤妖言之罪。诏中示：“今法有诽谤妖言之罪，是使众臣不敢尽情，而上无由闻过失也。”又说百姓说错了话就以为“诽谤”罪，都不可取，今后不必处治。对于秦规定的“诽谤妖言”之罪，不许臣民议政，偶语者弃市的做法，汉文帝一概废除。

汉文帝三年，济北王刘兴居叛乱时，汉文帝下诏明确地规定，首恶者定重罪；主动归顺者鼓励，官方可复其原职；随从谋反而不坚决者不问。这是一条区别对待罪犯的法令。平乱后，汉文帝“赦济北诸吏民与王反者”，说明政策是兑现了的。

汉文帝十三年五月，齐太仓令淳于公有罪应判。淳于公有女无子，少女缇萦随父到长安，上书要求：“愿没为官奴婢，以赎父刑罪，使得自新。”汉文帝深受感动，随即下令废除肉刑。他说，现在有三种肉刑（黥、劓、刖），而奸不止，这是上未尽训导之过；而用肉刑，罪人终生残疾，这不是为民父母之意。丞相张苍、御史大夫冯敬等又拟定处治罪人之法。事实上仍有受刑致残、致死者。故史称汉文帝“外有轻刑之名，内实杀人”。但无论如何，汉文帝对肉刑有了认识，并愿减轻是无疑的，同样显示了文治时代的进步。

当时，也曾有些关于汉文帝严谨执法的传颂。如，有次汉文帝路经中渭桥，突然有个人匆忙从桥下走出来，惊了皇帝的坐骑，因此被捕。廷尉张释之审问，知其并非故意惊驾，只处以罚金。汉文帝得知后，很是生气，认为处罚过轻。张释之认为，“法者天子所与天下公共也”，不能因人而异，如果随便更改，“天下用法皆为轻重，民安所措其手足”。经过张释之的正言陈说，最后汉文帝还是同意了张释之的处罚结案。又如汉高祖庙的玉环被人偷走了，张释之定了弃市罪，汉文帝又认为处罚过轻了，说要族诛。张释之又正言陈述，“如果偷玉环就株连全族，那么偷了更多更大的东西又怎么处治呢？”汉文帝无言可对，只好顺从了张释之的处罚。再如，云中郡守魏尚治军有方，守土有功，只因小过就被罢官削爵。庭下冯唐对汉文帝说，“陛下法太明，赏太轻，罚太重”，用人有问题。汉文帝听后，释放了魏尚，恢复了他的官职。当然，这三例传颂汉文帝识法有误而更正的故事，作为皇上顺应执法官吏的适度量刑判罚，有法必依，确实不易。

汉文帝还十分重视有识之士，听取和采纳他们有利于朝廷的建议。如思想家贾谊提出农业生产是立国的根本，只有把粮食积贮得多了，才能攻能守；政治家晁错提出重农轻商的主张，提出使农民附着于土地的观点，汉文帝都积极主动地采用了，并提出了具体的措施加以实行，才能有文景之治的大好开端。

西汉建立后，王国势力强大，成为统治集团内部存在的又一重大问题。汉文帝以代王入朝为帝，自然是不会忽视这个问题的。他听取了贾谊的建议，在原来的封地上增加封君的数目，以分散其实力，使朝廷跟他们的关系可以像身之使臂、臂之使指。汉文帝于六年以谋反罪废了淮南王刘长，又于十六年立刘长三子为诸侯王，以原淮南王之地“三分之”。表面上以示对宗室的怜悯，实际上以大化小，一分为三，便于控制。悼惠王死后，汉文帝也采取了同样的做法，将悼惠王原有的地分别给了他的六个儿子。这一建议的采用，在一定程度上打击了诸侯王的分封势力，加强了中央集权的统治，有利于国权的有力行使。

汉文帝不仅在执政上宽厚，而且在生活上也是注重恭俭的。他从代王即位以来，23 年中“宫室苑囿狗马服御无所增益，有不便，辄弛以利民”。他曾经想建一露台，召工匠计之，置百金，便放弃了这个念头，并说：“百金中民十家之产，吾奉先帝宫室，常恐羞之，何以台为！”他常衣绨衣，还让他的夫人穿衣不得拖地，帏帐不用文绣，日常生活注意简单。他又主张薄葬，“治霸陵皆以瓦器，不得以金银铜锡为饰，不治坟，欲为省，勿烦民”。他的这些做法，一直为后来的史家所赞同，为百姓所传颂。

西汉初年，匈奴的力量很强大。自刘邦平城被围，一直采用娄敬的和亲政策，用联姻并赠送大量礼物的办法，来维系汉同匈奴的和平关系。但是，匈奴总不能信守汉匈盟约。汉文帝即位之初，与匈奴修复和亲之好，以求汉疆的安宁，以及汉皇朝政权的稳固。

汉文帝三年（公元前 177 年）五月，匈奴右贤王破坏了和亲盟约，驱骑入塞，占据了汉地“河南”。汉文帝下诏指出，匈奴的侵扰行为违背和亲之约，并派遣丞相灌婴带 8 万人马反击，赶跑了匈奴骑兵。接着，汉文帝又加强了长安的驻军，以确保京师安全。次年，匈奴冒顿单于来书，要求恢复和亲之好。汉朝考虑到匈奴势力正盛，同意和亲。汉文帝六年（公元前 174 年），回冒顿单于一书，赞许了他愿意和亲的正确做法，但要求他守信，决不可负约。

不久，冒顿去世，其子稽粥立，号称老上单于。汉文帝以宗室女为公主，送与匈奴为单于阏氏，派宦者中行说为使护送，再次和亲。但中行说投降了匈奴，得到单于的信任，并为单于出谋划策。汉文帝十四年（公元前 166 年）冬，匈奴单于领 14 万骑入朝那、萧关，杀了北地都尉孙卬，掳掠民众畜产。汉文帝乃派三位将军带兵分驻于陇西、北地、上郡，又派中尉周舍为卫将军，郎中令张武为车骑将军，带骑兵 10 万，驻于长安近旁，以防匈奴。汉文帝亲自慰劳军队，视察演习，申明军令，赏赐将士。汉文帝本想亲自带兵出征，但被劝阻，于是以东阳侯张相如为大将军，统兵征伐，击退了匈奴。

汉文帝后元二年（公元前 162 年）六月，文帝下诏，表示了欢迎汉匈复言和亲之事。他在诏书中说：“间者累年，匈奴并暴边境，多杀吏民。……夫久结难连兵，中外之国将何以自宁？……今单于反古之道，计社稷之安，便万民之利，新与朕俱弃细过，偕之大道，结兄弟之义，以全天下元元之民。和亲以定，始于今年。”

这一诏书，表达了汉文帝厌恶战争、希望汉匈两族和好的意愿与为之所付出的努力。这次和亲“结兄弟之义”，是一次民族之间友好的和约。

汉文帝后元六年（公元前158年）冬，匈奴数万骑入上郡、云中郡侵扰。汉文帝立即以令免为车骑将军，带兵驻扎飞狐，苏意为将军，带兵驻扎在句注，将军张武，带兵驻扎在北地，缘边亦各坚守，以防备匈奴的入侵。又以周亚夫为将军，带兵驻扎在细柳，刘礼为将军，带兵驻扎在霸上，徐悍为将军，带兵驻扎棘门，防备匈奴入侵扰疆。过了几个月，匈奴退去，汉文帝才撤走了以上驻扎的汉军。

由于汉文帝对匈奴采取了“亦战亦和”的用兵策略，用意是战为了和，争得了边境上相对的安宁。汉文帝进而采纳了晁错的建议，移汉民于北方边塞，使其屯田务农，加强了北方边塞的防御力量。

后元七年（公元前157年）六月，汉文帝死于未央宫，遗诏薄葬，终身俭朴。

景帝继续实行薄赋劝农的政策。前元元年（公元前156年）正月，下诏准许民户由耕地缺少的地方迁到耕地有余、水利条件好的地方。五月，下令民半出田租，实行三十而税一，从此成为汉朝定制，因而汉代农民的负担比前代明显减轻。七月，禁止官吏贪受财物，贱买贵卖。

后元二年（公元前142年）四月，下诏不受郡国贡献锦绣等奢侈物品，以省徭赋，“欲天下务农桑，谷有蓄积，以备灾害”。对官吏贪污渎罪者，治其罪。

后元三年正月，诏令郡国务劝农桑，多种树，禁止官吏采买黄金珠玉，否则以盗窃论罪。

汉景帝刘启（公元前188—前141年），汉文帝之子，公元前157年即皇帝位。

2. “与民休息”，“众建诸侯”

汉景帝即位时，因汉文帝时期推行的“与民休息”政策，使得汉初的经济有所发展，社会日趋安定。因此，汉景帝即位后，继续奉行着“与民休息”的正确政策。

汉景帝元年（公元前156年）正月初春，下诏说：“间者岁比不登，民多乏食，夭绝天年，朕甚痛之。郡国或硗狭，无所农桑系畜；或地饶广，荐草莽，水泉利，而不得徙。其议民欲徙宽大地者听之。”

政策准许百姓从贫瘠地区迁往土地肥沃地区，以便于更好地发展农业。景帝二年（公元前155年），又下诏：“令民半出田租，三十而税一也。”将以往十五税一的田租，又减轻了一半。他还多次下诏申明以农为立国之本，强调重本抑末。他在诏文中又说：“雕文刻镂，伤农事者也；锦绣纂组，害女红者也。农事伤则饥之本也，女红害则寒之原也。”

同时要求郡县官吏认真执行，对失职者加以严惩。“吏发民若取庸采黄金珠玉者，坐臧为盗，二千石听者，与同罪。”由于汉景帝重本抑末，减轻赋税，“民遂乐业”，农业生产有所进步。

在对待与匈奴的关系上，景帝也采取了争取和亲、积极防御的措施，故当时匈奴只是“时时小入盗边，无大寇”。汉景帝还把来降的匈奴封为列侯，汉匈两族“通关市”，足以见得，这一时期的边境关系，是比较友好和谐的，天下安定。

汉景帝在刑法上也很慎重。他在位期间，下诏减免了一些刑法，制定了惩处官吏犯罪的办法，并有“欲令治狱者务先宽”之说。所有的这些举措，都在一定程度上缓和了社会矛盾，对于促进社会经济的发展是十分有力的。

在汉景帝时，诸侯王的封地和权力仍然是威胁皇朝的不利因素，随着社会生产力的发展，诸侯王的经济实力也同样地不断增长。汉文帝时，虽然采纳了贾谊众建诸侯的主张，但并未真正地推行，更无实效。汉景帝即位后，采纳了晁错提出的“削藩”建议，逐步削夺诸侯王国的一部分土地，收归朝廷直接统辖，这实际上有利于中央集权，有利于巩固汉王朝的统治。

汉景帝削夺了赵王国、楚王国、胶西王国的封地，还准备削夺吴王国的封地。诸侯王不甘心其权势地被削弱，于是在汉景帝三年春，爆发了吴、楚、赵、胶东、胶西、济南、菑川等七国联合反对朝廷的叛乱。实际上，吴王刘濞早已蓄谋夺取朝廷大权。他盘踞吴王国，利用当时优越的经济条件，冶铜铸钱，煮海水为盐，又减免赋税收买人心，并引诱各处来的逃犯及流民为其服役，因而经济和军事上有一定的实力。当汉景帝采取削夺王国土地的措施时，刘濞以为时机已到，立即诱逼和勾结其他诸侯王，共同举兵作乱。于是，吴楚联军直指中原。

此时，晁错劝导汉景帝对叛乱者坚决镇压。汉景帝起初听信袁盎之言，杀了晁错，以求平息事端，实际上是被刘濞等人“清君侧”的阴谋所骗。当他发觉吴楚七国并未因诛晁错而停止军事行动时，便立即采取了积极的对策，派遣代理太尉周亚夫、大将军窦婴，率大军去迎击。由于人心向背、军事实力及战略战术诸方面的因素，仅在不足三个月的时间内，汉军便平定了吴楚等七国之乱。

经过这一事件，更加坚定了汉景帝继续推行“众建诸侯”政策的决心，而且还把诸侯王国的行政权和官吏任免权收归朝廷，并裁减了他们的官吏，降黜了他们的官吏秩位。中元三年（公元前 147 年），汉景帝下诏“罢诸侯御史大夫官”，又于中元五年（公元前 145 年）“更名诸侯丞相为相”，这些做法都是为了抑制诸侯王之权力，使其低于汉朝廷，便于集权。这样，就在实际上取消了诸侯王国的独立性，使其几乎等同于朝廷直接统辖的郡县。

汉景帝通过一些削弱诸侯王势力的做法，有力地打击了分封势力，加强了君主专制，继续开创和谐的政治局面。

后元三年（公元前 141 年）汉景帝死，终年只有 48 岁。公元前 141 年，汉武帝即位，西汉王朝走上了盛世。

第十讲　思想家与政治家

思想家贾谊在文帝时提出，农业生产是立国的根本，只有把粮食积贮得多了，才能攻能守。

政治家晁错提出重农轻商的主张，提出使农民附着于土地的观点。他认为，只有使农民附着于土地，才能使封建国家掌握农民群众而保持政权巩固。

1.《过秦论》与《治安策》

贾谊（公元前200—前168年），洛阳人，著有《新书》。

贾谊18岁时，就已能流畅地诵读《诗》与《书》，善于写作，在郡中颇有名气，受人称赞。

河南守吴公，治理郡务有方而为“天下第一”，又为同邑李斯的学生，深得汉文帝的赏识，入朝廷任廷尉。吴公向汉文帝推荐郡中的贾谊，赞赏贾谊“年少，颇通诸子百家之书”。于是贾谊便被召入，封为博士。

当时的朝廷官员，年长者居多。自汉始20多年来，功臣宿将任要职，老官吏又无退职。入朝年仅20出头的贾谊，朝官中最为年少，但却敢为，思想敏锐。每当诏令议下，首先进议者贾谊每每尽如人意。贾谊才华出众，这是诸生公认的，汉文帝也为之破格提拔了他，一年之中升至太中大夫。

汉朝代替秦朝已有20多年了，天下安定，贾谊针对汉朝的一些陈规旧法提出改进奏议：“汉承秦之败俗，废礼义，捐廉耻，今其甚者杀父兄，盗者取庙器，而大臣特以簿书不报期会为故，至于风俗流溢，恬而不怪，以为是适然耳……汉兴至今二十余年，宜定制度，兴礼乐，然后诸侯轨道，百姓素朴，狱讼衰息。”

贾谊草拟了色尚黄、数用五、改官名、更法令以及列侯就国等一些具体的方案，呈上汉文帝。当时，由于汉文帝初即位，权位不稳，认为不宜过早改制，但对贾谊还是相当赏识的，考虑将他提至公卿。但是，绛侯周勃、颍阴侯灌婴、东阳侯张相如、御史大夫冯敬等都对贾谊的奏议非常反感，并诋毁贾谊说：“洛阳之人，年少初学，专欲擅权，纷乱诸事。”这些人多为汉初功臣，身居要职，安于现状，害怕触及他们的个人权益，故而公开反对贾谊的改制之议，不同意重用贾谊为公卿。汉文帝为了迁就功臣宿将，稍稍地疏远了贾谊，将他外置为长沙王太傅。

长沙国地处远离京师的南方，相隔数千里。贾谊辞别了京师，被排挤远行，心情自然异常苦闷。

贾谊接受老庄的思想，信祸福相倚之说，以为人生如浮舟，对吉凶生死坦然处之，所以不计细小变故，也不弃自己的见解，表示出了他对生活与政治见解依旧持有信心。

又过了一年多，贾谊终于被汉文帝征召入京。朝见时，汉文帝正在未央殿前宣室就座，受祭神的余肉。汉文帝因感于鬼神之事，向贾谊询问鬼神之本。贾谊就详细地向汉文帝讲述了祭鬼神等始末，直到半夜。汉文帝在席中，逐渐前移座椅，细心地听了贾谊的讲述。然后，汉文帝还颇有感触地说：“吾久不见贾生，自以为过之，今不及也。”不久，汉文帝便任命贾谊为梁怀王太傅。梁怀王刘胜（又名楫），是汉文帝的小儿子，深受宠爱，喜好读书，所以命贾谊辅导他。同时，汉文帝也需要在政见上征得贾谊的看法，“数问以得失”。又几年，梁怀王刘胜不幸从马上坠下致死，贾谊此时自感失责，经常伤感。又过了一年多，贾谊因感伤而去，死于汉文帝十二年（公元前 168 年），终年仅 33 岁。原有集，已散佚，今人辑有《贾谊集》，其中包括《新书》56 篇、疏 7 篇、赋 5 篇及其他文章。

贾谊在他短暂的政治生涯中，非常关心国家大事。他察觉当时社会存在严重矛盾，政治又存不少过失，反复思考国家长治久安之计，或著书立说，或上书建议，发表过一些具有重要意义的政论，最著名的是《过秦论》与《治安策》。他在《过秦论》中，主要论述了如何安民，其中曰：“君子为国，观之上古，验之当世，参以人事，察盛衰之理，审权势之宜。”

这是他总结历史的经验教训，结合现实的政治面貌，发表的政治见解的表白。他在汉初统治者刘邦、著名学者陆贾等人总结秦汉之际历史经验的影响下，也很注意总结“秦亡汉兴”的历史经验。他约在22岁时，就撰写了著名的《过秦论》，为汉初的政治改革提供了历史根据。当时，由于诸侯势强，汉存在着分裂割据的危险，《过秦论》震动了汉朝，因为《过秦论》具有一定现实的意义，也为“与民休息”的政策提供了有力的历史论据。

贾谊向文帝所呈的《治安策》（又称《陈政事疏》），正是在揭露现实矛盾的前提下，提出了治国安民的方案。《治安策》之论比之《过秦论》，其政论性更为突出，论旨更为具体。他首先批判了当时一种“已治已安”的论调，并指出：“曰安且治者，非愚则谀，皆非事实知治乱之体者也。夫抱火厝之积薪之下而寝其上，火未及燃，因谓之安，方今之势，何以异此！本末舛逆，首尾衡决，国制抢攘，非甚有纪，胡可谓治！”

贾谊以为当时未治未安，存在着严重的危机。就此，贾谊首先指出，诸侯王国势大而使汉不安，必须“众建诸侯而少其力”。汉初实行郡国制度，既有直属于汉皇朝的郡县，又有相对独立的诸侯王国。诸侯王国与汉皇朝各有一定的利益而间离，时间久之，分裂割据与统一集权的矛盾，必然会从缓和趋向激化，由隐蔽直至公开。贾谊觉察到，汉皇朝初期平定了异姓王叛乱之后，刚分封不久的同姓诸侯王“袭是迹而动，既有征矣”。贾谊认为，要解决分封制带来的矛盾，只有加强朝廷权力，“令海内之势如身之使臂，臂之使指，莫不制从”，使诸侯王听命于汉皇朝；对于那些反叛者，坚决予以惩处。他第一次提出了“欲天下之治安，莫若众建诸侯而少其力”的主张，就是将诸侯王国以大化小，“力少则易使以义，国小则无邪心”。贾谊的这种思想，对于以后晁错的“削藩策”和主父偃的“推恩法”也大有启发和推动的作用，为汉文景之世的“削藩”和汉武帝之世的“推恩”分封诸王子弟，提供了思想与理论的依据。

其次，贾谊指出，匈奴侵汉而不安，必须对匈奴严加控制。他从大民族主义出发，认为当时汉朝与匈奴的关系是头足颠倒，汉朝患了半身不遂之症。这种病症应该得到治疗，也可以治好，因为汉大于匈。他想亲自去制驭匈奴，但并没有去做。

贾谊还指出，豪富奢侈而隐伏危机，必须“移风易俗”，以“定经制”。

豪富巧取豪夺，得到大量钱财，奴婢成群，生活侈靡，对社会不利，阻碍当时的农业生产；另外与王侯公卿等权贵分庭抗礼，俨然独立，形成了一种几乎不为朝政左右的经济势力。这一切对于封建经济与政权来说是不利因素。贾谊认为："夫百人作之，不能衣一人，欲天下无寒，胡可得也？一人耕之，十人聚而食之，欲天下无饥，不可得也。饥寒切于民之肌肤，欲其无为奸邪。不可得也。国已屈矣，盗贼直须时耳。"

这里指出有豪富必有贫民，贫富之间深刻的矛盾，终究会导致激烈的对抗斗争。同时，贾谊还指出秦汉风俗败坏："今世以侈靡相竞，而上无制度，弃礼仪，捐廉耻，日甚，可谓月异而岁不同矣。"

这指出了自秦以来上下都淫侈贪利，不顾礼义廉耻。公卿大臣忙于行政事务，安于现状，无视风俗败坏，不知大体。贾谊认为必须针对世风，移风易俗，使天下回心而向道，就是说要解决豪富侈靡与风俗败坏的问题，势必宣传重义而轻利，用封建主义强行抑制之。在当时的环境里，此法较为消极，收效甚微。稍后汉武帝的盐铁专利，官府经商，上下侈靡，效果也都同样甚微。

贾谊在此论中还谈及重法轻礼而礼义道消，必须重礼，以礼义教太子，以礼义待君子，才能使政权兴而不亡。除《过秦论》《治安策》外，贾谊还有一些重要的政论文章，如：《论积贮疏》论重农抑商，"驱民而归之农"；《谏铸钱疏》论国家控制铜，"收铜勿令布"，等等。

贾谊年轻为国，他的思想可贵之处在于正视社会矛盾而提出改革意见，无因循之陋，有勃勃生气；尊重历史，承认陈涉起义在秦汉之际所起的历史作用，并有"自古至于今，与民为仇者，有迟有速，而民必胜之"的难得思想，贾谊真不愧为思想家。

2. "削藩"策与政论的进步

晁错（？—前154年），颍川（今河南省禹县）人，著书21篇。

汉初的君主，对于文化学术也都很重视。汉文帝时，朝廷听说济南人伏胜，原是秦朝的博士，精通《尚书》，但已经90多岁了，不能应召。

汉文帝便下诏让太常派人向伏博士求学，于是晁错便被派去向伏博士学习《尚书》。晁错学成回朝后，就上书报告了学习《尚书》的情况，于是就被任命为太子舍人、门大夫，后来又提升为博士。他呈上《言太子知术数疏》，很受汉文帝的称赞，又被任命为太子家令。因他善辩，得到太子刘启的宠爱，并称他为“智囊”。

当时，强势的匈奴经常侵扰作乱，晁错呈上了《言兵事疏》，详述对匈奴的用兵之策。汉文帝十分赞许晁错，并以尊崇言语给予答诏。晁错又把“守边备塞、劝农力本”这两件事，作为当务之急，向皇帝呈上《守边劝农疏》。汉文帝采用了晁错的建议，招募百姓迁徙到边塞地区守边务农。晁错紧接着又呈上《募民实塞疏》，加强实施。

汉文帝诏令朝廷大臣推举贤良文学士，晁错是被推举者之一。汉文帝亲自以诏书策问，晁错呈上《举贤良对策》，对时政大发议论。这时贾谊已死，对策者100多人，唯有晁错排名最高，于是被提升为中大夫，做了朝廷的顾问。

当时，晁错面对诸侯与朝廷之间存在的矛盾，提出了“削诸侯事，及法令可更定者”，上书达30篇。汉文帝虽然没有完全采纳，“然奇其材”。当时太子刘启赞许晁错的计策，而袁盎等一些大臣“多不好错”。

汉景帝刘启即位，马上提升晁错为内史，由他掌管京师。晁错曾多次与景帝单独议事，所议之事都被采纳，晁错受宠超过了九卿，“法令多所更定”。于是晁错就招来了一些老臣的妒忌与不满。丞相申屠嘉是“高帝时大臣”，因“自绌所言不用，疾错”。他觉得晁错所为不对，但又无法阻止。当时内史府在太上庙的墙外，大门朝东，因外有庙墙挡着，出入不便，晁错就命令开了一个南门，以便出入，因此凿开了庙外的围墙。申屠嘉得知大怒，打算将此事奏请皇帝，杀掉晁错。晁错得到此消息后，当晚便请求皇帝接见，说明了情况。申屠嘉上朝报告，说晁错擅自拆庙墙为门，请求交给廷尉处死。汉景帝心里早已明白，便说：“此非庙垣，乃堧中垣，不至于法。”申屠嘉无可奈何，退朝后愤怒地对其部下长史说：“吾当先斩以闻（即先斩后奏），乃先请，为儿（指晁错）所卖，固误。”回到家里，因气愤“呕血而死”。汉景帝近晁错，晁错从此就更为显赫了。

不久，晁错升任为御史大夫，掌管全国纠察、弹劾等事，地位仅次于丞相。他向汉景帝报告诸侯王势力膨胀的事实，请求削去他们的“支郡”，即“削藩”策。汉景帝将晁错的建议交给公卿、列侯和宗室讨论。谁也不敢反对，独有外戚窦婴持不同意见，由此便与晁错对立。晁错所更定的 30 章法令，令诸侯“喧哗”。晁错的父亲知道后，急忙从颍川老家赶来长安，对晁错说：“上初即位，公为政用事，侵削诸侯，疏人骨肉，口让多怨，公何为也！”晁错答道：“固也。不如此，天子不尊，宗庙不安。”晁错父又说：“刘氏安矣，而晁氏危，吾去公归矣！”于是这位胆小怕事，但又深知世道的老人喝了毒药死去。老人临终时曾告诫晁错说：“吾不忍见祸逮身。”

过了十多天，吴楚等七国起兵反叛朝廷，声称诛伐晁错。汉景帝与晁错商议出兵征伐，晁错打算让汉景帝亲自带兵出征，自己在京城留守。此时，窦婴推荐的袁盎正应诏到来。汉景帝向袁盎询问对付吴楚叛乱的策略和具体的办法。窦婴、袁盎原就与晁错有矛盾，又因受吴王刘濞贿赂而被晁错惩治过，从此怀恨在心。现在汉景帝发问，见复仇的时机已到，就要求单独召见。此时，汉景帝就命众臣退下，独有晁错还在。袁盎对汉景帝说：“臣所言，人臣不能得知。”于是汉景帝也让晁错退出去了。

晁错退避到东厢房，心知袁盎在捣鬼，十分恼恨。这时袁盎对汉景帝说：“吴楚相遗书，言高帝王子弟各有分地，今贼臣晁错擅谪诸侯，削夺之地，以故反，名为西共诛错，复故地而罢。方今计，独有斩错，发使赦吴楚七国，复其故地，则兵可毋血刃而俱罢。”汉景帝此时面临着重要的抉择，是牺牲晁错而向吴楚让步呢？还是坚持重用晁错而坚决征伐吴楚呢？他一时默然不语，过了很久之后才表示，要看真实情况如何，并说：“吾不爱一人谢天下。”这意思是讲，如果情况真像袁盎所言，那就可以牺牲晁错而向吴楚认错。袁盎还要求汉景帝仔细考虑。于是汉景帝就任命袁盎为太常，秘密地出使吴国。

又过了十多天，丞相陶青、中尉嘉、廷尉张欧向汉景帝劾奏晁错。他们认为，吴王反叛朝廷，应当诛伐，现在御史大夫晁错提出讨伐军不可交给群臣，而要陛下亲自带领，晁错自己居守京师，又主张把尚未沦陷的徐、僮等县送给吴国，这说明晁错不能宣扬陛下德信，打算疏远君主与臣民的关系，又打算以城邑送给吴国，实无臣子之礼。他们建议：“错当腰斩，父母妻子同产无少长皆弃市。臣请论如法。”汉景帝下令说：“可以。”此时晁错还蒙在鼓里，不知此情。汉景帝派遣中尉假借召见晁错之故，将乘车行驶于途的晁错斩于东市。此时晁错身着朝服，奉召途中，死不瞑目。晁错被错杀而冤死，实际根于“削藩”。当汉景帝最终明白邓公所言“夫晁错患诸侯强大不可制，故请削之，以尊京师，万世之利也。计划始行，卒受大戮，内杜忠臣之口，外为诸侯报仇，臣窃为陛下不取也”之后，喟然长叹“公言善，吾亦恨之”。此时，汉景帝也只能后悔莫及。

晁错生活的西汉前期，是我国历史上巩固和发展国家统一和封建专制的重要时期。他的政治言论和活动，对当时的国家统一和封建专制，对所谓“文景之治”，都起着重要的促进作用。

晁错在治国问题上，主张君主集权、任人唯贤。晁错在《举贤良对策》和《言太子知术数疏》两篇政论文中，根据历史经验和朝廷面临的形势，论述了发挥朝廷的威力，以及打击分权和分裂势力的问题，为加强封建专制提供了政治武器。

晁错在经济思想方面，主张重农贵粟，防荒备战。晁错在《论贵粟疏》和《勿收农民租》两篇政治经济论文中，针对当时政治经济状况，发挥了先秦法家的“耕战”思想，提出了重农、贵粟、抑商、防备边患和防水旱灾害等一系列政治经济主张，对于发展当时的经济和巩固封建统治起了积极的作用。这说明晁错的重农抑商思想，符合当时的历史要求。

晁错在军事思想方面的主张，主要是守边备塞，抵御侵扰。他在《言兵事疏》《守边劝农疏》《募民实塞疏》等三篇军事论文中，根据当时汉、匈战争的形势，提出了守边备塞的方针政策以及抵御匈奴的战略战术。晁错认为汉初的那种敌来则消极抵抗、敌去则缺乏边防的被动挨打的状况，必须得以解决。他主张招募内地之民，移屯于边塞，适当安排，使他们一面从事农业生产，一面进行军事训练，亦农亦兵，“卒伍成于内”，“军正定于外”，做好守边备战的工作。

贾谊和晁错的办法，都是商鞅思想的发展，并长期成为地主阶级政治家在经济政策上的重要主张。

第十一讲　西汉的盛世

公元前141年，武帝即位。在过去60多年逐渐恢复社会生产力的基础上，武帝初年的社会经济情况有了显著的变化。有记载说，当时的老百姓有吃有穿，城乡的粮仓里装满了粮食，官府里有剩余的钱。又说："朝廷积存在京师的钱有几百万万，穿钱的绳子都朽了，已没有法子把钱数清。太仓里累年积存的粮溢露在仓外，烂的已不能吃了。"正是在这样的富足情况下，西汉朝廷在武帝的时候走上了它的盛世。

汉武帝刘彻（公元前156—前87年），汉景帝之子，可谓两汉时期雄才大略的皇帝，历史称"秦皇汉武"，可与秦始皇一比。西汉盛世，汉武帝在位54年（公元前140—前87年）。

1. 削弱地方与加强朝廷

汉武帝为了维护与巩固西汉封建专制的皇朝，继续推进强化皇权与巩固国家统一的政治与经济的重要决策。

武帝进一步削弱了地方势力，加强朝廷的权力。他实际上贯彻了当年贾谊的建议，规定诸王死后，除由嫡长子继承王位外，诸王子分割原来封地为列侯。这样，朝廷并不没收王国封地，但把原来王国的力量分散了。他把郡国划为13部，部各设立刺史，巡行监察豪强和守相，以加强对地方的控制。他在内廷设立一个处理文书的机构。直接处理大臣们的章奏，侵夺了原来属于丞相的职权，使君主专制更进了一步。

自秦始皇起，废封国，立郡县，实际上就反映了削弱地方势力、加强朝廷权力的思想；汉文帝时，贾谊提出的“众建说”是在朝廷和诸侯王之间建立削弱地方势力、加强朝廷权力的封建专制主义体制，汉文帝虽采纳了这个主张，但始终未能实施；汉景帝时推行晁错的“削藩策”，实际也是削弱地方势力、加强朝廷权力的一种具体体现，但失败了。到了汉武帝时，他采纳了主父偃的献策，制定了“推恩令”，同样也是削弱地方势力、加强朝廷权力的构想，在建立新的政治体制上的强力反映。

元光元年（公元前 134 年），主父偃献策说：“古者诸侯地不过百里，强弱之形易制。今诸侯或连城数十，地方千里，缓则骄奢易为淫乱，急则阻其强而合从以逆京师。今以法割削，则逆节萌起，前日晁错是也。今诸侯子弟或十数，而适嗣代立，余虽骨肉，无尺地之封，则仁孝之道不宣。愿陛下令诸侯得推恩分子弟，以地侯之，彼人人喜得所愿，上以德施，实分其国，不削而稍弱矣。”汉武帝赞同主父偃的见解。

据主父偃的分析，削弱地方势力，加强朝廷权力是针对西汉天下安定来讲的，非常重要。“推恩”是皇族所愿意或很乐意接受的。推恩令的不断推行，加强了朝廷的统治，也不断削弱了地方的力量，这对于封建专制主义政治体制的发展有着深刻的影响。

在经济上，武帝任用桑弘羊，采取一系列措施，以打击地方势力，加强朝廷的地位。原来铸币、煮盐、冶铁，不受法律限制，私人得以经营，实际上使利权都落在豪富、王侯和朝廷贵臣手里，成为他们剥削农民、扰乱社会经济的工具。

武帝于元狩六年（公元前 117 年）、元鼎四年（公元前 113 年）、元封元年（公元前 110 年）分别颁布并推行了盐铁官营、铸币和均输、平准的诏令。

武帝把铸币权收归朝廷，统一铸造新的五铢钱，严禁地方和私人铸钱。他在指定地区设官，专卖盐铁。他把原来因路远而运价高、损耗大的贡品，设官经理，运到缺货的地方高价出售，得钱归官。他又在京师设官，对一些物资实行贱买贵卖。公元前 119 年，武帝下令对商人和高利贷者加重征收财产税。普通手工业者的资财，每 4000 文收税 120 文，叫一算，而对商人的资财，每2000文就收一算。对普通人的车，一车收一算，而对商人的车，则一车收二算。责令商人自报财产。陈报不实者，罚戍边二年，财物没收。结果，很多商人被没收了财物、奴婢和田宅。武帝的这些措施，增加了国家的财政收入，摧毁了地方势力在经济上对皇朝的压力，这是跟他在政治上加强专制统治相一致的。

2. 少数民族与西汉地位

在与少数民族的关系上，武帝时活动范围的广大，是前所未有的。匈奴在西汉初年力量很强，公元前200年，刘邦在平城（今山西省大同市）被匈奴围困七天七夜，好不容易才脱身。西汉统治集团内部的反叛势力，也往往跟匈奴联合起来反对朝廷。汉初对待匈奴，主要是用联姻并赠送大量礼物的办法，以求得暂时的相安，但不能阻挡匈奴随时南下进行掠夺和破坏。

汉武帝重视汉和边疆各地区间民族关系的友好发展。汉和匈奴之间的关系有了变化，西域、西南夷闭塞的状态有了相对的改变。

建元六年（公元前135年），匈奴遣使请求和亲，汉武帝令公卿大臣商量对策。大行令王恢主张“兴兵击之”。御史大夫韩安国则强调“和亲”。在主战、主和双方的争议中，大部分官僚附和韩安国的意见，汉武帝勉强从和亲之议。然而，和亲之后，匈奴仍然大肆侵扰。元光二年（公元前133年），马邑（今山西朔县）聂一献破匈奴之策。汉武帝认为时机已到，决心抗击匈奴。王恢积极赞成聂一诱匈奴单于入塞聚而歼之的计策。汉武帝下令命韩安国、王恢、李广、公孙贺、李息等为将军，率领大军准备伏击匈奴，因匈奴单于发觉而引兵退去，落了个空。从此，和亲断绝。

武帝开始改变了这种局面。他多次派大将卫青、霍去病领兵对匈奴进行大规模出击，并迫使其远徙，不能再在大漠以南建立王庭。

经过多次战争，特别是元朔二年（公元前127年）的漠南战役、元狩二年（公元前121年）的河西战役、元狩四年（公元前119年）的漠北战役这三大战役之后，匈奴军主力被歼，从此衰弱，单于失据，“是后匈奴远遁，而幕（漠）南无王庭”。河西战役后，汉在河西走廊设置了武威、张掖、酒泉、敦煌四郡（皆在今甘肃河西地区）。汉对匈奴长期处于被动的处境，较好地得以解决。汉武帝转被动为主动，巩固了汉在全国各民族中的优势地位。

当然，以战争去解决民族矛盾，是解决不了的。但对汉来说，它给来自北方的威胁以重大打击，也保卫了广大的中原农业地区。

为了战胜匈奴，武帝曾想联合大月氏，从东西两方夹击匈奴。大月氏本来在河西走廊一带居住，后被匈奴人所迫，西迁到大夏（Bactria，今阿富汗）。武帝初年，张骞出使大月氏，中途为匈奴人所俘，被拘留了十多年。后来乘间逃出，虽到了大月氏，而联合大月氏的目的却没有达到。公元前119年，张骞再一次出使，拟联合居住在伊犁河流域的乌孙，以断匈奴右臂，还是没有圆满成功。但张骞的出使，增进了西汉皇朝和天山南北地区间的了解。此后，这一广大地区的地方政权相继遣使跟汉通好，汉也派使者在这里进行屯田，加强了对这一地区的影响和联系。

居住在今四川、云南、贵州等省的少数民族，当时统称为“西南夷”，其中已经进入奴隶社会的，主要有夜郎人（在今贵州省遵义市一带）和滇人（在今云南省昆明市一带）。武帝时在这些地方设置郡县，并封滇人的首领为滇王，发给王印，因而西南地区和内地的联系进一步加强了。

从此，西南地区同内地的联系更加紧密了，统一的多民族国家的规模也进一步得到了扩大。

3. 中外关系与对外发展

武帝时，在中外关系上也有了发展。在陆路方面，张骞的出使，开始了中国和中亚、西亚一些国家交通往来的记录。张骞及其所遣副使，分别到达了大宛（今乌兹别克斯坦东部）、康居（今锡尔河下流）、大夏、安息（今伊朗）、身毒（今印度次大陆）等国。此后，汉使者西行，每年多则十余次，少则五六次，每次有百余人到数百人。自张骞西使以后，由汉西传的，以丝绸为主要商品，而由西方传入汉境的，有马匹、葡萄、石榴、琉璃、氍毹（毛织地毯）等。海路方面，汉跟朝鲜、日本都有往来。徐闻（今属广东省）和合浦（今属广西壮族自治区）跟印度东岸及东南亚一些地区之间，也有商船航行。

汉武帝时，中外关系与对外发展都有了长足的进步。

4. 学术文化与儒家学说

武帝时的学术文化是有成就的，而儒家学说作为封建皇朝的思想武器开始取得了政治思想上的统治地位。

武帝爱好文学。他的侍从，如严助、东方朔、枚皋、司马相如等，都是有名的文学家。司马相如（公元前179—前118年），字长卿，成都（今属四川省）人。他以辞赋见长，这是由楚辞发展而来的韵文体制。他的代表作，如《子虚赋》《上林赋》《大人赋》等，都是西汉第一流的辞赋。武帝时，还有乐府诗出现，这是宫廷中配乐歌唱的歌辞，由长短不等的句式组成。汉代民歌也是用长短不等的句子谱成，但更多的却是五字一句的篇章。

汉初距战国不远，诸子之学虽经秦火破坏，却仍然不断流传。公元前140年，武帝即位不久，董仲舒提出了一个在理论上维护“大一统”的任务，就是要求树立为封建专制主义政权服务的思想体系。武帝采纳了他的意见，尊崇儒术，罢黜儒家以外的学派（即史称的“罢黜百家，独尊儒术”），只有通晓儒学的人才能做官。从此，儒家经典逐渐成为学者们的主要教材，儒家学说成为占统治地位的思想。董仲舒还把社会现象跟自然现象作形式上的比附，把封建社会里统治和服从的关系说成是永恒的天然秩序。他提出了“三纲”的论点，后来儒生概括成“君为臣纲，父为子纲，夫为妻纲”，这成为长期封建社会儒家说教的中心和束缚广大人民的道德绳索。董仲舒（约公元前179—前104年），广川（今河北省景县西南）人，著有《春秋繁露》等书。

综上所述，西汉各项体制的树立，使汉成为具备规模的封建专制主义的大国，这在中国的历史上，有着深远的、积极的影响。

5. 人才重视与贤能辅佐

汉武帝在政治、经济和文化方面的成就，都是与贤能的辅佐分不开的。汉武帝重视发现和使用人才，这些贤能都是他所需要的各方面的人才。

过去，刘邦就深知这一点，他在起兵后，就有萧何、张良、韩信等人辅佐，各用其才，最终获得了政权。汉文帝尊重细柳营的严肃军纪，称赞周亚夫是“真将军”。汉武帝继承先帝这一明理，在继位后，多次下诏求贤。汉武帝和董仲舒“天人三策”的问答，已成为著名的政治文献；汉武帝读了司马相如的赋，极想见其人；他见汲黯，自己的衣冠不整不见，礼貌相对；主父偃、徐乐、严安被诏见，汉武帝说：“公皆安在？何相见之晚也！”

班固称赞道：“公孙弘、卜式、兒宽皆以鸿渐之翼困于燕爵，远迹羊豕之间，非遇其时，焉能致此位乎？是时，汉兴六十余载，海内艾安，府库充实。而四夷未宾，制度多阙。上方欲用文武，求之如弗及，始以蒲轮迎枚生，见主父而叹息。群士慕向，异人并出。卜式拔于刍牧，弘羊擢于贾竖。卫青奋于奴仆，日磾出于降虏，斯亦曩时版筑饭牛之朋已。汉之得人，于兹为盛，儒雅则公孙弘、董仲舒、兒宽，笃行则石建、石庆，质直则汲黯、卜式，推贤则韩安国、郑当时，定令则赵禹、张汤，文章则司马迁、相如，滑稽则东方朔、枚皋，应对则严助、朱买臣，历数则唐都、洛下闳，协律则李延年，运筹则桑弘羊，奉使则张骞、苏武，将率则卫青、霍去病，受遗则霍光、金日磾，其余不可胜纪。是以兴造功业，制度遗文，后世莫及。孝宣承统、纂修洪业，亦讲论六艺，招选茂异，而萧望之、梁丘贺、夏侯胜、韦玄成、严彭祖、尹更始以儒术进，刘向、王褒以文章显，将相则张安世、赵充国、魏相、丙吉、于定国、杜延年，治民则黄霸、王成、龚遂、郑弘、召信臣、韩延寿、尹翁归、赵广汉、严延年、张敞之属，皆有功迹见述于世。参其名臣，亦其次也。”

可见汉武帝时，人才之盛，此后虽有名臣，也非汉武帝时期可比之。体制之建树，人才之登用，是治国的两件大事，然而有了“人才”，方可有“体制之建树”，也才能治好国。这是汉武帝雄才大略的又一重要体现。

6. 武帝晚年，变乱变革

汉武帝在位时期，汉的强大是空前的。但在强盛的同时，也伴随着奢侈、腐化，潜伏着衰落的因素。

出于缔造一个封建专制主义皇朝的需要，武帝进行了多次的战争，兴修了一些大的工程，又多次出巡，多次付出极为阔气的赏赐，并通过严刑峻法去进行统治。

汉武帝从元鼎二年（公元前115年）起，大兴土木，修宫室，凿池籞，先后修建了建章宫、明光宫、柏梁台。长安周围还建有长杨宫、五柞宫等六宫。为了便于他巡游，各地尚建有行宫。园囿中兴修最早、规模最大的是上林苑，池沼最大者为昆池。修筑这些宫室园池，消耗了汉当时的大量人力和物力。此外，汉武帝巡游无度，元光二年（公元前133年）以后，多次携带文武百官和侍卫巡游全国各地，见诸记载的巡游达20余次之多，足迹遍于长江以北各郡县，次数之多，范围之广，超过了秦始皇。每次“巡狩郡县，所过赏赐，用帛百万匹，钱金以巨万计”。

除此之外，汉武帝还宠信方士，迷信神怪，惑于方士们所谓神仙长生不老之说，希望通过方士求得不死之药。这与秦始皇一样。他多次派人入海求仙，还想亲自入海求神仙，后被东方朔力谏劝止。

汉武帝的这些活动，不仅靡费了大量的人力物力，增加了人民的负担，而且上行下效，使整个统治集团日趋腐化，公卿大夫以下争于奢侈，室庐车服僭上无限，加之繁重的赋税、兵役和御役，造成了“民力屈，财用竭”的恶果。汉武帝末年，出现了“天下虚耗，人复相食”的局面。广大农民穷困破产，无以为生，流亡农民越来越多，终于导致了天下的动乱。

到了他的晚年，人民实在忍受不下去了，在山东爆发了多次起义。

天汉二年（公元前99年），黄河流域和长江流域各地纷纷爆发农民起义。起义声势之大，超过秦末农民起义初期时的情况。其最著者，“南阳有梅免、白政，楚有殷中、杜少，齐有徐勃，燕赵之间有坚卢、范主之属”。起义军多则数千人，少则数百人，到处攻打城邑，夺取兵器，杀戮官吏，释放囚犯。汉武帝急忙派遣军队到各郡县镇压，对起义军大肆屠杀，甚至把供应过起义军饮食的群众也一概处死；并作《沉命法》，规定：凡是发生起义的地区，如果郡县没有发觉，或是捕杀起义人民不够多的，有关的大小官吏都要处以死刑。尽管西汉朝廷用尽一切严刑酷法来镇压起义人民，却并没有把起义镇压下去。

汉武帝面临危机四伏的境地，深感他的政策有改弦易辙的必要。征和四年（公元前 89 年），他曾对群臣说：“朕即位以来，所为狂悖，使天下愁苦，不可追悔。至今事有伤害百姓、靡费天下者，悉罢之。”罢去了诸方士侯神人者。同时，武帝又于是年下诏，“陈既往之悔”，罢轮台（在今新疆轮台县东南）之戍。诏书中说：“前有司奏欲益民赋三十助边用，是重困老弱孤独也。而今又请遣卒田轮台。轮台西于车师千余里。……今请远田轮台，欲起亭隧，是扰劳天下，非所以优民也，今朕不忍闻。……当今务，在禁苛暴、止擅赋、力本农、修马复令，以补缺，毋乏武备而已。”

汉武帝下诏后，“由是不复出军”，减少了边事。他又封丞相车千秋为“富民侯”，以明休息思富养民。为了恢复农业生产，还任命赵过为搜粟都尉。通过这些政治上的改革，挽回了当时的局势，避免陷入秦末的厄运。

后元二年（公元前 87 年）二月，汉武帝死，终年 71 岁，葬于陕西茂陵。

武帝死，昭帝弗陵（公元前 94—前 74 年）继位，年纪只有 8 岁，由大司马大将军霍光辅政。公元前 74 年，宣帝询（公元前 91—前 49 年）即位。这是一个重视地方行政的皇帝，旧史说他能做到“吏称其职，民安其业”。这时候适值匈奴内部矛盾激化。公元前 54 年，匈奴分裂为南北二部。南匈奴呼韩邪单于归附了汉朝，并在汉击溃北匈奴之后，占有了匈奴全境。汉跟匈奴之间，从此和睦相处了 40 多年。宣帝维持了武帝的事业，使西汉盛世还能继续下去。他表面上很重视儒家，但也说过自己的心里话：“汉家自有法度，本以霸王道杂之。”霸是指法家的办法，用暴力和权术进行统治。王是指儒家的办法，从思想上进行统治。封建统治上的这两手并用的办法，在长期封建社会的统治集团里有深远的影响。

第十二讲　西汉的衰落以及绿林、赤眉军大起义

1. 西汉的衰落

公元前48年元帝奭(公元前74—前33年)即位以后,又经历了成帝骜(公元前51—前7年)、哀帝欣(公元前25—前1年)及平帝衎(公元前9—5年)的年代,西汉的统治逐渐衰落下去。公元6年,外戚王莽篡夺了皇位。9年,正式建立新朝。此后,没有几年,各地农民起义就爆发了。

重用外戚,原是汉朝一贯的传统。从刘邦的时候起,经过吕后、武帝、昭帝和宣帝,外戚的势力在不断地滋长。元帝时,宦官弘恭、石显和外戚史、许两家互相勾结,左右朝政。皇后的母家王氏也开始有了取得政治权力的机会。成帝时,王家的权势盛极一时。平帝时,元帝的皇后以太皇太后的身份临朝。王莽作为太皇太后的娘家侄子,任大司马的要职,掌握了全国军、政大权。平帝初即位的时候,只有9岁,充当王莽的傀儡5年以后,被王莽毒死。公元6年,王莽以“居摄”的形式君临全国,称“假皇帝”。9年,他由“假皇帝”当上了真皇帝。改国号为“新”。

王莽,字巨君,出生于魏郡元城王氏家族,是元帝皇后(王政君)弟弟(王曼)的儿子。成帝时,王莽的祖父王禁和伯父王凤、叔父王谭、王崇、王商、王立、王根、王逢时等人均封侯,只有王曼因为早死,没有封侯。如此家境,使得王莽远不同于同族兄弟的仗势、奢侈、横行、不法。王莽自幼节俭,努力学习,曾以名儒沛郡陈参为师,研习《礼经》。他对母亲恪尽孝道,对寡嫂孤侄尽心照料。在地位尊显的叔伯父面前,礼貌有加,

颇得欢心。伯父王凤病重，王莽煎汤尝药，一个多月忙碌扶持，感动了王凤，临终前再三叮嘱成帝和元后，一定要好好对待王莽，王莽被征为黄门郎，开始了仕宦生涯。

王莽善于多方收买人心，任黄门郎不久，即升为射声校尉。当时的名士戴崇、金涉、陈汤等人不断在成帝面前说王莽好话，于是成帝在永始元年（公元前 16 年）封王莽为新都侯，官职升迁为骑都尉光禄大夫侍中。王莽一直严于律己，谦恭待士，经常赈济宾客，弄得家中没有余钱。朝野人士为此无不感动，争相宣好。王莽的名声在外，越来越好，王氏们也自叹不如了。

王莽在政治斗争中重权谋。他的姑表兄淳于长发迹较早，官居九卿。地位和权势在他之上，又深受成帝和元后宠信。王莽认定必须除掉淳于长。王莽不动声色，暗地搜集淳于长的过失，待积到足以置其于死地的罪状后，通过叔父王根，上奏成帝。淳于长被诛身死，王莽既除掉了威胁自己地位的对手，又获取了忠于职守、不徇私情的名声，得好于成帝。此后，辅政的王根请求退休，推荐王莽代替自己。38 岁的王莽于绥和元年（公元前 8 年）拜大司马大将军，成为王凤、王音、王商、王根诸叔伯之后王氏家族的第五位辅政者。

王莽辅政 1 年，成帝去世。哀帝即位后重用自己的外家傅氏和丁氏家族。王莽在政治上暂时受挫，被罢免家居。

王莽不甘失落，伺机反扑，他抓住机会，扩大影响。3 年间，上百名官员上书为他鸣冤叫屈。哀帝寿命不永，执政 6 年后病死。元后出面收拾残局，于哀帝亡日，即临未央宫，收取传国玉玺，遣使急召王莽进宫，下诏将军政大权悉付王莽。王莽掌权后，罢免了哀帝的宠臣董贤，迫其自杀，取而代之，重居大司马之位。哀帝无嗣子，他与王太后商议立了 9 岁的中山王刘衎做皇帝，由王太后临朝称制，实权则由王莽执掌。王莽重握权柄，就打击异己，培植亲信。为避免与王太后争权，他废掉了成帝赵皇后和哀帝傅皇后，迫使她们自杀。一切对王莽碍事或有点滴威胁者，不论亲友家人一律排除，甚至诛灭。在建立起盘根错节的统治网络后，王莽开始向权力最高峰进军。

王莽熟读儒家典籍，便有意地模拟周公辅佐成王的故事。相传周公摄政，曾感动得越裳氏千里迢迢来献白雉。王莽示意塞外的少数民族也自称越裳氏来献白雉。因此，王莽的党羽就宣扬，这是他德政招致的符瑞，与周公摄政致白雉之瑞有千载同符之效，从而把王莽推上了安汉公的宝座。

为了巩固他的地位，王莽把自己的女儿选为皇后。按古礼，后父应有百里封地。有人请求以新野田地 25000 余顷益封王莽，以达百里之数。王莽假推辞作样，感动得天下吏民近 50 万人上书，要求加赏王莽。在有计划地制造舆论后，王莽成了当代圣人。于是王莽的得力干将王舜等人，建议把古时伊尹的阿衡和周公的太宰称号合并为宰衡，作为王莽的称号，以表示王莽兼有这两位圣贤的功德。元始四年（公元 4 年），王太后下诏宣封王莽为宰衡，其母赐号功显君，二子封列侯。王莽的政治地位又高进一步。

王莽自元帝以来，弄虚作假，百般设计，至公元6年，终于做了假皇帝，年号居摄。对于王莽的所作所为，自然有一些汉家宗室和忠于汉室的人起来反对。居摄元年，汉家宗室安众侯刘崇与其相张绍在南阳起兵讨伐王莽。次年，东郡太守翟义又兴兵讨王莽，槐里男子赵明、霍鸿等人起而响应，队伍发展到十几万人。王莽花了好大力气才把翟义等人镇压下去。

在灭了翟义后，王莽加紧了篡窃的步伐。就在这个时候，梓潼文人哀章，做了个铜匮。匮里的两个书简上，分别署着“天帝行玺金匮图”“赤帝行玺某传予黄帝金策书”。这里的某就是汉高祖刘邦。意谓刘邦顺应天命，要把江山让于王莽。书简内写明，王莽应当做真皇帝，王舜、平晏、刘歆等为王莽篡汉立下汗马功劳的大臣及哀章和王兴、王盛等 11 个人是王莽的辅佐。哀章在黄昏时分，穿着黄色的衣服，献上了这个精心制造的宝贝。王莽得知后，大喜。第二天一大早，就戴上皇冠去见王太后，向她宣布：“我不能不顺从天意去做真皇帝，现在我已决定改国号为新，从十二月朔癸酉这一天起，天下就是新朝的了。”王莽终于登上了帝位。王莽利用汉政权腐败衰朽，失去人心之机，用虚伪狡诈的手段捞取政治资本，欺骗天下吏民，实现了做帝王的梦想。王莽代汉，没有使社会衰微破败的局面有所改善，相反却把政治、经济秩序搞得更加混乱，把百姓推入了更深的苦海。

王莽篡汉后，试图按照古籍中所记各种制度，改变汉制（史称“王莽新政”），以为这样可使天下大治。

王莽重点改制了经济。他用恢复井田制的办法来解决土地问题。始建国元年（公元 9 年），他发布了实行王田的诏书。诏书中论述了秦汉时期土地政策的不当以及由此引发的一系列严重问题。诏书说：“秦为无道，厚赋税以自供奉，罢民力以极欲，坏圣制，废井田，是以兼并起，贪鄙生，强者规田以千数，弱者曾无立锥之居。又置奴婢之市与牛马同栏，制于民臣，专断其命。奸虐之人因缘为利，至略卖人妻子，逆天心，悖人伦，缪于‘天地之性人为贵’之义。……汉氏减轻田租，三十而税一，常有更赋，罢癃咸出，而豪民侵陵，分田劫假。厥名三十税一，实什税五也。父子夫妇终年耕芸，所得不足以自存。故富者犬马余菽粟，骄而为邪；贫者不厌糟糠，穷而为奸。俱陷于辜，刑用不错。”诏书指出，这些是背离了“古者，设庐井八家，一夫一妇田百亩，什一而税，则国给民富而颂声作”的美好制度而导致的结果。诏书宣布：“今更名天下田曰‘王田’，奴婢曰‘私属’，皆不得买卖，其男口不盈八，而田过一井者，分余田予九族邻里乡党。故无田，今当受田者，如制度。”王莽在经济上另一重要改制是实行一套新的工商财政管理办法，即“五均”“赊贷”“六筦”。

西汉一代发达的商业，对生产的发展、经济的繁荣、社会的进步都起过积极的作用。但是商人势力的发展也会产生与官府争利和居间盘剥农民及小手工业者的弊病。在社会衰败、政府财政困难、民众又无力承受商品在流通过程中的过分增值之时，这种弊病表现得尤为明显。面对残破的社会经济，王莽在刘歆等人的建议下，实行国家的工商统制政策。王莽的改制，由于违背经济规律，脱离社会实际，以及商人、地主、官吏的联合破坏等原因而彻底失败。

在封建社会里试图恢复古代土地公有的井田制度，是十足的空想。在土地兼并已成为不可扭转的历史趋势之时，王莽想从大土地占有者手中收回土地，无异虎口拔牙。“王田令”在实施中受到顽强的抵制，并宣告破产。

对于税收、物价以及工商事业进行统一管理，王莽在无任何有效手段进行监督的情况下，竟效法汉武帝以富商大贾为兴利之臣的做法，起用姓伟、张长叔、薛子仲等巨奸主持，这等于授予了他们鱼肉百姓的合法权利。他们和地方官相勾结，“乘传求利，交错天下”，利用经济特权谋取更大的私利，以各种手段敲诈勒索百姓。这些本意是通过限制大工商业者，使国与百姓获利的措施，反倒成了摧残与勒索人民的酷政，造成了“百姓愈困”“众庶各不安生”的严重后果。

王莽改制中最愚蠢的是币制的改变。他即位前后数次改变货币形式，弄得多种货币混杂不清。最混乱时曾一次规定货币种类达五物、六名、二十八品之多。五物即金、银、铜、龟、贝5种币材。六名是金、银、龟、贝、钱、布6种货币的名称。这6种货币又按币值分出钱币5品、布币10品等共28品。他随心所欲地频繁更换，使币值无法固定、币种比价不合理，因此每一次币制改变亦都增加社会经济的混乱。当时民间习惯使用通行已久的五铢钱，私下里往往把名目繁多、无法记清的新币放置一边，仍用五铢钱交易。王莽得知后，严格规定："敢非井田挟五铢钱者为惑众，投诸四裔以御魑魅。"

为了显示新朝在统治规模上超越往古，王莽下令把对四方少数民族首领原来封的诸王称号一律改称为侯。他派出五威将王奇等人，分成五路出发，向周边各地方政权宣讲新朝得天下的诸种符命，以及他执政的威德。"五威将乘乾文车，驾坤六马，背负鳖鸟之毛，服饰甚伟"，浩浩荡荡地向边境进发。他们傲慢的态度引起了边疆民众的不满。贬低封号和用阴谋手段调换少数民族政权首领印绶的做法，激起了匈奴、西域、辽东各地方政权的反抗。这就使西汉皇朝及周边各族用很大努力才换来的和睦的民族关系很快恶化。面对少数民族的不满，狂妄自大的王莽采取压服手段，激起了旷日持久的民族战争。他派孙建等12员大将，十道并出征伐匈奴；派严尤征高句丽、秽貉；派冯茂击句町及其他西南民族；派王骏击西域。征伐句町政权的战争，前后进行数年，士兵死伤几万人，消耗粮谷军费不计其数。对匈奴的战争更造成了天下虚耗的严重后果。他派出由丁男、甲卒以及囚徒组成的30万大军远征匈奴，命令各郡筹措运送粮食、军械等物资。各郡每年运往西北前线的钱谷都达百万以上。战争吞噬掉无数战士的生命，消耗了无穷的国家财富，更有不法将士借战争之机敲诈欺凌百姓。

王莽的新政搞得天下骚动，四邻不安，民不聊生，国无宁日。在他的新政下，"民摇手触禁，不得耕桑，徭役烦剧，而枯旱蝗虫相因。又因制作未定，上自公侯，下至小吏，皆不得俸禄，而私赋敛，货赂上流，狱讼不决。吏用苛暴立威，旁缘莽禁，侵刻小民。富者不得自保，贫者无以自存，起为盗贼。依阻山泽，吏不能禽而覆蔽之，浸淫日广。于是青、徐、荆楚之地往往万数。战斗死亡，缘边四夷所系虏，陷罪，饥疫，人相食。及莽未诛，而天下户口减半矣。"在衰败的西汉政权中对王莽抱着很大期望的天下民众彻底失望了。他们在走投无路的情况下别无选择，只有用武装斗争来争取自己的生存权利了。

现在，再看一看西汉衰弱中的其他重要方面。

在社会经济方面，元帝以后的贫富差异比以前有更大的发展。权势贵臣对土地的兼并和横加在农民身上的种种负担，把农民压得透不过气来。元帝初年，有11个郡国涨发大水，人民吃不上饭，而王侯和豪富吏民都过着极为奢侈的生活。成帝时，阶级矛盾已趋向激化。公元前22年颍川铁官徒申屠圣的起义，公元前18年广汉人郑躬的起义，公元前14年冬尉氏人樊并的起义，及不久以后山阳铁官徒苏令等的起义，在广大的地区里展开活动。哀帝年间，社会危机更为严重，封建压迫下人身自由和生存权利没有保障，已成为对人们的普遍威胁，贫富差异问题倒是次要的了。只要这种情况再发展下去，农民大起义就会随时爆发。

在学术思想方面，元帝以后是很贫乏的。当时流行着一种神秘学说，认为一个皇朝不会永久存在下去，在一定时期后会有另一皇朝奉上天之命来代替它。因此，也就有人提出来，说汉朝的统治已经差不多了。应该把政权让给别人了。这反映了一些人对西汉皇朝的前途缺乏信心，同时却又为政治野心家夺取政权做了舆论准备。王莽篡汉，也就利用了这种舆论。

元帝以后，以学识渊博著名的学者，有刘向、刘歆和扬雄。刘向（公元前77—前6年），是皇朝宗室。刘歆是他的儿子。成帝时，刘向奉命校定皇家收藏的儒家经传、诸子、诗赋及兵书、医书等。每校完一书，他把篇目和大意写成奏章上奏。哀帝时，刘歆奉命继续完成刘向的工作，并把所有书籍分成七类，做出简要的论述，写成《七略》。刘向父子的工作，对于古文献的保存、分类和流传，做出了贡献。他们父子也都宣扬上述的神秘观点，而政治立场却不同。刘向是援引这种观点，规劝成帝要提高对王氏的警惕，而刘歆则是用同样的观点去帮助王莽篡汉。

扬雄（公元前53—公元18年），字子云，成都人，著有《太玄》和《法言》。他的创见不多，但他反对有主宰万物的神的存在，反对上述的神秘学说，在当时是有进步意义的。

王莽即皇帝位后，陆续宣布对官制、币制及土地、租税专卖等等制度的改革。这些改革很少是切合实际的，甚至其中有很大一部分是从古老书本中抄来的。改革项目的繁多和法令变动的频繁，又只会增加人心的不安和社会的动荡。对于官吏们来说，这更是他们对人民进行勒索和实施暴行的机会，而人民则随时有被罗织罪名而遭到破产、判刑和丧命的危险。为了夸耀自己的威力，王莽对北方和西南少数民族不断挑衅，破坏了民族间的和睦关系，因而又为中原地区人民增加了徭役的繁重负担，迫使很多农民家破人亡。

2. 绿林军、赤眉军大起义

成帝时，先后爆发了颍川铁官徒申屠圣、山阳铁官徒苏令以及广汉人郑躬、尉氏人樊并领导的四次工徒、农民起义。哀帝时，农民武装此起彼伏，越来越壮大。有的活动于天子脚下的三辅地区，甚至放火焚烧了武帝茂陵，冲天大火在未央宫中都可以看到。随着社会危机的加深，此时还出现了从关东直到京城到处传行西王母等的怪事。人们甚至在京城中，半夜里举着火把，爬上屋顶，无目的地猛劲击鼓，拼命叫喊。社会失去了向上力，民众失去了信念，农民起义的火焰即将焚毁腐朽的皇朝。

西汉晚年，矛盾激化。为了抑制兼并趋势，缓解社会矛盾，哀帝提出了限田之议，但在贵族官吏的反对下，限田不能实现，穷苦大众在水深火热之中苦苦挣扎。

王莽的暴政伴随着严重的天灾。在王莽从居摄到灭亡的20年间，水旱蝗灾和一道道掠民虐民的诏令接踵不断地向民众头上压来。不堪忍受的痛苦，点燃了人民反抗的怒火。波澜壮阔的农民大起义很快推翻了倒行逆施的新朝。

公元15年，五原郡（治所在今内蒙古包头市西北）、代郡（治所在今河北省蔚县西南）农民受不了王莽驻军的毒害，纷纷起义。每一支起义军就有好几千人。17年，从海曲（今山东省日照县西）的吕母起义开始，农民起义的声势大起来了。新市（今湖北省京山县东北）人王匡、王凤等的起义和邻近地区的起义会合在一起，以绿林山（在今湖北省当阳市）为根据地，成为历史上有名的绿林军。第二年，琅琊（今山东省诸城市）人樊崇在莒（今属山东省）起义，以泰山为根据地，很快就发展到好几万人。这一支队伍，因以朱涂眉，被称为赤眉军，也是历史上有名的起义军。同年，东海郡（治所在今山东省郯城县北）人力子都起义，转战在今山东省、江苏省境内，逐渐发展到六七万人。此后，有南郡（治所在今湖北省江陵县东北）秦丰领导的数万人的起义，平原郡（治所在今山东省平原县西南）女子迟昭平领导的数千人的起义，刘秀和他的哥哥刘縯领导的七八千人在宛（今河南省南阳市）的起义，等等。

绿林军和赤眉军是农民起义军中最大的两支。刘秀的队伍和吕母的部分队伍，后来分别跟绿林军和赤眉军会合了。绿林军的将领中有一些地主分子，刘秀兄弟就是大地主，也是汉朝的宗室。赤眉军是比较单纯的农民队伍，他们宣称："杀人者死，伤人者偿创。"这是刘邦入咸阳后曾经宣布过的，但刘邦说的是"杀人者死，伤人及盗抵罪"。而赤眉军只说杀人和伤人，不说盗，还是把注意力集中在人身生存权的保护上的，这反映了当时农民大众最关切的问题。

公元 20 年年底，王莽派军攻打赤眉军。约经过 1 年的时间，莽军失败。王莽又派精兵 10 余万人向赤眉军进攻。22 年冬，两军会战于成昌（今山东省东平县西），莽军大败。这次战役改变了东方战场上的形势。莽军被迫改取守势。

在南方战场上，公元 21 年，莽军以 2 万人攻打绿林军。结果是莽军战死数千人，丢弃了全部军事物资，而绿林军兵力转盛。23 年，王莽任命王邑、王寻纠集精兵 42 万，号称 100 多万，向绿林军进攻，沿途的旌旗和军需运输，据说千里不绝。绿林军留一支八九千人的队伍守昆阳，而由刘秀出城组织援兵。刘秀把能调动起来的兵力都集中起来，自己亲率 1000 多人作为前锋。绿林军勇敢奋战，无不以一当百，对阻击之敌多有杀伤。在累捷之后，刘秀又率敢死队 3000 人进捣莽军的中坚，把他们打得大败，杀了王寻。昆阳守军也乘势出击，内外夹攻。莽军溃逃，自相践踏。碰巧这时大风雨，昆阳城外的河流高涨，莽兵淹死的有好几万。王邑和少数高级将领踏着死尸，轻骑逃走了。昆阳战役是中国战史上有名的以少胜多的战役。这一战役，在军事上和政治上都给王莽以沉重的打击。在这一胜利的影响下，各地反王莽的起义就陆续地多起来了。

在昆阳战役的前一个月，绿林军立汉宗室刘玄为皇帝，打出汉家的招牌，改元更始。昆阳战役胜利后，这支起义军就成为以恢复汉朝为目标的军队了。农民起义军的内部在发生变化，起义的性质在发生变化。对刘秀来说，昆阳战役的胜利也大大增长了他的威望。昆阳战役后，绿林军乘胜进军。一支队伍进攻武关，另一支进攻洛阳。进攻武关的队伍，得到关内新起的反莽队伍的接应，顺利地进入关内，迫近长安。一时，长安周围的地主武装抢着进城，城内也有一些人乘机暴动。王莽仓皇走避，被一商人所杀，新朝灭亡。这时距昆阳之役仅 3 个月，是公元 23 年阴历九月间的事。绿林军进攻洛阳的一支队伍也于同月占领洛阳。

新朝灭亡后，更始政权建都洛阳，派人说降赤眉军，并派刘秀招抚河北。樊崇带着主要将领 20 余人到洛阳，但更始不能团结他们。此后，更始和赤眉军之间的裂痕逐渐扩大了。公元 24 年，更始迁都长安。25 年，赤眉军入长安，更始出走。不久，更始为赤眉军所杀，更始政权即告结束。

刘秀在河北的活动很顺利，他逐步脱离更始而扩大自己的势力。公元 25 年，在鄗南（今河北省柏乡县）即皇帝位。此后两年，刘秀连续大破赤眉军和更始的余部。原来的绿林、赤眉两军至此基本消灭。刘秀夺取了农民起义的胜利果实，重建了汉家的政权。

3. 王莽新朝的覆灭

公元 14—23 年，这是王莽改制失败后的 10 年，他一直身在农民起义的熊熊烈火之中。西汉后期，农民起义不断。王莽掌权后，农民起义有增无减。天凤元年（公元 14 年），因王莽用兵作战，不顾百姓苦难，“三边尽反”。次年，北方受难百姓“起为盗贼”。天凤四年（公元 17 年），山东吕母起义。吕母本是工商业者，因儿子以小罪被县宰杀害，吕母散其家财，招聚饥民，进行反暴政斗争。她率领众人攻陷海曲县城，杀掉了县宰。此后她自称将军，以海岛为根据地，继续进行武装斗争，部众达到万人。

吕母起义后，王莽派遣使者前去宣布大赦，使者还京如实报告：“盗贼解，辄复合。问其故，皆曰愁法禁烦苛，不得举手。力作所得，不足以给贡税。闭门自守，又坐邻伍铸钱挟铜，奸吏因以愁民。民穷，悉起为盗贼。”王莽听了大怒，便罢免了使者。有人顺从王莽的旨意，说“民骄黠当诛”，又说“时运适然，且灭不久”。王莽听了大喜，就升了他的官。类似之事，还可列举许多。如此这番，同年又有瓜田仪（临淮人，起义于会稽长洲）起义、绿林起义。

天凤五年（公元 18 年），樊崇在琅琊起义，游击各地。因其作战将眉毛涂成红色作为标志，称为“赤眉军”。王莽调兵前去镇压，不能取胜。

天凤六年（公元 19 年）春，起义军众多，王莽便玩起了迷信把戏，下令改元，布告天下，宣传应合符命，又以宁始将军为更始将军，以顺符命，打算欺骗百姓，“销解盗贼”，反而被百姓嘲笑。

当赤眉军日益发展之时，匈奴又来侵扰。王莽准备先击匈奴，又借机搜刮百姓。“素有智略”的大司马严尤建议王莽“匈奴可以放一下”，先应付“山东盗贼”。王莽听了大怒，便罢了严尤的官。

地皇元年（公元 20 年），王莽见四方“盗贼”众多，一方面，为了镇压而扩大了军事编制，朝廷设前、后、左、右、中大司马，各州又号大将军，郡县长官为偏将军、裨将军、校尉。另一方面，为了表示自安，而能建万世之基业，下令建筑宏伟的九庙，穷极百工之巧，“功费数百巨万，卒徒死者万数”，加重了矛盾。

地皇二年（公元 21 年），绿林起义军发展到数万人。三辅地区义军群起。王莽忙于应付，还大量地征粮调兵，打算征讨匈奴。镇压农民起义军的官军，作战无能，而放纵掠夺，使得百姓“重困”。王莽派人招降起义者瓜田仪，瓜田仪写书表示投降，但未出而死。王莽抓住此事大做文章，为瓜田仪起坟墓，造祠堂，赠谥“瓜宁殇男”，希望通过这种手段招降其他起义者，“然无肯降者”。

王莽这时心神不宁，寻求精神安慰，既玩弄符命，破坏汉庙，喜欢女色，又猎奇求仙。有人说黄帝时建华盖以登仙。王莽就令造华盖，置于四轮车上，六马驾车，三百个力士穿戴黄色衣冠挽车，车上人击鼓，挽车者呼“登仙”。王莽出行，令华盖车队导引。官民窃窃私语：“此似软车（载尸车），非仙物也。”

此时有个小官上书说，四方民众因饥寒穷愁起，常思岁熟就还乡种田，并不想夺取政权。意思是说，王莽并不了解起义民众的思想，对策有错误。王莽大怒，将他定了诬罔之罪而关进监牢。还因此下诏责备官吏，严令捕诛起义军，并说：“有不同心并力疾恶黜贼，而妄曰饥寒所为，辄捕系，请其罪。”于是群臣恐惧，不敢说实话，不敢言起义情状，不敢擅自发兵，因而起义军越加发展。

关东有个小地方官田况，颇有对付起义军的办法。他建议王莽，选择良吏，申明赏罚，积粮守城，迫使起义军瓦解；现在调兵遣将，“郡县苦之，反甚于贼”。他还建议，“征还乘传诸使者，以休息郡县。”王莽畏忌此人，不仅不采纳其策，反而派人监视其兵，夺了他的兵权。

地皇三年（公元22年）四月，王莽派遣太师王匡、更始将军廉丹带十余万大军出征，亲自送出都门，寄予很大的平乱希望。可是这支部队“所过放纵”，闹得地方鸡犬不宁。当时关东民谣说：“宁逢赤眉，不逢太师！太师尚可，更始杀我！”不久，官军与赤眉军在成昌大战，廉丹战死，王匡脱逃。这时绿林山一带发生了疫病，起义者死伤很多，绿林军便分兵转移，下江兵、新市兵、平林兵三支队伍，很快发展壮大起来。王莽派遣孔仁、严尤、陈茂等前去就地募兵，以镇压起义者。但不与兵符，“必先请而后动”。接着，派遣哀章去协助王匡。又派遣阳浚守敖仓，司徒王寻将兵十余万驻守洛阳，大司马董忠训练军士，大司空王邑兼三公之职。

这年十一月，东方天空出现彗星。王莽多次召太史令问吉凶，一些术数家都荒谬地答对，说：“天文安善，群贼皆灭。”王莽听了，稍稍得到一点精神安慰。

地皇四年(公元23年)春天，绿林军各支部队大有发展，杀伤几万官军。三月，绿林军将领王常、朱鲔等共同推立汉宗室刘玄为皇帝，改元更始。王莽听到这个消息，非常恐惧。但他表面上强作镇静，染了须发，立所选淑女史氏为皇后，举行迎亲大典。他一方面整日与一些方士在后宫考验方术，放纵淫乐；一方面还做政治上的挣扎，诏令各路兵马进剿起义军，又派遣隗嚣等72人分赴各地宣布赦令，妄图招降起义群众。隗嚣等人出京，全都逃亡。

四月，绿林军继占领宛城之后，又攻下了昆阳、郾、定陵等县邑。王莽非常恐惧，立即派遣王邑赶往洛阳，与王寻会合，调发各地兵马，号称“虎牙五威兵”，并大力调拨物资支援军队。六月，王邑、王寻纠集精兵42万，号称百万，从洛阳出发，前往宛城，经过昆阳。这时绿林军守着昆阳。王邑、王寻遇到严尤、陈茂前来会合的部队，纵兵围困昆阳，想一口吞下。严尤以为，更始帝在宛城，当先取宛，取了宛城，各城自然可定。王邑以为，百万之师，所过当灭，才是快事。于是围城数十重。严尤建议，让被围之军逃出，“以怖宛下”，王邑不采纳。昆阳城中的绿林军商议对策，留下一支八九千人的队伍守城，由刘秀出城组织援军。刘秀调动郾、定陵等地的援军来救昆阳，自己亲率1000多人作前锋。王邑、王寻知起义军人数不多，轻视对敌。绿林军勇敢奋战，无不以一当百，首战获胜。在屡战屡胜后，刘秀又率3000敢死队员进捣官军的中坚，大败敌人，杀了王寻。昆阳守军也乘势出击，内外夹击官军。官军溃逃，自相践踏。这时风雨交加，城外的河水高涨，败逃的官军淹死数万。王邑与几千人脱逃到洛阳。昆阳之战，在军事上和政治上都给王莽以沉重打击。关中闻之大惊，各地起义队伍更加壮大。

长安传说王莽鸩杀了汉平帝。王莽心受刺痛，召集百官于王路堂，打开他为平帝请命的金滕之策，一边哭泣，一边让群臣看，还让张邯宣传他的德行与符命之事。

在这局势急变之时，王莽集团发生动摇与分化，卫将军王涉、大司马董忠与国师公刘歆密谋出路，打算劫持王莽去向更始皇帝投降。董忠又与握有兵权的孙伋密谋。孙伋归家，变了脸色，吃不下饭，向其妻陈氏吐露了真情，陈氏以告其弟陈邯。七月，孙伋与陈邯向王莽告密，结果董忠遇害，刘歆和王涉两人自杀。

王莽内外交困，从不信任臣下。招来王邑，本来说要传位，到京后则任为大司马。他忧闷吃不下饭，只是饮酒，吞吃鳆鱼。他迷信方术，窘急时便玩这种把戏。派人破坏渭陵（元帝陵）、延陵（成帝陵）园门的罘罳，说：“毋使民复思也。”又派人以墨涂抹了陵垣，改变其颜色。他梦想这样一搞，刘氏就不能复兴，而由他永久统治了。

这年秋天，绿林军乘昆阳大胜之势，兵分两路，一路攻取洛阳，一路攻进关中，指向长安。王莽更加忧愁，不知如何才好。他自知必败，带了群臣到南郊，陈说符命之事，仰天而言：“皇天既授臣莽，何不殄灭众贼？即令臣莽非是，愿下雷霆诛臣莽！”捶胸大哭，气短力竭，伏地叩头。又做千余言的告天策，自陈功劳。还鼓励几千儒生为其悲哀，诵其策文。他明知将亡，又不愿死。

王莽命9个将军带领北军几万人东征，把他们的妻子关在宫中做人质。这时宫中有黄金60匮，每匮万斤。京都各部门都有很多钱帛珠宝财物。

王莽非常爱惜，而给 9 个将军的官兵每人 4000 钱。军士深怨，毫无斗志。结果 9 个将军大败，死的死，逃的逃，只有 3 个退保京师。

绿林军步步逼近，王莽的官军纷纷倒戈，长安已被包围。王莽便大赦城中各监狱的囚徒，给予武器，杀猪饮血，对他们发誓："有不为新室者，社鬼记之！"但囚徒们怀恨在心，很快就倒戈了。

十月初一的早晨，绿林军由宣平门冲入城中，与官军激战。黄昏时，各官府衙门的人都跑了个精光。第二天，绿林军在群众支持下攻打皇宫，呼喊："反虏王莽，何不出降？"放火焚烧皇宫。王莽避火到了宣室前殿，手执威斗席地而坐，说："天生德于予，汉兵其如予何！"但他多日未吃饭，此时已有气无力。

初三清早，群臣们扶着王莽上车，行至渐台。渐台四面是水，王莽想凭借池水阻挡绿林军的追击，还怀抱符命和威斗，随从大小官员 1000 多人。王邑昼夜指挥战斗，疲惫已极，士兵死伤殆尽，逃到渐台，来保卫王莽。绿林军冲进宫中，喊着："反虏王莽安在？"有个美人出房说："在渐台。"于是绿林军包围了渐台，双方以弓弩相射，矢用完了，便短兵相接。王邑等人都已战死。王莽躲入室内。傍晚，绿林将士攻到台上，杀死不少官员。商人杜吴杀了王莽，取了他的绶；校尉公宾割下了他的头；义兵分裂了他的尸体，争相杀者多过几十人，确属不得人心。

初六，绿林军的许多将领聚会长安，将王莽的首级呈送更始皇帝，悬于宛市，百姓掷击之，有人还割下了王莽的舌头，可见对他恨之入骨。不久，王莽政权彻底垮台了。

4. 刘秀称帝

刘秀（公元前 6—57 年），系汉景帝之子长沙定王刘发的六世孙，公元 25 年即皇帝位，为汉光武帝。

刘秀之父刘钦，曾为南顿（今河南项城市西）县令，"娶同郡樊重女，生三男三女，长男伯升（刘縯），次仲，次光武，长女黄，次元，次伯姬"。

刘秀 9 岁，父亲病故，由叔父刘良抚养成人。刘良任萧县（今江苏萧县西北）县令，刘秀随叔父，在萧县求学。叔父被罢官后，刘秀随叔父返回家乡，农耕为业。天凤年间，刘秀曾在长安求学，“高才好学，然亦喜游侠，斗鸡走马，具知闾里奸邪，吏治得失”，以才识过人，深受南阳士大夫们的器重。不久，刘秀学成回乡。那时，王莽的统治即将崩溃。地皇二年（公元21年）后，反王莽的绿林军起义，日益浩大。次年，南阳豪族地主也乘机起事。特别是豪族中的刘氏，“自发舂陵子弟合七八千人”，他们怀着“复高祖之业，定万世之秋”的目的参加起义军。刘秀的族兄刘玄参加了起义军，长兄刘縯让邓晨和兄弟刘秀起兵响应。当时的刘秀正在宛城卖谷粮，就与当地的豪族李通、李轶等合谋，“乃市兵弩”，于地皇三年（公元22年）十一月起兵于宛城，时年28岁。起兵当月，刘秀率领部众至舂陵，与刘縯会合。以刘縯兄弟为首的这支地主武装，号称舂陵兵。刘縯派族人刘嘉劝说新市兵首领王匡、平林兵首领陈牧与之“合军而进”。从此，刘氏代表人物刘玄、刘縯、刘秀相继参加了绿林军。刘秀便开始了绿林军的生涯。

地皇四年（公元23年）一月，绿林军诸部齐心同力，取得胜利，号刘玄为更始将军。乘胜追奔逐北，又大败陈茂、严尤所率领的王莽大军于清阳（今河南南阳南），进围宛城。绿林军已发展到了10余万人。这年二月，“诸将会议立刘氏以从人望。豪杰咸归于伯升，而新市、平林将帅乐放纵，惮伯升威明，而贪圣公（刘玄）懦弱，先共定策立之，然后使骑召伯升，示其议。”刘縯起兵舂陵，本想自立门户，当然反对立刘玄为帝，他便提出了暂缓的意见，说：“破莽，降赤眉，然后举尊号，亦未晚也。”但农民军将领张卬等都一致主张维持原议，“众皆从之”。于是更始元年（公元23年）二月，刘玄在宛城以南的淯水称帝，建年号为更始。刘秀被任命为太常、偏将军。

刘玄称帝后，派刘縯攻下宛城作为都城，并派王凤、王常、刘秀率兵北上攻占昆阳（今河南叶县）、定陵（今河南舞阳县北）、郾城（今河南郾城）等地。在昆阳与官军发生了一次大战，刘秀身先士卒，取得了大胜，并在此次战斗中显现了军事才能，大大提高了他的声望和确定了他的领导地位。昆阳战后，刘縯与刘玄之间的“争权”矛盾，愈演愈烈，直至激化。刘玄决定谋杀刘縯。刘縯被杀后，刘秀唯恐遭到刘玄的疑忌，当刘縯的属官向他致吊唁时，他却缄默不言，“难交私语，引过而已，又未尝自代昆阳之功，又不敢为伯升服丧，饮食言笑如平常”；但“独居辄不御酒，坐卧枕席有涕泣处”。刘玄见刘秀态度恭谨，疑心顿释，就任刘秀为破虏大将军，封阳武侯，赏其在昆阳之战中的战功，大加安抚。

经过昆阳之战，王莽军主力被歼。绿林军乘胜分两路向长安进军。一路由王匡等率领北上，攻取洛阳；另一路由申屠建等率领向西，直捣长安。更始元年（公元 23 年）九月，绿林军攻克长安，王莽被杀。更始二年（公元 24 年），即推翻了王莽统治后的第二年，刘玄从洛阳徙都长安。刘玄入都长安后，生活日益腐化，大封宗室功臣，委政于亲信赵萌，排斥绿林军将领，因而与绿林军将领和广大起义军之间的矛盾逐渐激化。

当年建都洛阳时，赤眉军领袖樊崇等曾随同刘玄的使者来到洛阳。刘玄仅用官衔笼络樊崇等人，引起了赤眉军将领的义愤。赤眉军立即兵分两路，向刘玄进攻，直捣长安，连战连捷。但在向长安进军途中，樊崇等赤眉军将领误听平陵人方阳的建议，拥立汉朝宗室子弟刘盆子为帝。更始三年（公元 25 年，即光武帝建武元年）九月，赤眉军攻克长安，刘玄投降，不久被赤眉军将领谢禄所杀。

那时，刘玄政权覆灭之际，正是刘秀发展之时。刘玄初都洛阳，任命刘秀为司隶校尉，先到洛阳，整顿官府文书。刘秀于更始元年十月，继以大司马，便“持节渡孟津，镇抚河北，安集百姓”。所至之处，“除王莽苛政，复汉官名，吏人喜悦”。邓禹劝刘秀延揽英雄，务悦民心，“立高祖之业”。刘秀深以为然，“与定计议”。当刘秀北至真定（今河北正定南）时，有个卖卦的卜者王郎，诈称是汉成帝之子，由刘林与赵地豪强李育、张参等拥立为天子。他们一面派兵遣将攻占城邑，一面发布檄文招抚州郡，幽州、冀州各地“皆望风响应”。更始二年，刘秀以王郎势力强盛，乃自真定北走蓟城（今北京市），又南奔饶阳（今河北饶阳县东北），渡滹沱河至信都（今河北冀州市一带），得到信都太守任光的支持，乃发信都郡县兵攻克堂阳（今河北新河县西北）等地。冀州豪族刘植、耿纯等各率宗族子弟相随，众至数万人；并征发所据郡国的材官、骑士为兵，北向攻克中山的卢奴（今河北定县），南向攻克常山的真定、元氏（今河北元氏县西北）、房子县（今河北高邑西）等地，大破王郎大将李育所部大军于柏人（今河北内丘县东北），然后集中精锐力量围攻邯郸。上谷（郡名，属幽州，今河北怀来一带）太守耿况、渔阳（郡名，属幽州，今密云一带）太守彭宠派遣部将吴汉、寇恂率兵前来助战。更始二年五月，攻克邯郸，斩王郎，刘玄封刘秀为萧王，令其属部南归。

刘秀以河北未完全平定为借口，拒不接受南归的诏令。这时，更始政权土崩瓦解，割据势力纷纷拥兵自立，刘永据睢阳（今河南商丘一带），公孙述据巴蜀，李宪据淮南（今安徽寿县一带），秦丰据黎丘（今湖北襄樊市一带），张步据北海（今山东益都一带），董宪据东海（今江苏连云港市一带），延岑据汉中（今陕西汉中一带），田戎据夷陵（今湖北宜昌一带），或称王，或称帝。各地起义军，除赤眉军以外，河北地区有铜马等数十支起义军，共数百万人。

刘秀破王郎后，便采取了“各个击破”的战术，向河北地区各支起义军发动进攻。首先，派遣大将吴汉调发幽州、冀州十郡兵，在这年秋天大破铜马军。高湖军、重连军来援，亦为所败，余部被迫归附刘秀。刘秀收编铜马等起义军后，势力大增，众至数十万，故当时人以“铜马帝”称之。建武元年（公元 25 年）正月，刘秀又率领大军攻歼尤来、大抢、五幡诸路农民起义军。于是，河北地区义军主力被刘秀消灭殆尽，河北地区亦尽归刘秀所有。

刘缜、刘秀兄弟起兵之初，已有称帝之心，这正是与刘玄之间始终存在着争立帝位的缘由。刘缜被刘玄所杀，刘秀悲愤、孤单，忍气吞声，卧薪尝胆。到了吞并河北义军之后，“跨州据土，带甲百万”，便公开与更始政权决裂，于建武元年六月在鄗（今河北柏乡）称帝，改元建武，建立起东汉政权。同年七月，赤眉军进军关中，立刘盆子为帝；九月攻破长安，更始政权宣告灭亡。

第十三讲　说豪族

豪族，是中国封建制时代地主阶级结构中的一个等级，在一些历史阶段中有相当重要的地位。

《辞源》有“豪富”条，解释说：“豪富，犹言巨富。”《史记·秦始皇本纪》二十六年：“徙天下豪富於咸阳十二万户。”《三国志·吴潘璋传》“性博荡嗜酒，居贫，好赊酤，债家至门，辄言后豪富相还。”对“豪富”的这种解释，可能代表一些学者的看法，但并不正确。“豪”和“富”，是两种人，“豪”并不是“富”的形容词。

王符《潜夫论·浮侈》有“今京师贵戚，郡县豪家”的话，汪继培注“豪家”云：“《管子·轻重甲》云：吾国之豪家。《史记·吕不韦列传》云：子楚夫人，赵豪家女也。”《管子》及《史记》所记“豪家”，当为今所见关于豪族之最早记载。秦始皇十九年取邯郸，“诸尝与王（指始皇）生赵时，母家有仇怨，皆坑之”。始皇母家，当为大族，故有仇怨之家不是个别的。《史记》记录始皇母家，只说是豪，并没有说富。与始皇母家有密切关系的吕不韦，当时是阳翟大贾人，“往来贩贱卖贵，家累千金”，这也只是一个富商，谈不上“豪”。后来始皇优遇乌倮和寡妇清，也是因为他们富，谈不上豪不豪。所以司马迁说：“夫倮，鄙人牧长，清，穷乡寡妇，礼抗万乘，名显天下，岂非以富耶？”

《史记》记秦始皇徙豪富事，虽简单，但所记“豪富”，是豪与富，为两种人，则甚明白。以当年徙豪富的客观形势来看，始皇的主要意图，显然在于集中六国后裔以便控制。因此，在迁徙政策上，徙豪族比徙富人更受重视。

《史记·货殖列传》：“汉兴，……徙豪杰诸侯强宗於京师。”《刘敬叔孙通列传》说这事是由于刘敬的建议。当时，刘敬说："夫诸侯初起时，非齐诸田，楚昭屈景，莫能兴。今陛下虽都关中，实少人，北近胡寇，东有六国之族宗强。一日有变，陛下亦未得高枕而卧也。臣愿陛下徙齐诸田，楚昭屈景，燕赵韩魏后，及豪杰名家居关中。无事，可以备胡。诸侯有变，亦足率以东伐。此强本弱末之术也。"刘敬的建议，得到汉高祖的采纳，并受命"徙所言关中十余万户"。

刘敬的这番话，指出了四点：第一，秦末的反秦大起义，六国豪族是起了作用的；第二，六国后裔聚居东方，对汉家的统治来说是不稳定的因素；第三，六国豪族的西迁，有利于对匈奴的防御；第四，六国豪族的西迁，有利于对变乱的镇压。关于秦汉之际豪族在政治上、军事上的重要性，刘敬的话说得很具体了。

在西汉200年间，豪族和世家、高资富人，是构成地主阶级上层的三个等级。《汉书·地理志下》："汉兴，立都长安。徙齐诸田，楚昭屈景及诸功臣家于长陵。后世世徙吏二千石，高资富人及豪杰并兼之家于诸陵，盖亦以强干弱枝，非独为奉山园也，是故五方杂厝，风俗不纯。其世家则好礼文，富人则商贾为利，豪杰则游侠通奸。"这说的是长安附近诸陵地区的情况，亦可理解为全国情况在诸陵地区比较集中的反映。此外，还有一些可以作为补充说明的材料。

关于世家，《汉书·食货志》有"世家子弟"。如淳注云："世家，谓世世有禄秩家也。"《地理志》所称"诸功臣家"及"吏二千石"，都属"世家"。具体地说，"世家"可包括宗室、功勋、贵官、高爵以及儒宗。"世家则好礼文"，在形式上来说是讲究繁文缛节，在实质上来说是重视"别上下，分贵贱"的政治身份。世家地主，一般是身份性地主。

高资富人，是指有钱300万以上的富人。他们之中，有的是以冶铁、铸钱、煮盐起家的，如《史记·货殖列传》所记蜀卓氏、宛孔氏等。有的是"力农畜工虞商贾为权利以成富，大者倾郡，中者倾县，下者倾乡里"。有的是以旧贵族的身份而兼营商业的。"关中富商大贾，大抵尽诸田，田啬，田兰。韦家栗氏，安陵、杜杜氏，亦巨万，此其章章尤异者也。"有的是普通商人，利用时机，买卖致富。所有这些富人，一般地说，"是以末致财，以本守之"，都甩不开地主这张皮。

豪族，包括六国后裔。这本来是贵族，国灭后，转化为豪族。汉兴后，其中部分成员享有“利其田宅”的待遇，可说仍是身份性地主或半身份性地主。其中也不乏登仕新朝，成为新朝的世家，即封建贵族。两汉建国，也有六国贵族在内，并非完全是“布衣卿相之局”。豪族中又有豪猾和豪侠。豪猾，如济南瞷氏，宗人300余家，二千石莫能制。如涿郡西高氏、东高氏，“自郡吏以下，皆畏避之，莫敢与牾。宾客放为盗贼，发，辄入高氏，吏不敢追。”《史记·酷吏列传》中，酷吏所惩治的对象，多为这类人物。豪侠，不止一种。豪侠中，如朱家、郭解等不避个人安危，爱打抱不平。以上豪族中的这三种人，第一种是朝廷既不放心，又要加以利用的人，后两种人虽表现的形式不一样，但在不同程度上都与统治者有对抗行动或对抗意识，有时就成为统治者的镇压对象。豪族在以上三种人外，还有其他类型的人物。在汉代地主阶级中，世家是皇权之下最高地主的最高等级，豪族次之，高资富人又次之。在社会变动激烈的时候，豪族的作用往往相当显著，秦汉之际是如此，两汉之际也是如此。

《通典》卷3引宋孝王《关东风俗传》曰：“昔六国之亡，豪族处处而有，秦氏失驭，竞起为乱。及汉高徙诸大姓齐田楚景之辈以实关中，盖所以强本弱末之计也。文宣之代，政令严猛，羊毕诸豪，颇被徙逐。至若瀛冀诸刘，清河张宋，并州王氏，濮阳侯族，诸如此辈，一宗近将万室，烟火连接，比屋而居。献武初在冀郡，大族猬起应之。侯景之反河南，侯氏几为大患。有同刘元海、石勒之众也。”孝王所论，不尽为豪族，然中国封建制时代豪族势力之源远流长，于此可见。

顾炎武曾用《通典》所引《关东风俗传》的材料论“北方门族”，见《日知录》卷23。然关于豪族的历史作用，顾炎武的看法则与孝王不同。顾炎武著《裴村记》说：“自治道愈下而国无强宗，无强宗是以无立国，无立国是以内溃外畔而卒至于亡。然则宗法之存，非所以扶人纪而张国势者乎。余至闻喜县之裴村，拜于晋公之祠。问其苗裔，尚一二百人，有释耒而陪拜者。出至官道旁，读唐时碑，载其谱牒世系。登陇而望，十里之内，邱墓相连，其名字官爵可考者尚百数十人。盖近古氏族之盛，莫过于唐。而河中为唐近畿地，其地重而族厚，若解之柳、闻喜之裴，皆历任数百年，冠裳不绝。汾阴之薛，凭河自保于石虎、苻坚割据之际，而未尝一仕其朝。猗氏之樊王，举义兵以抗高欢之众，此非三代之法犹存，而其人之贤者又率之以保家亢宗之道，胡以能久而不衰。若是自唐之亡，而谱牒与之俱尽，然而裴枢辈六七人，犹为全忠所忌，必待杀之白马驿而后篡唐。氏族之有关于人国也如此。至于五代之季，天位几如弈棋，而大族高门降为皂隶。靖康之变，无一家能相统帅以自保者。夏县之司马氏，举宗南渡，而反其里者，未百年也。呜呼！此治道之所以日趋于下，而一旦有变，人主无可仗之大臣，国人无可依之巨室，相率奔窜，以求苟免，是非其必至之势也与！是以唐之天子，责士族而厚门荫。盖知封建之不可复，而寓其意于士大夫，以自卫于一旦仓皇之际，固非后之人主所能知也。予尝历览山东、河北，自兵兴以来，州县之能不至于残破者，多得之豪家大姓之力，而不尽恃乎其长吏。”顾炎武所论似与孝王不同，然只是立论的角度不同。在地主阶级内部，豪族有与统治集团相矛盾的一面，但在地主阶级的统治受到威胁时，又有互相依存的一面。合顾宋二氏之说，更可认清豪族在封建制社会中的历史意义。

按照社会发展的一般规律，氏族社会解体后，以血缘关系为单位的社会结构转化为地缘单位，地缘关系取代了血缘关系。中国的氏族社会解体后，地缘关系得到了不断的发展，但地缘关系一直不能完全取代血缘关系，而是血缘关系跟地缘关系结合起来，形成一种顽固的联盟。这跟中古以来中国历史发展的迟滞，可能有密切的关系，很值得我们研究。豪族也罢，世家也罢，在一定的意义上，都可说是血缘关系跟地缘关系密切结合的产物。深入地探索这个问题，有很大的理论意义，也有很大的现实意义。

第十四讲　东汉皇朝以及黄巾军

1. 东汉皇朝的建立和巩固

东汉的开国皇帝刘秀，字文叔，南阳蔡阳（今湖北省枣阳市境）人。他起兵反莽后，立即打出了光复汉业的旗帜，不到3年就当了皇帝，后来被称为汉世祖、光武皇帝。他从公元25年即位，到36年，先后平定了地方割据势力，完全占有了西汉时期统治的地区。

刘秀，系汉景帝之子长沙定王刘发的六世孙，公元25年即皇帝位。东汉皇朝建立后，刘秀派大军渡河南征，集中主力镇压赤眉军，扫荡旧政权的残余势力。建武元年，八月攻取洛阳，十月定都洛阳。

建武二年（公元26年）春天，赤眉军难关重重，关中地区的豪族地主结成营垒，负隅顽抗；关中接连发生灾荒，粮草供应非常困难。赤眉军只能引兵东归，不料在途中陷入汉军的重重包围。建武三年（公元27年）正月，光武皇帝命令汉军在崤山（今河南渑池以南）一带布防，阻击赤眉军。崤底（今河南渑池西南）之役，赤眉军大败，损失8万余人。余众10万余人向南逃走，在宜阳（今河南宜阳县西）附近陷入重围。光武皇帝“自将征之”，赤眉军突遇大部汉军，异常震惊，刘恭乞降。

刘秀在镇压农民起义之后，又进攻南北各地的封建割据势力。从建武五年至十二年（公元29—36年）之间，陆续消灭了渔阳的彭宠、南郡的秦丰、梁地的刘永、齐地的张步、庐江的李宪、东海的董宪、汉中的延岑、夷陵的田戎、陇西的隗嚣、安定的卢芳和巴蜀的公孙述，完全占有了西汉时期统治的地区，建立了统一的东汉封建政权。

为了巩固新建的东汉封建政权，刘秀吸取了历史的经验教训，先后采取了一系列加强皇权和缓和阶级矛盾的政策措施。

刘秀建立了一个比西汉还要专制的政权。他给功臣们以爵位和封地，但不给他们政治权力。他把原来在内廷处理文书的机构提高为皇帝直接指挥下的决策和发号施令的机构。他撤销了西汉设立的丞相，而代之以没有多大实权的三公（司徒、司空、太尉）。他又提高了刺史的地位，使刺史对郡国参劾时，可以随时派员入奏，不经由三公的案验而直接由皇帝做出决定。

刘秀强化皇权，巩固东汉统治，首先集权于尚书台。以优待功臣贵戚为名，刘秀赐给他们爵位田宅，高官厚禄，而实际上免去了功臣贵戚的军政大权。刘秀考虑到西汉前期三公权重，权柄下移，虽设三公之位，却把一切行政大权归于设在中朝并由皇帝直接指挥的尚书台。此尚书台，只设尚书令一人，秩千石，尚书仆射一人，六曹尚书各一人，秩皆为六百石，分掌各项政务。以下设有丞、郎、令史等官，所有一切政令都由尚书台直接禀陈皇帝，由皇帝裁决。从此，“天下事皆上尚书，与人主参决，乃下三（公）府”，“虽置三公，事归台阁”，“三公之职，备员而已”。但是到了东汉后期，有权势的大臣多加“录尚书事”的职衔，从而权柄再度下移，尚书台又蜕变为权臣专政的工具。

刘秀进而又简化朝廷机构，裁减冗员。建武六年（公元 30 年）下诏令司隶州牧各实所部，省减吏员，县国不足置长吏可合并者，上大司徒、大司空二府。于是“条奏并有四百余县，吏职省减，十置其一”。同时，废除西汉时的地方兵制，撤销内地各郡的地方兵，裁撤郡都尉之职，也取消了郡内每年征兵训练时的都试，地方防务改由招募而来的职业军队担任。但是，到了东汉后期，州牧刺史逐渐权重，兼有军政财大权，地方兵力又逐渐兴起。

刘秀在连年战争之后，不得不重视跟国家收入有密切关系的土地占有和劳动力的状况。公元 39 年，他下诏检核各地垦田和户口的情况。但地方官包庇豪强，侵夺农民，该多报的少报，该少报的多报。刘秀把陈报不实的高级地方官处死了十几个，问题还是不能解决。受侵夺的农民和隐瞒土地的大地主，从不同的立场出发，纷纷进行暴力反抗。刘秀对这个问题，也只好不了了之。刘秀又多次下诏解放部分奴婢和改善奴婢的法律地位，主要也是从增加劳动力的角度着眼的。

刘秀提倡儒学，表彰气节。光武帝继承了西汉时期独尊儒术的传统，东汉建立后，即兴建太学，设置博士，各以家法传授诸经。光武帝巡幸鲁地时，就遣大司空祭祀孔子，后来又封孔子后裔孔志为褒成侯，用以表示尊孔崇儒。特别是对儒家今文学派制造的谶纬迷信更是崇拜备至。

刘秀又利用当时流行的“图谶”（图谶，是政治投机家伪造的神秘文书，被认为可以预见国家兴亡及人们某些活动的吉凶），给自己的统治披上一件神秘的外衣。

早在东汉建立之初，刘秀就仿照王莽、公孙述等人，利用谶书作为其承受天命的依据，指使他过去的同学强华伪造了一个叫作“赤伏符”的谶语：“刘秀发兵捕不道，四夷云集龙斗野，四七之际火为主”，表示他继承了西汉的火德，是“上当天地之心，下为元元所归”的真命天子。东汉统一全国后，更“宣布图谶于天下”，把谶纬迷信尊为“内学”，作为其维护封建统治的思想工具。在提倡儒学神学的同时，光武帝鉴于西汉末年一些官僚、名士醉心利禄，依附王莽的现实，乃表彰气节，对于王莽代汉时期隐居不仕的官僚、名士加以表彰、礼聘，表扬他们忠于汉室、不仕二姓的“高风亮节”，企图养成重名节的社会风气，为巩固东汉封建统治服务。

刘秀在重建政权的过程中，推行了“注意民生，与民休息”的重大决策。为了瓦解敌军，壮大自己的力量，安定社会秩序，缓和阶级矛盾，曾多次下诏释放奴婢，并规定凡虐待、杀伤奴婢者皆处罪，诏令免奴婢为庶人的范围，还规定不许任意杀伤奴婢以及废除“奴婢射伤人弃市律”，在省减刑罚的诏令中，还多次宣布释放刑徒，即“见徒免为庶民”。整顿吏治，躬行节俭，奖励廉洁，选拔贤能以为地方官吏，并对地方官吏严格要求，赏罚从严，官场风气为之一变。针对战乱之后生产凋敝、人口锐减的情况，注意实行与民休养生息的政策，而首先薄赋敛，建武六年（公元 30 年）下诏恢复西汉前期三十税一的赋制；省刑法；偃武修文，不尚边功；建武十五年（公元 39 年）下诏“州郡检核垦田顷亩及户口年纪，又考察二千石长吏阿枉不平者”，令各郡县丈量土地，核实户口，作为纠正垦田、人口和赋税的根据。在执行上述决策之时，也有在诏下之后，遇到豪强势力的抵制。如刘秀下令将度田不实的河南尹张伋及其他诸郡太守 10 余人处死，表示要严厉追查下去，其结果引起了各地豪强大姓的反抗，有的地区甚而爆发武装叛乱，“青、徐、幽、冀四州尤甚”。为此刘秀只能不了了之，度田失败。

因各项政策措施都不同程度地实行，为恢复、发展社会生产创造了有利的条件，使得垦田、人口都有大幅度的增加，较之建武初年增长将近一倍，从而奠定了东汉前期 80 年间国家强盛的物质基础。

2. 国家的统一与功绩卓著

汉光武帝刘秀是我国历史上一位著名的封建皇帝，可谓文武兼备，豁达有度。

刘秀善于用兵，以少胜多，出奇制胜。在昆阳之战中，他知人善任，中兴 28 将大都拔擢自小吏、布衣、行伍之列。他对待臣僚“开心见诚”，不念旧恶，但赏罚严明，有功虽仇必赏，有过虽亲必罚，例如重用有宿怨的朱鲔。

刘秀在战争中讲究策略，眼光敏锐，终能克敌制胜。他领导统一战争，善用政治攻势，宣布释放奴婢、刑徒，减免赋税刑法，瓦解敌军，壮大自己。他还注重整饬军纪，约束部下，遵守军纪，以理法制胜，备受支持。

全国统一后，刘秀仍能兢兢业业，勤于政事，“每旦视朝，日仄乃罢，数引公卿郎将议论经理，夜分乃寐”。他所实行的各项政策措施，既维护了东汉封建统治，也有利于国家的统一，与民休息以促进社会经济的发展。《后汉书》作者范晔论曰：“虽身济大业，兢兢如不及，故能明慎政体，总揽权纲，量时度力，举无过事，退功臣而进文吏，戢弓矢而散马牛，虽道未方古，斯亦止戈之武焉。”司马光也说：“帝每旦视朝，日昃乃罢……虽以征伐济大业，及天下既定，乃退功臣而进文吏，明慎政体，总揽权纲，量时度力，举无过事，故能恢复前烈，身致太平。”这对刘秀在统一全国后的政绩，做出了充分的肯定。光武帝晚年，虽因迷信图谶，宣布图谶于天下；贬逐了桓谭、冯衍等直言敢谏之士，有拒谏之失；但大体说来尚能始终保持谨慎，兢兢业业，勤于政事。在历朝的封建帝王中，刘秀这位光武帝能够如此这般，还是难能可贵的。

著名史学家范文澜评光武帝说：“这个以南阳豪强为主体的刘秀军，在政治上有优势，在军事上有谋略，再加上禁止掳掠，争取民心，这就决定了它的必然胜利。刘秀既是地主阶级的代表，自然是农民起义军的死敌；但是他也代表着社会的共同要求，完成了国家统一的伟大事业。他在推倒王莽的战争中，在削平割据的战争中，都起了极大的作用，因之，他是对当时历史有重要贡献的历史人物。”

中元二年（公元 57 年），光武帝病逝于洛阳南宫，终年 63 岁，在位 33 年（建武 31 年，中元 2 年），葬于洛阳城北的原陵。

刘秀死，明帝和章帝相继即位，都还能继承刘秀的帝业，并有所作为。同时，他们也都继续尊奉图谶并大力宣传早已经神学化的儒家学说，把自己打扮成教主的形象以欺骗人民群众。59 年，明帝在太学讲经，使群儒执经问难，据说现场听讲和观看的上十万人。79 年，章帝诏诸儒大会白虎观，议论五经异同，并亲自做出结论，还命史臣把结论著为《白虎通义》一书，使之成为神化皇权、巩固皇权的思想武器。

刘秀和明帝、章帝在位的 60 多年（公元 25—88 年），是东汉建立和相对稳定的时期，是东汉历史的前期。公元 88 年，和帝即位，东汉历史进入中期。这时，匈奴又一次分裂为南北两部。北匈奴在汉和南匈奴的连续打击下，伤亡很多，于 91 年灭亡，其余部除降汉者外，逐渐向西远徙。对匈奴取得胜利，是和帝初年的大事。但统帅汉军的窦宪，依靠了外戚的身份，又加上军功，就得到了侵夺朝廷权力的机会。从此，皇权处于长期动荡之中。

和帝即位时，还是一个 10 岁的孩子。此后 8 个皇帝即位时，年龄不是在 10 岁以下，就是在 15 岁以下。皇帝年纪小，不能理事，由母后临朝。母后相信娘家人，大权就落到了外戚手里。皇帝长大了，不甘心受外戚的挟制，依靠跟自己亲近的宦官来收拾当权的外戚。第二个皇帝即位，又由他的母后任用外戚，后来再由他依靠另一批宦官收拾这一批外戚。在这样的反复斗争中，宦官的权力在不断地扩大。一般说来，从和帝到质帝（公元88年到146年），外戚的权力重。在146年桓帝即位以后，宦官的权力重了，皇朝就更为动荡，东汉的历史进入了晚期。

在100多年的漫长时期里，朝臣们在不同势力的斗争过程中，对于得势的一派，或是投机攀附，或是进行抗争，都不能正常地执行职权。当年刘秀所追求的高度皇权，往往表现为皇帝的无权，而后者恰好又是由这种皇权专制主义本身的内在矛盾发展而来的。

3. 黄巾军的大起义

黄巾军起义的领袖张角，钜鹿人，他通过“太平道”（太平道，是张角创立的一种有宗教性质的秘密组织。太平，是非常公平的意思。）教义的传播和给人治病，接近群众，并派人分赴今河北、山东、河南、江苏、安徽等省，发展了徒众数十万人。他把群众分为36“方”，大方万余人，小方六七千人。他宣传“苍天已死，黄天当立，岁在甲子，天下大吉”。号召人们在甲子年（即184年）起来摧毁东汉皇朝，建立农民自己的政权。负责策划起义的马元义往来各地与洛阳之间，约定宫中的一些宦官做内应，预定在184年阴历三月五日各地同时动手。由于叛徒的出卖，马元义被捕牺牲，洛阳城内因此株连遇害者1000多人。张角得讯，提前一个月起义。张角自称天公将军，他的弟弟张宝称地公将军，张梁称人公将军。起义军一律头裹黄巾作为标志，因此被称为“黄巾军”。起义形势发展很快，不到一个月的时间，到处有响应起义的队伍。洛阳大为震动。灵帝以何皇后的哥哥何进为大将军，率军屯驻洛阳近郊，并派卢植赴河北讨张角，派皇甫嵩、朱儁赴颍川讨伐以波才为领导的另一支黄巾军。

在颍川战场上，波才先后打败了朱儁和皇甫嵩。后来皇甫嵩利用了刮大风的天气，进行火攻。农民军的队伍乱了。在皇甫嵩、朱儁联合进攻下，农民军牺牲了几万人，波才战死。

在河北战场上，张角据守广宗（今河北省威县东），跟卢植相持。灵帝因卢植无功，先后派董卓、皇甫嵩代替他。皇甫嵩用计麻痹农民军，在深夜进行突然袭击。农民军一下子牺牲了8万多人。农民军退到下阳曲（今河北省晋州市西），跟皇甫嵩的继续作战中，十多万人壮烈牺牲。张角和张梁、张宝，先后病死和阵亡。

黄巾军的主力，经过八九个月的激烈战斗，被消灭了，主要领导人牺牲了。但农民的起义仍在不断兴起，黄巾军还有许多支队伍坚持战斗。一直到192年，青州（治所在今山东省淄博市临淄北）的黄巾军尚有30多万。205年，黄巾军的友军黑山军尚有十余万人。黄巾军大起义虽然失败了，但摧毁了东汉皇朝的统治秩序，使它陷入苟延残喘的局面。

189年，灵帝死，少帝立。因当时宦官的势力太大，大将军何进召引盘踞河东（今山西省西南部）的董卓进京，收拾宦官。但事机泄露，何进反为宦官所害。袁绍带兵报复，把宦官两千多人都杀了。不久，董卓进入洛阳，废了少帝，叫汉献帝即位。董卓对人民极为残暴，对于汉朝群臣也都不放在眼里，大有取代汉朝的动向。于是一些政治野心家以讨董为名，纷纷乘机扩张自己的势力。196年，曹操迎献帝迁都于许。此后，他就把献帝置于掌握之中，随时用朝廷的名义适应自己的需要而发号施令（“挟天子以令诸侯”）。汉朝从此也就名存实亡，历史进入了三国时期。

东汉后期持续不断的人民反抗斗争，为全国性的大起义积蓄着力量，准备了条件。

在斗争中有的势力利用阴阳五行相生或相胜的道理，作为斗争的依据和精神武器。如九江起义的马勉，以黄色（土德）为服色，火生土，表明要用土德代替火德（东汉光武帝刘秀以火德自命）；华孟起义则自称黑帝（水德），以示水能克火，东汉必定灭亡。这些都反映出了人民要求阴阳五行观与当时“黄老道”宗教形式相结合，成为发动和组织群众的强大依据。道教经典《太平经》，虽是宗教迷信说教，但也包含着人民向往平均、平等和变革天命的积极思想追求。如它谴责富有者：“积财亿万，不肯救穷周急，使人饥寒而死，罪不除也。”“不助君子周穷救急，为天地间大不仁人！”主张变革天命：“天失阴阳则乱其道，地失阴阳则乱其财……君臣失阴阳则其道不理，五行四时失阴阳则为灾。今天垂象为人法，故当承顺之也。”认为水旱之灾、政治腐败都是天道变乱的征兆，苦难的人们不能再忍受饥寒交迫的现状。在这种变革天命思想的基础上，汉末形成了太平道与五斗米道两个道派。

太平道在黄河流域与长江流域流传，用符水治病作为组织群众的手段。“畜养弟子，跪拜首过，符水咒说以疗病，病者颇愈，百姓信向之。”它提出“苍天已死，黄天当立，岁在甲子，天下大吉”的变革天命的主张。根据五行相生之说，汉朝统治者自云属火，即赤德。而土为黄德，火生土。这句谶语告示人们：受命赤德的汉朝气数已尽，以黄为服色的起义军是应运而生，当取而代之。

太平道领袖是钜鹿（今河北平乡西南）人张角。他自称“大贤良师”。太平道为道教一支，奉黄帝、老子为教祖。张角以传道和治病为名，在农民中进行秘密活动。他派弟子 8 人到各州传道。太平道被苦难人民视为救星，“十余年间，众徒数十万，连结郡国”，遍于青（今鲁西北、胶东）、徐（今鲁南、江苏、长江以北）、幽（今冀东、辽宁）、冀（今冀中、冀南）、荆（今湖北、湖南）、扬（今苏南、皖南、浙、赣、闽）、兖（今豫东、鲁西）、豫（今豫东、皖北）等八州之地。太平道将各地的道徒组织起来，全国共分 36 方，“大方万余人，小方六七千，各立渠帅”。太平道的传播引起东汉统治集团的不安，朝廷屡颁赦令，以瓦解流民对太平道的信奉。司徒杨赐上疏提出：“简别流人，各护归本郡。以孤弱其党，然后诛其渠帅。”以达到消弭人民“作乱”的目的。但杨赐的书奏没有送达灵帝之处，其原因恐怕是当时“宫中立黄老浮屠之祠”。太平道同黄老道有一脉相通之处，而且宦官封谞、徐奉等人早已成为太平道徒。

张角积极部署大起义的准备，事先向各地道徒传布起义口号，决定在中平元年（公元 184 年）三月，在各地同日发动。他们在都城洛阳和州郡官府墙壁上，用白土大书“甲子”二字，作为起义时攻打的目标。张角又派大方首领马元义先召集荆、扬地区信道群众数万人到邺（今河北临漳），与冀州道徒会合。马元义几次往来洛阳，联络中常侍封谞、徐奉等人为内应，“期三月五日起兵，同时俱发”。不料起事之前，张角弟子唐周叛变，向朝廷告密，泄露了起义计划。马元义被捕车裂牺牲，与太平道有联系的官兵、百姓千余人遭捕杀，张角被追捕。“角等知事已露，因晨夜敕诸方，促令起兵。”大起义被迫在当年二月发动。

那时，36 方同时发动起义，起义群众都头裹黄巾作为标志。起义军声势浩大，焚烧官府，捕杀官吏，攻打豪族地主聚居的城池坞壁。“旬日之间，天下响应，京师震动。”大起义很快就遍及长江以北广大地区。黄巾军不断取得胜利，活捉了安平王刘续和甘陵王刘忠。当年三月，南阳郡（治今河南南阳市）黄巾军张曼成攻克郡城，斩太守褚贡。四月，汝南郡（治今河南平舆北）黄巾军在波才、彭脱指挥下，打败了太守赵谦，并打败右中郎将朱儁。广阳郡（治今北京市）黄巾军击毙了幽州刺史郭勋和广阳太守刘卫，左中郎将皇甫嵩主力被起义军包围在长社（今河南长葛东北），“嵩兵少，军中皆恐”。广大起义军在张角兄弟指挥下击败卢植、董卓所率领的官军。东汉政权“州郡失据，长吏多逃亡”。黄巾军在战斗中迅速壮大，形成了三部分义军：在颍川由波才指挥的黄巾军，在南阳由张曼成指挥的黄巾军，在河北由张角兄弟指挥的黄巾军。这几支军队从南北两方，形成了包围洛阳的形势。

黄巾起义急风暴雨的形势，使东汉朝廷十分惊恐，急忙派遣大将军何进率重兵驻扎洛阳附近都亭，“以镇京师”；同时在函谷、大谷、广成、伊阙、轘辕、旋门、孟津和小平津 8 个险要地方，设八关都尉，加强洛阳外围的防御。另一方面，汉灵帝又接受吕强、皇甫嵩的意见，“大赦天下党人，还诸徙者”，和缓地主阶级的内讧。东汉政府又调兵遣将，各地豪族地主也纷纷起兵，配合官军对黄巾军残酷镇压。起义军面临严重的困难。各地虽同日起义，毕竟事出仓促，起义之后必须同地方封建势力相持，义军在短时期内无法汇集为几支强大的武装力量，被分割在许多地区，形成各自为战的局面。义军数量虽占优势，装备上则不及官军，并缺乏战斗经验。特别在各自为战的局面下，东汉政府所组成的统一的军事力量，具有相对的机动性，自洛阳派出的官军往往能和地方军配合，因而在某一特定时间和特定地区，就使双方军事力量的对比发生变化，以致义军处于相对劣势，造成了被东汉官军各个击破的危险局面。

颍川接近洛阳，对封建统治威胁最大，因而激烈而残酷的战争首先在这里展开。当年四月，波才义军击败来犯的朱儁和皇甫嵩，乘胜围皇甫嵩于长社。但波才“结草为营”，遂为皇甫嵩所乘。东汉官军深夜纵火。义军军营延烧，阵势为之混乱。皇甫嵩乘势进攻，骑都尉曹操的援军恰又赶到，皇甫嵩与曹操、朱儁合兵进攻，义军因之大败，几万人遭到血腥屠杀。接着，波才义军余部于阳翟，彭脱义军在西华，又遭到镇压而告失败。之后，皇甫嵩军调赴东线，在仓亭击败卜己领导的义军，卜己被皇甫嵩护军司马傅燮俘杀。

朱儁一军则继续南下进攻南阳一带的义军。南阳义军张曼成起兵，称“神上使”，有众数万，攻杀太守褚贡之后，在宛下屯驻了100多天，军事上没有新的进展，而在六月里被新任南阳太守秦颉击败，张曼成牺牲。义军继推赵弘为帅，“众浸盛，遂十余万，据宛城”。从六月至八月，义军粉碎了官军多次进攻，坚守住了宛城，几乎迫使东汉政府撤掉朱儁。赵弘在战斗中牺牲后，义军又推韩忠为领袖，继续坚守宛城，抵抗朱儁。“兵少不敌，乃张围结垒，起土山以临城内，因鸣鼓攻其西南。”

义军全力奋战，官军“连战不克”，遂用计故意解围，引诱韩忠出战，使义军中计失败，韩忠被杀。义军再推孙夏为首领，在宛城进行了反复的冲杀。十一月，宛城陷落，孙夏率义军转移到西鄂精山，才被朱儁镇压下去。斗争的中心转移到河北地区。河北义军在张角亲自领导下攻占广宗（今河北威县东）、下曲阳（河北晋州市西）诸城邑。但在三月以后即遭受到北中郎将卢植率领的东汉官军的打压。张角、张宝分别率义军固守广宗、下曲阳。卢植“筑围凿堑，造作云梯”，未能攻下广宗。代替卢植的东中郎将董卓，围攻了两三个月，广宗依然屹立。八月底，东汉政府调皇甫嵩代替董卓，投入广宗战场。卢、董二人“并无功而还”。这时张角病死，角弟张梁统帅广宗义军。义军勇猛善战，“梁众精勇，嵩不能克”，皇甫嵩不得不“闭营休士，以观其变”，窥测方向，以求一逞。由于义军一时疏忽，皇甫嵩“乃潜夜勒兵”，趁拂晓时进扑义军阵地。义军仓促接战；张梁阵前牺牲，英勇战死者三万多人，不甘屈服而投河牺牲的五万多人。同年十一月，皇甫嵩与钜鹿太守郭典攻破下曲阳，张宝等十多万义军被杀害。各地区起义人民都遭到东汉统治者的残酷镇压。连张角的尸体，也遭受“剖棺戮尸，传首京师”的毁坏。

黄巾主力虽仅几个月便被镇压下去，但农民起义的熊熊烈火并未能扑灭，许多地区的黄巾军依旧坚持斗争。散见于各种史籍的起义武装，以首领姓名、绰号或地名为号者就有100多支（股）。这批义军“并起山谷间，不可胜数”。他们朴素的称呼多是由起义首领的某些特征而得名，“其大声者称雷公，骑白马者为张白骑，轻便者言飞燕，多髭者号于氐根，大眼者为大目。”这批义军“大者二三万，少者六七千”。其首领“善得士卒心”，活动在中山、常山、赵郡、上党、河内等郡之间，互相联络呼应，“众至百万”，“朝廷不能讨”。此外，尚有少数民族起义军，四营屠各、雁门乌桓等。

东汉后期人民的反抗斗争，持续达数十年之久，这在中国农民战争史上是罕见的。人民起义活动几乎遍及全国，前期黄巾活动于黄河中下游地区及淮河流域，各地人民的持续反抗，不但活动于这些地区，还广泛活动于前期黄巾力量未及的许多地区。它北起幽州，南到南海，东到大海，西到益州，起义的烽火，燃遍了当时的整个中国。

4. 东汉的三个重要的学者

在东汉前期末叶和中期初叶，先后出现了三个重要的学者。一个是历史家班固，一个是思想家王充，另一个是科学家张衡。

班固（公元32—92年），字孟坚，扶风安陵（今陕西省咸阳市东）人。他是《白虎通义》的定稿人，奉命使儒家神学化并使之系统化、条文化。但使他在学术史上取得重要地位的，是《汉书》。这是继《史记》之后的一部历史巨著，从秦末农民大起义写到王莽的失败。他的历史见解反映了官方的立场，但详细地写出了历史的具体过程，保留了当时一些重要言论的原始材料，开创了关于地理、河渠、农业和货币、刑法、典籍之系统的论述。他的《两都赋》也是汉文学中的著名作品。

王充（约公元27—约97年），字仲任，会稽上虞（今浙江省绍兴市上虞区）人，是一位富有战斗精神的唯物论者。他的主要著作《论衡》是一部反对官方神学体系的书。他以“元气”为天地万物的原始物质基础，要求从物质基础上给自然现象和生命现象以解释。这是对当时流行的儒家神学以神秘的精神作为天地万物支配力量的批判。他认为，人性都是相同的，人性跟物性的区别只在于有无知识和智慧，虽贵为王侯，也没有例外。这是对于儒家所宣扬的人性等级论和天生圣人论的批判。他反对把孔子、孟子说成是无可非议的人物。他揭露了孔子、孟子有许多言行不一、自相矛盾的地方。《论衡》的写作，恰好是在《白虎通义》编定后不久，实际上是对朝廷的思想统治的挑战。

张衡（公元78—139年），字平子，南阳西鄂（今河南省南阳市西）人，是一个多方面发展的科学家。他长于文学，所作《二京赋》，是汉赋中的名作。他在政治上指出当时权力分割的危机，并揭露图谶之不可凭信。他在天文学上，主张浑天说，认为天是浑然一体的，地在天体内如蛋黄之在蛋内，而天体于每日绕地旋转一周。他利用当时机械方面的技术，创制一种仪器，叫作浑象，依靠水力发动齿轮，使仪器的转动速度跟天空的周日旋转一样，可以自动地、接近正确地把天象的运行演示出来。他还创制了一种地震仪，叫作候风地动仪。在仪器内部设立震摆。当地震发生时，地震波冲击震摆，使之失去平衡，触动一定的杠杆，而相应的龙首便吐下铜丸，发出声响，使观测者可以知道地震的时间和方位，他著有《灵宪》一书，是天文学方面的专著。《灵宪》和他所制仪器，对当时的官方神学都是沉重的打击，在自然科学史上占有重要的地位。

王充和张衡的学术工作以及他们跟班固在思想体系上的分歧，实际上是在理论阵线上对当时社会矛盾日益激化的曲折反射。王充去世以后不久，正当张衡壮年的时候，从公元107年起，农民起义就开始了。此后的七八十年间，各地先后爆发的农民起义有100多次，起义人数有数百人、数千人以至数万人。西北地区的羌族和在西南地区的蛮族，也接连爆发了反封建压迫的斗争。

第十五讲　秦汉时期社会生产力的发展

在秦汉时期各生产部门中，农业像过去一样，仍然是拥有极为广阔的生产领域而在社会经济上占有支配地位。这时农业上的劳动力，是有一定的人身自由，对生产有较高积极性的个体劳动力。这种劳动力的特点，第一，是劳动力依附于土地。这对地主来说，保证了他们的劳动人手。对农民来说，农民也有了自己可以使用或占有的土地。第二，是以耕织相结合的一夫一妻的个体家庭为生产单位。这使劳动者陷于互相分离，难于组织起来的状态，但劳动者也有可能依靠劳动取得衣食自给的生活，比起奴隶制下的劳动力来，农民的劳动状况改善了，劳动力的性质也就改变了。这种劳动力跟发展了的生产工具和生产技术结合起来，形成了新的社会生产力，从而促进了封建关系的成长。

秦汉时期，社会生产力有了很大的发展，具体体现在生产工具、生产技术和生产规模的发展上。

1. 牛耕和铁犁及其他农具

这时，农业生产工具和生产技术出现了创新。首先，铁犁和牛耕得到了推广和改进。犁架的构造已具备了畜力犁的主要构件。用以翻土碎石，利于起垄作畦和调节耕地深浅的犁箭已广泛使用。武帝晚年，赵过教人用耦犁，以二牛挽犁，一人牵牛，一人扶辕，一人扶犁。后来又发展为二牛一人及一牛一人的犁耕形式。这对于人力的节约、深耕的便利及质量的提高，都是很大的变革。

其次，农具的种类日益完备，其中有相当多的新型农具。如耧车，是一种播种的农具，能同时完成开沟、下种、复土三道工序，节省了劳力，提高了播种质量。翻车，是利用水力推动轮轴连续提水的排灌工具。风车，是在谷物脱粒后，利用叶片转动生风，以清理籽粒，分出糠的工具。水碓，是以水力发动机械，用于谷物加工的工具。这些利用自然力和机械技术的工具，使生产量提高很多倍。

秦汉时期已较广泛使用铁农具与牛耕，人们认识到了这是发展农业生产的关键措施。

《盐铁论·水旱》：“农，天下之大业也；铁器，民之大用也。器用便利，则用力少而得作多，农夫乐事劝功。”近年考古发掘，东北至辽西，西北至甘、青、新疆一带，西南云、贵边陲，共有五六十个以上地点出土了汉代的铁农具。陕西省还有成批成组铁农具出土。种类有耕具、起土器、中耕器和收割器等，式样繁多，规格统一。反映出农具生产已标准化、系列化和商品化。

两汉皇朝采取不收价款“受牛”，“假与犁、牛”和令民“畜猪狗，卖以买牛”等办法大力提倡牛耕。西汉后期，牛耕、铁犁开始大幅度发展；到东汉年间，就已普及于广大地区。甚至一发生牛疫，就给农业生产和农民生活带来巨大影响。如章帝时，“比年牛多疾疫，垦田减少，谷价颇贵，人以流亡”。

这时期的铁农具与战国时相比较，有明显进步。如最重要的翻土农具犁，陕西和河南出土的部分犁铧上的铧冠，形状虽和战国时相似，但冠的铁质优于犁铧部分，说明深知将“钢”用在刀刃上的道理。汉代开始广泛使用曲面犁壁。这在世界上是最早的。在陕西的咸阳、西安、礼泉，河南的中牟，山东的安丘等地出土的犁壁，大体可分为四种类型：菱形壁、板瓦形壁、方形缺角壁和马鞍形壁。犁铧上安装犁壁，使犁耕的松土、碎土、翻土质量有了提高。汉代还出现了与近代铧式犁相似的古代铧式犁。它不仅具有较强的切土、碎土、翻土、移土的性能，且能将地面上的残茬、败叶、杂草、虫卵等掩埋于地面下，有利于消灭杂草和减轻病虫害。中耕除草的锄、收割用的铁镰，西汉后期在形制上也出现了显著变化，功效大为提高。新农具的增加是秦汉时期农具发展的又一标志。翻土农具二齿耙、三齿耙、大型犁铧都是西汉时新出现的。汉武帝时，赵过推广使用“耦犁”，比起“蹠耒而耕”提高工效10多倍。他还在总结劳动人民经验的基础上，发明了播种机械“耧犁”，即今天北方农村仍在使用的耧车。东汉崔寔《政论》中描述耧车“三犁共一牛，一人将之，下种挽耧，皆取备焉，日种一顷。”近年在河南洛阳和济源市西汉墓葬中出土的明器陶风扇车是当时已发明使用风扇车的最好物证。它已具有盛谷斗、扇轮、扇缝等主要部件。利用杠杆原理和人的身体重量做功的踏碓，以及利用水流为动力“役水而舂，其利百倍”的水碓，还有灌溉用的手摇翻车，都是在两汉时期出现的。秦汉时期农具的进步，大大促进了农业生产的发展。

2. 代田法、区田法及农作技法

汉代先后出现了赵过倡导的代田法和氾胜之提出的区田法。

代田法，主要是开沟作垄，沟垄相间，沟里播种。等苗长出来后，中耕除草，并将垄上的土不断推到沟里，培育苗的根部，使禾苗得以健壮成长。第二年使沟和垄的位置互换。如此更番使用土地，可使地力得以恢复。使用这种耕作方法，单位产量可提高1/3到2/3。这是干旱地区特别适用的耕作方法。

区田法，是在小面积的土地上，进行深耕密植，集中而有效地利用水和肥料，加强管理，以夺取高产。氾胜之有专门著作，系统地总结了当时农业生产许多环节的理论和技术问题，反映了当时农业生产发展的水平。

那时，农作制已在演变。在北方，连种制已经定型，轮作复种制有了初步的发展，间混作也开始萌芽。冬麦的推广对这一时期农作制的发展产生重大影响。《氾胜之书》“区种麦……禾收区种”的记载，说明西汉时已有了谷子和冬麦之间的轮作复种。东汉郑玄在《周礼》“稻人”和“雉氏”注中说：“今时谓麦下为荑下麦，言芟刈其禾，于下种麦也。”又说：“今俗间谓麦下为荑下，言芟荑其麦，从其下种禾、豆也。”说明出现了禾、冬麦、大豆轮作复种的二年三熟制。

张衡《南都赋》中有“冬稌夏穱，随时代熟”句，据《集韵》解释：“稌，糯稻也”，“穱，稻下种麦”。反映当时汉水流域河南南阳一带出现了稻、麦轮作复种的一年二熟制。

以上可看出，冬麦在当时农作制中处于中心作物的地位。可以说，汉代轮作复种制的初步发展，是以推广冬麦为前提的。汉武帝时曾两次下诏劝种“宿麦”。宿麦就是冬麦。冬麦为秋种夏熟的作物，在青黄不接时可起到接绝续乏的作用。轮作复种制的出现与发展，对提高复种指数和单位面积产量，具有特别重要的意义。

在南方，东汉时，部分生产技术比较先进的地区已开始种植双季稻。《异物志》：“交趾稻夏冬又熟，农者一岁再种。”广东佛山市郊出土的东汉陶水田明器，也形象地塑造了夏种的场面。

那时，耕作理论和技术方面都在不断地提高。秦汉时期，土壤耕作理论和技术有较大提高。《氾胜之书》提出耕作的基本原则：“凡耕之本，在于趣时，和土，务粪、泽，早锄，早获。”“趣时”就是及时，不违农时。这一原则，从农业耕作的总体上提出了耕作措施同其他措施的综合运用，以及应注意的技术问题。耕作技术方面，《氾胜之书》总结了春耕、夏耕和秋耕的适耕期：“以时耕田，一而当五，名曰膏泽，皆得时功。”反之，耕不及时而出现的“脯田”与“腊田”都是耕坏了的田。这种田，土壤坚硬干燥，长不好庄稼。其次，继承发展了战国时期《吕氏春秋》“任地”“辨土”等所总结的因时耕作和因土耕作的经验。三是为了在关中地区气候干旱的条件下，夺取农业丰收，氾胜之还总结了及时摩压以保墒防旱的耕作经验，强调坚硬强地黑垆土耕后必须及时“平摩其块”，“勿令有块”；土性松散的土壤耕后必须“蔺（镇压）之”“重蔺之”。《氾胜之书》还记载：“冬雨雪止，辄以［物］蔺之。掩地雪，勿使从风飞去。后雪复蔺之，则立春保泽，辄以虫冻死，来年宜稼。”综合上述可知，我国在秦汉时期已奠定了北方旱地保墒防旱耕作技术体系的初基。

对上述代田法和区田法而言，西汉时的赵过和氾胜之还在一些干旱地区试验、示范、推广了代田法和区田法。

汉武帝征和四年（公元前 89 年）任赵过为搜粟都尉，在关中地区推广先进的农业技术。代田法是赵过试验、示范和推广的先进耕作法。这一耕作法“用力少而得谷多”，“一岁之收常过缦田晦一斛以上，善者倍之”，增产效果明显。代田耕作法，据《汉书·食货志》记载，其技术要点是：深耕整地，开沟作垄，一亩地作三条垄（晦），三条沟（甽）；垄沟互换，轮番利用，即今年的沟明年变为垄，今年的垄明年变为沟，造成土壤轮番利用与休闲的局面；把作物播种在沟里，幼苗出土后及时中耕除草，并把垄上土铲下培壅在禾苗根部，使根系扎得深，既能防风抗倒伏，又能保墒抗旱。

赵过推广代田法，采取先试验，然后重点示范，最后再普遍推广的方法和步骤，行之很有效，“是后，边城、河东、三辅太常民皆便代田”。区田法有两种方式：一种是宽幅区田，一种是方形区田。宽幅点播区种法适用于平原地区，方形点播区种法适用于斜坡、丘陵地。区田法的优点，一是“不耕旁地，庶尽地力”；二是可以集中施肥，充分发挥肥效；三是等距播种，使农作物在农田中呈整齐的分布，既有合理的群体密度，又有个体的适当生长领域；四是重视及时和集中灌溉，“区种，天旱常溉之，一亩常收百斛”；五是重视中耕除草，“区中草生，拔之；区间草以划之，若以锄锄”。

区田法适用缺乏耕牛和大农具，土地少而质量差的小农经济，但它所要求投入单位面积土地的劳动集约度要远远大于代田法，使它很难推广。

那时的作物栽培技术的进步，主要表现在作物栽培整体观念的产生，以及施肥、播种、管理、收获等技术的提高等方面。

《氾胜之书》中所说：“凡耕之本，在于趣时，和土，务粪、泽，早锄，早获”六个环节，就是作物栽培整体观念的具体体现。即主张各种农事活动在适宜的农时季节里进行；继则，要采取耕作措施使土壤疏松柔和；施“粪”使农作物有良好的养分；还要采取保墒防旱和灌溉等方法使农作物有足够的“泽”（水分）供应；要及时进行收获以保证丰产丰收。上述六个环节基本上反映了农作物从耕种到收获的生产规律，以及和它相适应的技术措施。

关于如何提高改进地力比以前有了更多的方法。东汉王充《论衡·率性篇》有精辟的论述：“夫肥沃墝埆，土地之本性也。肥而沃者性美，树稼丰茂；墝而埆者性恶，深耕细锄，厚加粪壤，勉致人功，以助地力，其树稼与彼肥沃者，相似类也。”

作为肥料施用的物质，根据《氾胜之书》记载，有“溷中熟粪”（可能是腐熟的人粪尿和牲畜粪溺等的混合物）、蚕矢（屎）、羊矢、麋鹿矢以及马、牛、羊、猪、麋鹿等骨汁和缲蛹汁。另外，已开始采用沤制野生绿肥的方法来改土肥田。四川省新津县和成都市出土的东汉明器陶水田中，有半月形的沤肥区。它和现在四川农村中仍然沿用的绿肥沤制区极为相似。

在施肥方法上创造了种肥和追肥的施用技术。从《氾胜之书》记载来看，当时施用基肥的作物有粟（谷子）、枲（大麻雄株）、芋、瓜、大豆等。施基肥的方法有漫撒法和穴施法。施用种肥已比较普遍，主要措施是“以原蚕矢”或“取雪汁渍原蚕矢五六日，待释”与谷种相拌后播种。施用追肥似乎还不普遍，《氾胜之书》仅在种麻中提到。二是提倡采用集中施肥与肥水结合的办法，在《氾胜之书》“区种”大豆等部分有所介绍。三是创造了“溲种法”，将播种用的种子外面包上一层以蚕矢、羊矢为主要材料，用骨汁，再加上附子浸液调合成的稠糊，然后裹在种子外面。这一粪壳类似现代的“种子肥料衣”。

《氾胜之书》和《四民月令》等书的记载，反映出汉代人们对播种工作很重视，并总结出了不少可贵的经验。强调适时播种，“种麦得时，无不善”，否则“早种则虫而有节，晚种则穗小而少”。为了适时播种，准确掌握播种期，当时普遍利用物候确定播种期。《四民月令》中就有“桑椹赤，可种大豆”；“蚕大食，可种生姜”等说法。其次，还总结了凭地力定播种期的经验。人们根据地力的不同，将田块分为“薄”“中”“美”三类，并认为薄田宜早种，美田可晚种。三是根据作物种类，定播种量。《睡虎地秦墓竹简·仓律》中已规定了主要农作物每亩的播种量：“稻、麻亩用二斗大半斗；禾、麦一斗；黍、荅、小豆大半斗；叔（大豆）亩半斗。”《氾胜之书》在“种稻”中说：“地美，用种亩四升”；在“种大豆”中说：“土和无块，亩五升；土不和，则益之”。《四民月令》则说：“禾，美田欲稠，薄田欲稀”；大、小豆和稻则“美田欲稀，薄田欲稠”。

田间管理方面，中耕除草强调早锄；还须根据不同作物进行中耕除草。为保证冬麦安全越冬，要进行秋锄；第二年“春冻解”后麦子返青时，再锄；“到榆荚时，注雨止，候土白背复锄”。小豆在真叶生出来时就锄。大豆则“生布叶，锄之”。芋则“有草锄之，不厌数多”等等。水稻育秧移栽技术，《四民月令》首先有记载：“是月（五月）也，可别稻及蓝，尽至后二十日止。”“别稻”，就是移栽。1964 年广东佛山市郊东汉墓出土的水田模型，田块被田埂分成六方，在第五方田中，有表示秧苗的篦点纹和一个正在直腰休息的插秧俑，说明我国南方某些地区此时也已进行水稻的育秧移栽。稻田灌溉技术有了显著提高，人们已认识到稻田灌水的温度会影响水稻的生长发育，并创造了调节稻田水温的方法：“始种稻欲温，温者缺其塍，令水道相直；夏至后大热，令水道错。”《汉书·食货志》记载：“收获如寇盗之至。”说明当时已经认识到要丰产丰收，必须及时抢收，争取颗粒归仓。《氾胜之书》总结了根据不同作物的成熟特点，进行及时收获的经验。谷子要在“芒张叶黄”时，“捷获之”；大豆要在“荚黑茎苍”时收获，否则“其实将落，反失之”。

秦汉时期，人们还认识到选择优良品种和优质种子，充分发挥作物本身丰产性能的必要。《氾胜之书》中就有最早的选种法记载：“取麦种，候熟可获，择穗大强者，斩束立场中高燥处，曝使极燥。无令有白鱼，有辄扬治之”；“取禾种，择高大者，斩一节下，把悬高燥处，苗则不败”。种子贮藏和药物防虫方面，也积累了相当丰富的经验。认为种子生虫是由于“伤湿”“郁热”和“温湿”，因此贮藏种子必须通风干燥。即“曝使极燥”和“把悬高燥处”。

3. 特色的农田水利

秦汉时期，农田水利工程分布以关中地区为中心，同时也扩展到了西北、西南等边远地区。地势高亢，雨量较少，地面积水少，湖泊、陂池不多的黄河流域主要营建灌溉渠系。如由黄河或黄河支流引水灌溉的有郑国渠、六辅渠、白渠、樊惠渠、成国渠、蒙茏渠、灵轵渠、龙首渠。它们的维修或营建，使“关中之地于天下三分之一，而人众不过什三，然量其富，什居其六”。江淮、江汉之间，湖泊、沼泽、天然陂池较多，农田水利建设主要是为天然陂池修堤作堰，开设闸门，修理水路；或拦蓄山间沟谷水，使之成为人工陂池，用来灌田。西汉召信臣在河南南阳地区兴建数十处工程，其中最著名的“六门堨”，又称六门陂，“溉穰（邓州市）、新野、昆阳（叶县）三县五千余顷”。东南地区，古称泽国，陆地海拔很低，农田水利特点主要在于排除内潦积水，将下湿沮洳地改造成良田，工程措施主要是治理陂塘，为天然湖泊筑堤，治理塘浦和兴建海塘等。东汉马臻主持修筑的位于今浙江绍兴县境内的鉴湖水利工程，是长江以南最古老的大型灌溉工程之一。农田水利建设在西北和新疆地区配合屯田也有较大规模的发展。汉武帝时，“朔方、西河、河西、酒泉，皆引河及川谷以溉田”。考古发现，在今轮台、沙雅等地还留存有汉代的沟渠痕迹，当地人称之为“汉人渠”。中原地区的打井技术也于西汉时传入了新疆。新疆的特殊水利工程“坎儿井”，许多历史学家认为其技术是从西汉修建龙首渠时所采用的井渠经验转化而来，随同西汉政府在新疆施行屯田而带入的。大型无压引水隧洞的建成，是这一时期农田水利工程技术的重要成果。

龙首渠和坎儿井都属于无压隧洞引水工程。汉代劳动人民创造了竖井法进行长隧洞施工，反映出当时测量和施工技术均达到较高水平。《水经·渭水注》说汉长安县西南有“飞渠引水入城”的工程。“飞渠”就是渡槽。这是见于记载的我国第一条渡槽。鲍昱在汝南做官时，修建陂池工程，“作方梁石洫，水常饶足，溉田倍多，人以殷富”。石洫可能是石砌渠道，可防冲和防渗，所以在相同引水条件下能出现“溉田倍多”的效果。石质闸门也从汉代开始出现，如六门堨就修有石质闸门六座。在坝工方面，修建横断河床的潜水坝，用以抬高水位；引水入渠所采取的“激”的水工技术，秦、汉时应用更为普遍。

农田灌溉技术方面，首先是有了一套明确的灌溉用水制度。如西汉兒宽为关中六辅渠“定水令，以广溉田”。灌溉用水制度是实行科学灌水的一项措施，合理的灌水计划，可以在有限的灌溉条件下，灌溉更多的田地。灌溉用水量与田亩间的比例，《淮南子·说林训》中有一个粗略的估算标准：“一顷之陂，可以灌四顷。”

四川宜宾出土的汉代陶水田、水塘、鱼塘模型，其中水田和渠道占整个模型的3/5，水塘、鱼塘和渠道占2/5；鱼塘与水塘相比，则鱼塘占3/5，水塘占2/5。这可能反映了当时四川某些地区种稻、养鱼、蓄水的比例关系。这一时期的灌溉工具也有重大进步，发明了龙骨水车、水排等。

这时兴修了跟农业和牧业生产有密切关系或便于航运的水利工程。秦始皇时候开凿的灵渠，在工程技术上表现了很高的水平。西汉兴修的水利工程，有很多是武帝时候完成的。其中有漕渠，引渭水从长安往东，直通黄河，是著名水工徐伯在公元前129年带领几万人开凿的，它缩短了漕运的航道，还灌溉了大量土地。此后，在今陕西省境内又开了一些渠，灌溉了附近的大量土地，改良了土壤，提高了生产。在今内蒙古自治区、甘肃省和山西省，尤其是宁夏平原，也都发展了水利灌溉。东汉时期的水利工程，大多属于修复和扩建的性质。公元69年动员了几十万民工治理黄河。在此后大约800年内，黄河没有发生大规模的决溢改道。主持这次工程的王景，是历史上著名的治河专家。

据了解，当年著名的治河专家王景，于东汉永平十二年（公元69年），被派去主持治理黄河。王景动员组织了数十万人修筑黄河大堤，花费以百亿计。一年后，工程完成，使改道后的黄河河床得到固定，摆脱了原来高出地面的地上河床，使洪水灾害相应缓解。王景在治理黄河的同时，又整修了汴渠，“十里立一水门，令更相洄注”，从而发展了水门技术。另外，王景在庐江郡还推行牛耕之法；任延在九真郡“铸作田器”，教民牛耕。

4. 煮盐（与石油天然气）、冶铁、纺织三大手工业

煮盐、冶铁、纺织，是秦汉时期的三大手工业。

★煮盐（与石油天然气）

煮盐是秦汉时期重要的手工业之一。汉武帝时实行盐铁专卖制度。著名的《盐铁论》反映了盐在当时国家经济中所占的重要地位。《史记·货殖列传》记载：“山东食海盐，山西食盐卤。”盐卤即池盐。《盐铁论》则说汉代海盐场规模大的有千余人之多。井盐多集中于四川境内。常璩《华阳国志·蜀志》载：“周灭后，秦孝文王以李冰为蜀守。冰能知天文地理又识齐水脉，穿广都（今四川双流县境）盐井、诸陂池，蜀于是盛有养生之饶焉。”近年成都附近汉墓出土的汉画像砖中，发现几幅描写当时盐井的开采情况图，从中可以看到盐井取卤用的起重设施，汲卤滑轮，以及火井煮盐活动等，这表明汉代井盐生产已经具有较高水平和相当大的生产规模。

盐有海盐，有池盐，有井盐。西汉中期，蜀郡临邛（今四川省邛崃市）已经有了火井，即天然气井，当地盐工利用天然气煮盐。

早在秦汉时期，就已出现有关石油天然气的文献记载。《汉书·地理志》称：“高奴有洧水，（肥）可燃”。高奴即今陕西延安一带，这里后来成为我国最早的一处油田。洧水是今延河的一条支流。这里的石油，埋藏较浅，地表经过长期的侵蚀，石油渐渐露出，并在河水携带下，漂浮水面，被人们发现。当时人们已知道石油的可燃性，并按其状称之为“肥”。此后又发现甘肃酒泉的石油。《后汉书·郡国志》“酒泉郡”“延寿”刘昭注引《博物记》说，那里的石油“如煮肉洎，羕羕永永，如不凝膏，然之极明，不可食……谓之石漆”。由此可见，中国是世界上最早发现和利用石油资源的国家之一。

石油天然气埋藏在地下，它的开发利用，与凿井技术的发展是密不可分的。我国是世界上最早掌握凿井技术的国家，早在六七千年前的河姆渡氏族时期，已有人工开凿的井。随着劳动生产力的提高，劳动经验的长期积累，人们凿井技术也向前发展，特别是铁器的广泛使用，为凿井技术开辟了新的道路。春秋时期我国开凿的井，深度有的已超过 243 米。战国后期（公元前 255—前 251 年），在李冰的带领下，四川广大地区开始穿盐井、诸陂池，为地质凿井和石油天然气的开发利用提供了必要的条件。最早开始地质凿井的巴蜀地区，恰好是石油天然气的富集区。人们起初并不是为了开凿油气井，而是在挖凿盐井的过程中，偶然发现石油天然气。有人甚至认为天然气井就是盐井，这与世界其他地区石油天然气的初次开发有着共同特点。

如果说秦汉时对石油的开发，仅限于发现阶段，那么，大量史料表明，当时人们对天然气这种新能源的认识和开发利用已达到较高水平。最初的天然气井被人们形象地称为“火井”。四川临邛县的天然气井是我国记载较早的天然气井之一。《华阳国志·蜀志》提到：“孝宣帝地节三年（公元前 67 年）……时又穿临邛、蒲江盐井二十所。”这说明西汉宣帝时临邛已广开盐井，在这基础上发现临邛“有火井，夜时光映上昭。民欲其火，先以家火投之。顷许，如雷声，火焰出，通跃数十里。”又据刘敬叔《异苑》卷四载：“蜀郡临邛县有火井。汉室之隆，则炎赫弥炽，暨桓、灵之际，火势渐微。”可知临邛天然气井最晚应始于宣帝之后，“汉室之隆”的时期，也就是通常所说“光武中兴”这一阶段，即公元 25—54 年。人们很快根据天然气的可燃性，把它用于照明，“以竹筒盛其光，可拽行终日不灭也”。因为天然气燃烧所发出的热量大，温度高，比干柴、木炭等燃料的性能优越，所以人们把它用于煮盐生产。天然气井是开凿盐井的副产品，同时也促进盐业生产的发展。四川成都西门外出土的汉代画像砖提供了当时人们利用天然气煮盐的情景。五口大锅，并排置于灶上，在灶门处排列着三四根管线，直通锅底，这些并排的管子，输送天然气，供盐锅下燃烧用以煮盐。另外，邛崃市花牌坊出土的另一块画像砖也表明，汉代我国劳动人民已开始利用天然气煮盐。用天然气煮盐，蒸发快，收效大。据《后汉书·郡国志》“蜀郡”“临邛”刘昭注引《蜀都赋》注云：“取井火还煮井水，一斛水得四五斗盐，家火煮之不过二三斗盐耳。”此外，《华阳国志》《四川总志》等书也有同样的记载。这些资料表明，中国人不仅创建了人类历史上第一批天然气井，而且最早利用天然气从事盐业生产。中国是世界上最先征服天然气的国家，并以此为能源，为世界科技史和能源开发史谱写出光辉灿烂的篇章。

天然气井是钻凿水井和盐井过程中发现的。它的燃烧现象，曾使科技不发达的古代先民为之迷惑。《汉书·郊祀志》记载，汉宣帝神爵元年（公元前 61 年）“祠天封苑火于鸿门”。同书《地理志》中亦有“西河鸿门县有天封苑火井祠，火从地中出”的记载。另外，应劭在《地理风俗记》中亦提及阊阴县火井庙。上面所提到的鸿门、阊阴即今陕西省神木县一带，属于鄂尔多斯盆地的东北边缘，这一带出现天然气田是极有可能的。古代先民最初接触到天然气时，认为地下冒火是神的表现，所以建庙立祠，以示恭敬。像这样对天然气井的崇拜，并非仅见于中国。《马可·波罗游记》中同样记载中亚地区的拜火教徒对巴库天然气井顶礼膜拜的场面。天然气燃烧，有时极为恐怖，火焰高达数十米，面对面目狰狞的熊熊烈火，我国先民并没有单纯地、一味地敬奉它，而是利用它的特性为人类造福，使人们生产生活得以改观。

天然气井以其神奇的出现、壮观的燃烧和广泛的应用，为文人骚客提供歌咏的极好题材。《蜀都赋》中盛赞天然气井，把它与铜梁、金堂、龙湫相媲美，当作蜀地名胜，其后人们对天然气的歌咏更是接续不绝。

★冶铁

冶铁的规模和技术，在秦汉时期，特别是在西汉中期以后，有很大的发展。至迟在西汉中期，已出现质量比白口铁为优的灰口铸铁。炒钢技术的发明和百炼钢工艺的日益成熟，是秦汉时期冶铁技术重大发展的标志，使提供大量优质廉价的钢成为可能。东汉时期，主要兵器已全部由钢铁制品代替了青铜制品。

秦汉冶铁业得以发展，钢铁技术得以进步。始皇陵侧出土的秦代大型铁铧长达300毫米，重10余斤。近年来河北围场县等地也先后出土秦代铁权。从战国时已用“铁杖”“铁殳”作兵器，《史记·张良传》记载夯土使用重120斤的大铁椎，并非虚传。汉代冶铁业较秦有更大发展。西汉中期，武帝刘彻和桑弘羊等实行盐铁官营，全国设立了49处铁官，人力物力相对集中，推广先进技术。西汉三大手工业中，冶铁业占着主导地位。《汉书·王贡两龚鲍传·贡禹传》说：当时“攻山取铜铁，一岁功十万人以上”。实际上包括民间开采以及《盐铁论》所说“家人合会”这类小规模经营方式在内，参与冶炼铜铁的人数远不止此。西汉末年和新莽时期以盗铸论罪的数以十万计，就是证明。在广大群众实践的基础上，汉代出现了规模宏大的冶铁作坊。以河南为例，新中国成立以来，经过普查、发掘和据文献所载，可以确定有冶铁遗址的所在已有18处，所占面积达数万平方米至十余万平方米。其中，如巩义市铁生沟、南阳瓦房庄、郑州古荥镇均经过大规模科学发掘。巩义市铁生沟发现大量经破碎拣选的矿石和木炭、铁渣，炼炉遗址18座和藏铁坑、大铁块多件。南阳瓦房庄在3000平方米的发掘区域内，找到3个铸造区和1个炼钢锻造区，发现多个熔炉遗址，“人排”遗迹，大量铁范、泥范和各类铁器、耐火砖等。郑州古荥镇1965年、1975年两次发掘，发现两座大型炼铁高炉遗址，大积铁多块，其中最重者达20多吨，烘窑10余座和大量泥范、铁器、铁渣、鼓风管、矿石等。温县西招贤村冶铁遗址在一座烘范窑内出土300多套完整的叠铸泥范。这些重大发现为研究汉代冶铁生产和冶铁技术提供了十分重要的资料。

在炼铁技术方面，以古荥冶铁遗址为例，一号高炉炉缸呈椭圆形，面积达8.5平方米，炉高约5—6米，炉容达到50立方米左右，估计日产量0.5—1吨，在当时技术条件下，这是相当可观的，也是世界上绝无仅有的。椭圆形炉型反映了冶铁工匠增大炼炉产量的重大努力和对鼓风与炉径相互制约关系的深入认识。在古代鼓风器风量、风压较小的情况下，这是扩大炉容，多加鼓风器，使风能达到炉缸中心的一个途径。炉基南面的坑中重达20余吨的大积铁，证明高炉曾多次修筑、使用。对积铁、铁块和铁渣的分析和计算，证实汉代已有意识在炉料中加入石灰石做熔剂，以降低炼渣的熔点，改善渣的流动性和炉况。

汉代的生铁一般是高碳低硅的白口铁。由于炉温增高和熔铸技术的改进，从西汉前期起，就出现质量比白口铁为优的灰口铸铁，如河北满城刘胜墓所出车轪就是用灰口铸铁造的。南阳瓦房庄出土的西汉东汉铁釜、浇口各一件则是高磷灰口铸铁。磷分增高，使铁水流动性改善，适用于薄壁大型容器的铸造，即使在现代也还有这样使用的。汉代出现这种新的铸铁材料，应是冶铁工匠有意地加入高磷铁矿或富磷熔剂的结果。特别重要的是，在巩义市铁生沟和南阳瓦房庄出土的铁器组织中还发现了质量十分优良的球状石墨（铁生沟铁铲和瓦房庄铁镬），与现行球墨铸铁国家标准中的一类A级球状石墨相当。球墨铸铁是1947年才在英国研制成功的一种高强度铸铁材料，目前在工业生产中应用广泛。在其研究过程中曾受到韧性铸铁中偶尔出现的球状石墨的启发。而我国早在西汉后期已出现了球墨铸铁，可说是冶铸史上的一个奇迹。

当时，各种制钢技术得到蓬勃发展，主要是汉代工农业生产和军事活动的需要。西汉前期刘胜墓所出钢剑，经检验是由块炼铁渗碳反复锻打而成的，由于锻打次数增多，钢的质量比战国燕下都钢剑有明显提高。到了东汉时期，又出现了以炒钢为原料的经“三十炼”的金马书刀和钢刀。《汉金文录》著录的永元错金书刀，铭文为“永元十六年（公元104年）广汉郡工官……卅炼史成长荆守丞主”。1974年山东苍山县出土的东汉钢刀，铭文有“永初六年（公元112年）五月丙午造卅炼大刀吉祥”，为接近共析成分（碳含量8/1000）的高碳钢锻成。稍后一些时期，在东汉中平年间（公元184—189年）又出现具有“百炼清刚”铭文的百炼钢刀。

另一卓越的制钢工艺“铸铁脱碳”成钢，则是从高度成熟的铸铁柔化术衍变而来。通过长期反复的实践，汉代冶铁工匠对于生铁的机械性能随着碳分的高低而变化这一点已有深入的认识。在实践上，他们能够把碳含量达4%左右或更高的铸铁，经过脱碳使内层也消除白口铁的组织，通体都成为高碳钢。这样，就创造了一种在固态下通过高温脱碳处理，把生铁变成钢的先进工艺。郑州东史马出土的东汉铁剪和南阳东汉铁戟等，就是这样制成的。

由于生铁在浇铸过程中，非金属和金属夹杂物可上浮撇去，金属组织较为纯净。因此，铸铁脱碳后所得到的钢，和现代碳素滚珠轴承钢的质量相近。这种制钢工艺从目前资料看，是我国所独有的，很有独创精神。

西汉时期钢铁技术最重大的成就是炒钢（或炒铁）的发明。它是在地面上挖出缶状炉缸，内层涂以耐火泥，上置顶盖，做成炒钢炉。冶炼时，将生铁料烧成熔融或半熔融状态，鼓风吹炼并加搅拌，使成为熟铁。或在有控制地脱碳的条件下成为低中碳钢以至高碳钢。流传至今的传统炼钢工艺仍沿用了这种方法。因为它以生铁为原料，价廉易得，生产率高，因此和其他制钢方法相比，有极大的优越性。它的出现和逐步推广改变了整个冶铁生产的面貌，是钢铁发展史上有划时代意义的大事情。炒钢技术及热锻制钢，大大促进了百炼钢的发展，使之进入成熟阶段。巩义市铁生沟和南阳瓦房庄都出土有炒钢炉，说明炒钢技术可能在西汉中期或稍迟时已经发明。东汉时期铁器种类增多，锻铁器比铸铁器有明显增加，铜兵器全被铁兵器取代，社会生产力也较西汉有提高，这和炒钢的发明和推广分不开。

制钢术的进步，需要更多的生铁做原料，从而促进炼铁技术的发展。巩县铁生沟似已试用煤来冶铁。用煤作燃料是冶铁技术提高的重要因素。在鼓风技术方面，东汉时期以水力为动力，创制了“水排”鼓风装置，在钢铁史和机械史上都有重大的意义。从南阳地区诸冶铁遗址的实地调查看，有些炼炉即建在河边，很可能采用水力鼓风。南阳自战国以来即以冶铁著称，南阳大冶孔仅曾任西汉大司农和大农丞领盐铁事等要职，境内又有丰富的水利资源，“水排”在这里产生是很自然的。

在铸造技术方面，汉代使用铁范和韧性铸铁更加广泛，技术上高度成熟。如南阳瓦房庄出土经检验的铁农具就有 8 件是韧性铸铁的，并且大都是质量较好的黑心韧性铸铁。它们铸作精细，退火完全，有的和现代韧性铸铁已无原则区别。温县烘范窑出土的叠铸范是战国齐刀币叠铸技术的进一步发展。其中共有 16 类铸件，36 种规格，如各种车马器和权等，最多的一次可铸得 84 件铸件，工艺设计和制作都十分精巧。为了易于清理、打磨，内浇口薄仅 2 毫米，采用预热铸型浇注。这一技术在新中国成立后多年内仍被一些工厂用以大批量地铸造纺织机、缝纫机的零件。

汉代《淮南万毕术》说：“曾青得铁则化为铜。”“曾青”指天然硫酸铜。

它与铁作用得金属铜。这就是胆铜法，它开创了水法冶金的新途径。

关于铜镜铸造方面，长期使人们感兴趣而又众说纷纭的是透光镜的铸作。河南省博物馆所藏西汉铜镜一面，经过测试，证实有“透光”效应。近年来经现代科学方法研究与试制，已经弄清它的作用机理，主要是由于镜体很薄，又在背面铸出花纹，冷却时造成铸造应力，再加磨制，而使镜面具有微小的曲度，这样在光的照射下，就可将镜背花纹、文字反映出来。

汉代一些少数民族如居住在滇池周围地区的滇族具有发达的青铜文化。石寨山、李家山等处先后出土的大批青铜器和铜柄铁剑等，造型、铸作都很精美。其中，如贮贝器盖的细小部件，应是用失蜡法铸成的。大量青铜农具（如斧、镬等）的出土，证实这里也和商周时中原地区一样，曾使用青铜农具进行耕作。汉代式样的“滇王之印”和铜洗，又说明汉代在云南设郡后，这一地区和中原的联系有所加强，加速了经济、文化发展。此外，如广西岭溪县等地出土的五铢钱、铜鼓等，也是各民族间文化交流，共同发展的实物例证。

★纺织

纺织手工业，在秦汉时期已成为民间个体家庭的主要副业，因各地出产原料的不同而有丝、麻、葛、毛等不同产品。贵族享用的丝织品，工艺水平很高，花色多种多样。蜀郡（治所在今四川省成都市）的布和齐郡（治所在今山东省临淄县）的缣，是秦汉时期著名的织品。代表织品最高水平的锦，曾远销罗马，享有很高的国际声誉。秦汉时期所用的纺织机械，有手摇纺车、织布机和提花机，这对于后来的纺织业都有长期的影响。

秦汉时期，纺织技术较前代更为发展，各种纺织品的质量和数量都有很大提高。

汉时纺织品的花色品种十分丰富。以丝织为例，在缯或帛的总称下，有纨、绮、缣、绨、绌、缦、綮、素、练、绫、绢、縠、缟等，以及锦、绣、纱、罗、缎等数十种。这说明当时织造技术达到了纯熟的境地。特别值得重视的是汉代出现了彩锦，这是一种经线起花的彩色提花织物，不仅花纹生动，而且锦上织绣文字。在长沙马王堆一号汉墓出土的丝织品中，还发现了几种起毛锦，说明汉代就创造了起绒织物，并成为我国传统的织锦工艺之一。

汉代的布以麻、葛为代表。麻布的质量很好，有些甚至可以和丝、罗、绮相仿。此外，汉代还把毛织成或赶成毡褥，铺在地上，这是地毯的肇端。

长沙马王堆汉墓出土的大量纺织品，反映了当时纺织技术的高水平。经鉴定，马王堆出土丝织品的丝的质量很好，丝缕均匀，丝面光洁，单丝的投影宽度和截面积同现代的家蚕丝极为相近，表明养蚕方法和缫、练蚕丝的工艺已相当进步。“薄如蝉翼”的素纱织物，最能反映缫丝技术的先进水平。如长沙马王堆一号汉墓出土的素纱禅衣，长160厘米，两袖通长190厘米，领口、袖头都有绢缘，而总重量只有48克，纱的细韧是可想而知的。这样的丝，如在缫丝工艺、设备、操作各方面没有一定水平，是根本生产不出来的。

染色工艺在秦汉时已很发达，有一染、再染，加深加固颜色的技术。长沙马王堆汉墓出土的彩色套印花纱及多次套染的织物，据分析共有36种色相，其中浸染的颜色品种有29种，涂染的有7种，以绛紫、烟、墨绿、蓝黑和朱红等色染得最为深透均匀。在染料上，无论是植物性染料、动物性染料还是矿物性染料的运用，都取得了很高的成就。经过炼染加工的织物，颜色绚丽，光彩动人。

汉代织物上的花纹图案，内容多为祥禽瑞兽、吉祥图形和几何图案，组织复杂，花纹奇丽。在织造技术上，主要有彩绘和印花两种形式。彩绘和印花，从长沙马王堆汉墓中出土很多，归纳起来约为两种：一是彩色套印，一是印花敷彩。“两者的共同点是，线条细而均匀，极少有间断现象，用色厚而立体感强，没有渗化污渍之病，花地清晰，全幅印刷。这可见当时配料之精，印制技术之高，都达到了十分惊人的程度。”

秦汉时期，纺织机械主要有纺车、布机、提花机等。汉代的纺车是由一个大绳轮和一根插置纱锭的铤子组成的，绳轮和铤子分装在木架的两端，以绳带传动。纺车既可加捻，又能合绞，和纺坠相比能大大提高制纱的速度和质量。秦汉时期的布机，由滕经轴、怀滚、马头、综片、蹑等主要部件和一个适于操作的机台组成。由于采用了机台和蹑，操作者有了一个比较好的工作条件，可用脚踏提综，腾出手来更快地投梭引纬和打纬，从而提高了织布的速度和质量。提花机是比一般布机更复杂的织机。据汉代王逸《机妇赋》记载，汉代的提花机已经基本上具备了中国传统提花机的各种主要部件，从性能方面看，已经能织造任何复杂变化的纹样。秦汉时期的纺织机械，在当时世界上处于遥遥领先的地位。李约瑟博士认为，西方的提花机是从中国传去的，使用时间比中国晚 4 个世纪。

5. 漆器、造纸、建筑、船舶业之发展

★漆器

秦汉时期，漆器手工业有了新的发展，同时还有了造纸术的重大发明。两汉漆器，在制作程序上，分工很细。

蜀郡和广汉郡（治所在今四川省金堂县东）出产的有金银装饰的漆器最为名贵。

漆器工艺后来又不断得到发展，先后传到亚洲各国并传到欧洲，受到国际上的重视和欢迎。

漆器在我国有悠久的历史。到了秦汉时期，漆器手工业的规模和范围更加扩大，髹漆工艺有了进一步的发展。《史记 • 货殖列传》载，商人在“通邑大都”，可以经销“木器髹者千枚”“漆千斗”，足见当时漆器业的发达。《史记 • 滑稽列传》中有关于制漆用“阴室”的记载。漆汁在阴湿条件下聚合成膜后容易干涸，而阴室的建立正是为此创造条件。20 世纪以来，各地出土的漆器，种类繁多，质量优良，长沙马王堆汉墓出土的大批精美漆器，便是漆器工艺提高的明证。名贵的漆器，其价格远超过铜器，《盐铁论》说：“一文杯得铜杯十”。

汉代漆器的制作有相当细致的分工。从出土的汉代漆器的铭文看，当时髹漆技术的工序有：素工（作内胎）、髹工和上工（上油漆）、黄涂工（在铜制附饰品上鎏金）、画工（描绘油彩纹饰）、清工（最后修整）等。此外还有供工（负责供料）、造工（管全面的工师）以及护工卒史、长、丞、掾、令史、佐、啬夫等监造工官，组织十分严密。各工序顺次相接，分工合作，使漆器生产工艺日臻完善，盛极一时。

漆不仅用于漆器，其他如船只、建筑物等，也常用漆来保护并增加美观。由于漆的广泛应用，漆树种植面积很大，种植者亦极富有，《史记 • 货殖列传》载，“陈、夏千亩漆”，其人与“千户侯等”。

★造纸

在造纸术方面，西汉初年已有萌芽。到了东汉后期，105年蔡伦改进了造纸术，以破布、旧渔网和树皮做原料造纸，大大提高了纸张的质量和生产效率，扩大了纸的原料来源，降低了纸的成本，为纸张取代竹帛开辟了广阔的前途，为文化的传播创造了有利的工具。这种纸被称为“蔡侯纸”。造纸术于7世纪经朝鲜传入日本，于8世纪传入阿拉伯，于12世纪传入欧洲，对人类文化事业的发展起了重大的作用。

造纸术是中国古代科学技术的四大发明之一，是中国对于世界文明的伟大贡献。关于造纸技术的起源，它的发明者究竟是谁，目前学术界尚有争论。长期以来，根据《后汉书·宦者·蔡伦传》的记载，一直认为纸是东汉蔡伦于永元十七年（公元105年）发明的。但近年在甘肃金关、陕西扶风、甘肃天水放马滩等地的考古发掘中，先后发现了西汉古麻纸，从而说明我国至迟在西汉就已经发明了造纸术。

东汉前期，已有纸写经、传者。《后汉书·郑范陈贾张列传·贾逵传》云：章帝时，“逵自选《公羊》严、颜诸生高才者二十人，教以《左氏》与简纸经传各一通。”李贤注曰：“竹简及纸也。”所谓“简纸经传各一通”，即简写经传与纸写经传各一通。可见和帝之前，已有用纸写经传者。又《后汉书·和熹邓皇后传》云：永元十四年（公元102年），“至冬，立为皇后。……是时，方国贡献，竞求珍丽之物，自后即位，悉令禁绝，岁时但供纸墨而已。”此事发生在蔡伦于和帝元兴元年（公元105年）奏上其新的造纸术以前3年，更见蔡伦之前早已有以纸充贡献之物者。近人劳干在其《论中国造纸术之原始》一文中，说他于1942年秋天，曾在额济纳河流域的烽燧台下，已掘旧坑中，发现一张汉代的纸，尚可见39余字，且此旧坑曾出土和帝永元五年（公元93年）及七年的兵器簿，还出土了一枚永元十年的木简。此纸出土的位置，在永元十年木简之下，表明它埋入地下的时间应在永元十年之前。由此可见，在元兴元年蔡伦发明造纸术之前已有纸的使用了。1958年5月，在西安市郊灞桥的一座西汉墓中出土一叠大小不等的古纸片，共有88片。据鉴定，是用大麻的纬及树纤维制作的植物纤维纸。1973年至1974年，在内蒙古居延汉代遗址中，也发现了麻质纤维纸。可见，蔡伦之前确已有植物纤维纸，蔡伦只是改进了造纸术而已。

蔡伦虽不是纸的最初发明者，但他是造纸技术史上杰出的革新家。蔡伦字敬仲，桂阳（今湖南耒阳）人，是汉和帝时的宦官。永元十七年（公元 105 年）他把用树皮、麻头、破布和旧渔网制成的纸，献给汉和帝。这种纸非常受人欢迎，并很快在全国得到推广，“故天下咸称蔡侯纸”。在造纸工艺方面，除漂洗、碎切、浸沤、舂捣、打浆外，还可能采用了用石灰碱液进行烹煮的化学处理方法，以使植物纤维更易分解。蔡伦的伟大功绩在于他“造意用树肤、麻头、敝布、渔网为纸”，在造纸原料和方法上具有开创性的改进，使得纸的大量生产成为可能，为纸的推广和普及开辟了广阔的道路。

蔡伦之后，东汉末建安年间，东莱（今山东黄县东南）人左伯，字子邑，“擅名汉末，又甚能作纸”。南齐萧子良在答王僧虔的信中说：“左伯之纸，妍妙辉光。”据说左伯的造纸法到唐代还在沿用，但具体制法已不可考。

造纸手工业的出现，是汉代历史上的大事。我国史学界公认：“纸是中国人民最伟大的发明之一。它的发明对人类文化传播与推动所起的作用是不可计量的。在中国，有了纸，才有印刷术的发明；有了纸，才能大量地抄书、藏书、印书，书籍才能流通，文化才能传播；有了纸，在世界艺术史上大放异彩的中国绘画才能得到蓬蓬勃勃的发展。纸对世界文化的贡献也是同样大的。传到欧洲，就助成了世界历史上有名的文艺复兴和宗教改革，促进了社会的进化。”事实正是这样，这些话一点也不夸张。

东汉时期的民间手工业似有发展的趋势，至少采矿、冶炼与铸造手工业是这样的。造纸手工业，则是新兴的手工业，官府未立专官经营，以民营为主。造船手工业曾有官营者，但是主管机构并不很多，可能也以民营造船手工业为主。正因为如此，东汉时人王符曾以洛阳为例，描述当时手工业与商业等末业的兴盛情况说：“今举俗舍本农，趋商贾，千马车舆，填塞道路；游手为巧，充盈都邑。……今察洛阳，资末业者，什于农夫；虚伪游手，什于末业。”毫无疑问，这些为末业者，都属于民营手工业。

★建筑

建筑工程和建筑艺术在秦汉时期都有新的成就。秦的长城、驰道和经过“堑山堙谷”建成的直道，阿房宫和仿六国体制建成的离宫别馆，以及始皇陵墓，都是宏伟的建筑工程。西汉长安，周长 25 公里，城内有街坊160个，有8条可容12辆马车并列驰行的主要道路，有占据全城面积近1/4的未央宫，有权贵和居民不同的居住区域。在城市规划上表现了很高的水平。秦汉时期所修的栈道，修在峭岩陡壁之上，在川陕的高山峡谷之间开辟了联系两个地区的通途。这时的高台建筑和多层建筑的形式，使建筑物中的木结构自为一个整体的设计，斗拱和挑梁的特殊构件，砖瓦形制的多样化和重视互相拉结的砌砖方法，在秦汉时期都已发展到相当完整的程度，为此后中国建筑技术奠定了基础。

我国古代建筑技术最突出的特点是木结构的广泛应用，其主要成就是框架式结构和“斗拱”结构的高度发展。从具体结构来说，它们都用立柱、横梁组成骨架，全部重量由柱子承接，传到地面，墙体不承重而只起隔断的作用。这种建筑结构体系到汉代已趋于成熟，并已用拱作为柱、梁之间的过渡设施，同时起装饰作用。自两汉到清代的2000多年间，我国建筑技术基本是朝着这个方向发展的。所谓“墙倒屋不塌”，是说明梁柱系统的木结构的优点，并且在室内空间的分隔、开辟门窗、墙的用料和施工等方面都具有灵活性。

无论哪种木结构，构件主要用榫卯接合。这种榫卯结构，从1975年浙江河姆渡原始公社遗址的发掘看，自新石器晚期已经采用，有方形、圆形的榫，长方形、圆形的卯，有的构件上既有凸榫，又有卯眼。长沙五里碑战国墓葬中，棺椁方木榫卯有插榫、银锭、齿形三种形式，这些都说明这种建筑结构是我们先人独立创造的，有着自己独特的风格，至今仍广泛使用。

我国幅员辽阔，各个地区自然资源条件差别很大，各民族的习俗和生产发展也各有特点。因而，在建筑形式、用材和结构方面都表现出十分丰富多彩的内容，如黄土高原多用夯土版筑、打坯砌墙或打土为窑，西南地区部分为亚热带气候，炎热而潮湿，用木、竹搭成“干阑”式结构。利用硅酸盐黏土材料烧制砖、瓦，是从战国起建筑材料的一大发展。在还原气氛作用下使砖瓦成为灰色，尤为我国独创。秦汉时期小条砖逐渐趋向模式化，还创造了榫卯砖、企口砖、楔形砖等。“秦砖汉瓦”，表明在秦汉时期，综合使用木材、砖瓦作为主要的建筑材料已相当成熟。此外，在建筑物中还采用了金属构件，例如秦代用的“金杠”。木构建筑的这类铜构件，可以加固节点和装饰门窗。

到了东汉，由于冶铁业的发展，能提供大量廉价、优质的钢工具，石构建筑如石室、石阙、画像石墓等大量涌现。以石阙为例，目前已发现汉代石阙20余处。建安十四年（公元209年）建成的四川雅安高颐阙最为精美，其上仿木结构，做出直料的基座、层檐和斗拱。1953年发掘的沂南东汉画像石墓全由石块砌成，其中有一幅画面为两个院落组成的建筑物，并有角楼、石阙、华表，对研究汉代建筑布局很有价值。

西汉时已出现多层建筑，到东汉得到了迅速发展。在梁柱上再加梁柱的迭架技术的应用，表明了木构技术的重大发展，奠定了后世木构高层建筑技术的基础。

秦汉时期，宫殿建筑技术取得了巨大成就。虽然其主要形式仍是战国时期盛行的高台建筑，但规模更加庞大宏伟。所谓“高台建筑”，是一种夯土和木结构相结合的建筑形式，它把许多单体建筑聚合在一个阶梯形夯土台上。秦代建成的咸阳新宫、朝宫等都是在夯土台群上修建的庞大宫室殿屋群。

公元前212年秦始皇兴建的朝宫，尤其华丽壮观，朝宫的前殿就是著名的阿房宫，《史记》中称它“上可坐万人，下可建五丈旗”。

在建筑技术上有着伟大成就的是举世闻名的万里长城。从战国时代起，燕、赵、魏、齐等国便各筑有长城以防备其他国家和游牧民族的侵扰。秦始皇统一六国后，用36万民工，花了10多年时间将列国长城连接起来，西起临洮，北达阴山，南至雁门关，东接燕长城直达辽东，工程十分浩大。以陕西韩城市现存魏长城为例，基部宽7米，顶宽4米，用黄土夯筑，烽火台每边宽7米，高9米。现存的秦长城有的用黏土夹杂碎石夯紧，夯窝小而密集，相当坚固。汉代修筑长城的技术和规模又远胜前代。《居延汉简》称汉代长城是“五里一燧，十里一墩，卅里一堡，百里一城”。玉门关汉长城残高仍有4米多，自地面50厘米处起，每15厘米铺芦苇一层，夯土中加入小石子。烽火台每边宽17米，高达25米，有的用土坯砌筑，也夹有芦苇以增强抗压力，防止冲刷。长城表现了中华民族的磅礴气概和聪明才智，反映了当时测量、规划设计、建筑和工程管理的高超水平。

古代建筑规模的宏大和技术的进步，又表现于城市的建筑和规划。汉长安城周长达25公里，比当时的罗马城要大3倍，在世界城市建筑史上有重要地位。这座城设有12座城门，门道下有砖券下水道。城内2/3为皇室、贵族占有，其中，未央宫竟占全城面积近 1/4。有 8 条主要街道，可容 12 辆马车并列驰行。又设有 9 个“市”。居民多在城的东北隅。全城划分有 160 个街坊，所谓“街衢相径”，在城市规划上已有很高水平，趋于定型。

张衡《西京赋》言，“廓开九市，通阛带阓，旗亭五重，俯察百隧”，正是这一大城市的真实写照。汉初建长安城进行了多年，每次征发距长安城 600 里以内的农民 14 万人服役（为期一月），耗费了大量人力、物力。贵族宅第“柱壁雕镂，加以铜漆，窗牖皆有绮疏青琐”。由于崇尚厚葬，在营造墓室方面，也是煞费经营，造成极大的靡费。而平民百姓则是穷困到“无立锥之地”，居住条件极为简陋。

★造船

秦汉时期，造船业也有新的成就。能造 3.6 米到 8.4 米宽的船舶。西汉造的军用楼船，有 2 层以至 4 层的构造。当时水军有 25 万人左右，可见楼船数量之多。两汉之际还有 10 层的楼船，就更为高大了。汉代船舶有了舵、橹及布帆的装备，这对于掌握方向和增进行船速度都有重要作用。

东汉刘熙在《释名》中记载，有艨艟、舰、船、艇等船型，分别用于作战、航行。此外还有“高十余丈”的“楼船”。

汉代船舶技术的进步还表现在橹、舵和布帆等的发明和应用上。橹是比桨效率高的推进工具，俗语有“一橹三桨”之说。船尾舵的出现大概在两汉之交，它使人们能够轻便灵活地掌握特定的航向。刘熙《释名》说:“随风张幔帆。帆，汎也，使舟疾汎汎然也。”这说明至迟到东汉已使用布帆，它是利用风力解决船舶动力问题的重大发明。橹、舵、帆的使用，标志着汉代造船、航海技术已较成熟。有人认为，1974 年在广州发掘的秦汉遗址，是一所造船工场，并据船台规模推算，已能造宽达七八米的大船。但也有人认为这处遗址是一座水上建筑。因此，这个问题还有待进一步研究。

由于造船、航海技术的成熟，海上交通已很发达。史书记载，汉武帝时，海路交通已可达今朝鲜、日本、印度尼西亚、苏门答腊、缅甸、印度、斯里兰卡、马来半岛等。在朝鲜、日本和印度尼西亚都曾有汉代文物出土，是当时经济文化交流的见证。东汉桓帝时，大秦王派遣使者航海来到中国，又开辟了中国和大秦之间的海上通路。

6. 天文学、数学和医药学之研究

由于生产上的需要，生产发展的影响和不断研究的积累，秦汉时期的天文学、数学和医药学都有显著的发展。

★天文学

在天文学方面，司马迁著《史记·天官书》，是一部系统地汇集了古代天文学知识的重要文献。公元前104年，司马迁和公孙卿、壶遂奉武帝诏，制定新历。当时由唐都、洛下闳等通过仪器的实测和推算，规定一个太阳年等于365又385/1539日，一个朔望月等于29又43/81日，并把二十四节气订入历书，对置闰做出了合理的安排。秦及汉初的历法都以10月为岁首，这时改以正月为岁首。这个历法在中国历法史上有深远的影响。

★数学

在数学方面，约成书于西汉后期的《周髀算经》，是现存最早的著作。经过长时期不断修改补充而约在东汉初期定型的《九章算术》，比较系统地总结了春秋战国以来数学上的重大成就。书中有各类实际应用的数学题246个，按解题的方法和应用的范围分为9大类。这书的出现，说明我国数学在当时已经形成科学体系。

★医药学

在医药学方面，春秋战国之际的名医扁鹊已能掌握切脉、望色、听声等诊断方法和针灸、汤液、熨帖等治疗方法。到了秦代，始皇焚书，但保留了医药书。淳于意是西汉文帝时的良医。《史记》里记载了他的25例医案，各有病理、辨症、治疗和预后，可以看出淳于意的医学已达到相当高的水平。约在西汉初期成书的《黄帝内经》，以问答形式解释人体的各种生理现象和病理变化，对血液循环作了首创性的论述，指出了切脉在诊断上的重要意义。书中对44类311种病症提出了相应的治疗方法，还提出了

“治病必求于本”和疾病预防的宝贵思想。成书于东汉的《神农本草经》，总结了长期以来的大量药物学知识，记载了365种药物，其中植物药252种、动物药67种、矿物药46种。它详细地记载了药物性能、采集时间、采集方法、主治病症以及药物的配合运用。这两部书是中国医学体系和药物学体系初步形成的重要标志。

7. 矿业、陶塑、玻璃、酿造之新兴

★矿业

汉代采矿业的有关文献记载较为缺乏，但就汉代采矿业而言，据实是大有发展的，其具三大特点：

第一，开采的矿藏种类增多。据《汉书·地理志》记载，当时开采的主要矿藏有铁、铜、金、银、锡、铅、丹砂、盐、玉、石油、天然气、雄黄、雌黄等十余种，其中尤以盐、铁、铜的开采规模最大，获利最多。“盐铁之利，二十倍于古。”“吴以诸侯即山铸钱，富埒天子……邓通，大夫也，以铸钱财过王者。”公元前1世纪时，每年10万余人去“攻山取铜铁”，所凿矿井深达“数百丈”。汉武帝时，全国设铁官49处，盐、铁官所在地一般即是重要的钢铁生产基地。从《汉书·地理志》及《续汉书·郡国志》的统计对比中得知，铁官所在地的41%是铁的产地。当时比较有名的54个采矿点分布在31个郡国。

第二，开采的矿石种类有所增加。以铜为例，汉以前开采的铜矿石主要是孔雀石、自然铜、赤铜矿和蓝铜矿。汉代又增加了硫化铜。山西运城洞沟东汉铜矿遗址就是开采硫化铜的古矿井。

第三，矿井中运输矿石的工具有显著进步，出现了和现在手工煤窑用的四轮小斗车类似的车子。河北承德汉代矿冶遗址出土了这种车的铁车轮。

关于汉代的采矿技术，由于文献缺乏，我们只能据现存汉代古矿井了解。比如河南巩义市铁生沟，有汉代采铁矿的矿区，内有方形和圆形两种竖井。类似的竖井在徐州利国驿汉代冶铁遗址采矿区也有发现。铁生沟矿井是沿矿脉平行掘进的，井下有道，有的巷道为斜坡形，可能与矿脉走向有关。沿巷道下掘，便进入矿床。从竖井和斜巷的位置看，当时已对不同

的矿床采取了不同的采掘方法。

河北承德专区汉代铜矿遗址，矿井约有100多米深，中部采矿场上，遗留有坑木，整齐地堆成四方形，有两米多高，已经朽坏。有的坑木被压断，坑道里尚有未运走的矿石。矿石从坑道顶端（即掌子面）开采下来后，先运到采矿场，然后从矿井中运出去。发掘出来的采矿工具有铁锤、锤形器、钎子、铁锄、铁车轮等。由于矿井顺着矿脉开凿，因此矿井的形状不是直上直下的，而是弯曲的。在有斜坡的地方，矿石靠人背，在平坦的坑道里，则用斗车拉。

1930年，山东滕州市宏道院出土的一块汉代画像石刻，描绘出采矿的劳动场面。在开采场里，有的用镐挖，有的用钎凿，还有三人合作的场面：一人扶钎，两人用锤打。矿石挖出后，从竖井中提升出去。这个画像石刻与古矿井遗址反映的情况相符。

★陶塑

秦都咸阳宫殿遗址出土的大量空心砖、板瓦和瓦当，以及秦始皇陵陶俑坑出土的大批兵马俑，反映了秦代制陶技术的高超水平，在出土的大批兵马俑中，最高的将军俑身高达1.96米，陶马体型大小与真马相似，高约1.70米。俑是泥质灰陶，相当坚硬结实，烧成温度在900度左右。气孔率26%，吸水率15%，这说明俑是在还原气氛中烧成的。

汉初的陶塑艺术，明显继承了秦代的艺术风格。形体虽比秦代小，但仍然比较高大，注意细节的刻画，形象生动逼真，威严庄重。题材方面，除了军阵场面外，还有宫廷侍女、乐舞、杂技、宴饮等。西汉后期，陶塑所反映的则是地主阶级追求财富、追求生活享乐的内容。到了东汉，陶塑题材更加广泛，有说书俑、农夫俑、舞蹈俑、乐俑、动物俑等。

建筑用陶方面，汉代的画像空心砖比秦代更为发展，砖面上拍印的画面，题材更广泛，内容更丰富，形象更生动，使得画像空心砖不单是建筑材料，而进一步成为富有艺术价值的陶质工艺品。这种画像砖，还为今天的历史研究，特别是中国古代科学技术史的研究提供了真实资料。如河南郑州新通桥汉墓画像砖，画像内容包括阙门建筑、各种人物、乐舞、车马、狩猎、驯兽、击刺、禽兽、神话故事等45种，其中许多内容跟科学技术有较密切的关系。

四川发现的东汉砖室墓中的画像砖，并不是用作建筑材料，而是作为装饰品。这种画像砖的画面题材非常广泛，概括起来大致有5类：第一类，生产场面，包括播种、收割、舂米、酿造、盐井、探矿、桑园等；第二类，建筑画像砖，主要是庭院建筑及室内陈设和阙观建筑两项；第三类，社会风俗场面，包括市集、宴乐、游戏、舞蹈、杂技以及官宦士绅的家庭生活等；第四类，车骑出行的场面，反映了封建统治阶级骄奢的生活；第五类，神话故事。

汉代瓦当的特点是文字瓦当占大多数。按文字内容可分为4类：第一类，宫殿类；第二类，官署类；第三类，祠墓类；第四类，吉语类。

除文字瓦当外，还有带纹饰图案的瓦当，画面仪态生动。尤其以王莽时期的青龙、白虎、朱雀、玄武四神瓦当为代表作，画面气势磅礴，姿态雄伟。

汉代制陶工艺的一个重大成就是低温铅釉陶的发明。它的应用和推广，为以后各种不同色调低温釉的出现奠定了基础。铅釉陶大约在汉宣帝以后才有较快发展。到东汉，已在甘肃、山西、河北、山东、湖南、江西等地流行。它的主要着色剂是铜和铁，在氧化气氛中烧成。铜使釉呈现翠绿色，铁使釉呈黄褐和棕红色，釉层清澈透明，表面光滑平整。但是汉墓中发现的铅釉陶全是明器，无实用器物。这可能跟它的低温烧成不宜实用有关。从化学成分上看，这种釉药主要含氧化铅（约65%）和氧化硅（约30%）及少量的金属氧化物着色剂，是一种低熔点（约700℃）的硅酸铅玻璃物质。它的主要原料同古代炼丹家使用的丹药原料十分相似，说明铅釉的发明和发展与古代的炼丹术有一定的内在联系。

秦代的原始青瓷，是1977年在陕西临潼秦始皇陵内城与外城之间的秦代房基中发现的。它与战国早、中期的原始瓷存在很大的差别，例如，胎、釉原料不同，器物成型方法不同，品种和装饰也不同。从西汉到东汉早、中期的300年间，原始瓷得到了迅速发展，并且在东汉中、晚期发展为瓷器，其烧制技术已基本成熟，从而开创了我国陶瓷生产的新阶段。据中国科学院上海硅酸盐研究所对浙江上虞小仙坛东汉瓷窑遗址出土青瓷片的分析，制瓷原料采用窑附近的瓷土矿，烧成温度已达1310±200℃，釉料中含氧化钙15%以上，着色剂氧化亚铁（FeO）的含量为1.26%，三氧化二铁（Fe_2O_3）的含量为0.58%，其还原比值为2.17，表明是在还原气氛中烧成的。釉呈较为纯正的青色，没有流釉现象。瓷胎的显微结构与近代瓷基本相同，说明东汉时我国已经比较成功地掌握了复杂的青瓷烧成技术。东汉瓷器的主要品种是青釉瓷和黑釉瓷，主要产地在今浙江的上虞、慈溪、宁波和永嘉一带。新出现的瓷器，无论在造型技术和装饰风格等方面，还不可避免地存在许多与原始瓷相似之处，尚未形成自己特有的艺术风格。

★玻璃

近年考古发掘表明，我国早在西周时就自创了与西方古代玻璃组成迥异的铅玻璃。战国时玻璃制作技术已达到较高的水平。湖北随县曾侯乙墓出土的大批精美玻璃珠串即为实物证据。作为文字旁证，公元前 4 世纪的《庄子·让王》及公元前 2 世纪的《淮南子·览冥训》中，多次提到“隋侯之珠”。对于这种玻璃珠的制法，东汉王充《论衡·率性篇》云：“隋侯以药作珠，精耀如真。”

秦汉时期的玻璃制作技术大概掌握在炼丹家手里，主要是伪充真玉，或供服食之用。东汉王充在《论衡》中说：“道人消炼五石，作五色之玉，比之真玉，光不殊别，兼鱼蚌之珠。”自汉代起，又不断有质量较高的外国玻璃输入。《汉书·西域传》载：“罽宾国（今克什米尔）出虏魄、璧流离。”与此同时，西方的玻璃技艺也传入中国。

★酿造

秦汉时期的制曲技术有明显提高。汉代扬雄的《方言》里，已经出现了许多种曲的名称，饼曲至今仍是通用的酒曲，而秦汉时就已开始制造。秦汉时期酿酒工艺有一个重大革新，即酿酒单独用曲，初步形成了我国酿酒的独特体系。《汉书·食货志》载：“一酿用粗米二斛，曲一斛，得成酒六斛六斗。”这不仅是最早记录酿酒单独用曲的配方，而且是关于酿酒原料与成品比例的最早记载。

秦汉时期的酿醋、作酱工艺也有较大发展。《齐民要术》引汉人所著《食经》说：“作大豆千岁苦酒（醋）法：用大豆一斗，熟汰之，渍令泽，炊。暴极燥，以酒醅灌之。任性多少，以此为率。”据此可知，我国以酒酿醋的方法至迟应起源于汉代。《齐民要术》还引汉代《食经》中的“作麦酱法”云：“小麦一石，渍一宿，炊。卧之，令生黄衣。以水一石六斗，盐三升，煮作卤。澄取八斗，著瓮中，炊小麦投之，搅令调匀。覆着日中，十日可食。”此外还有作肉酱法、作鱼酱法等等。

第十六讲　秦汉时期封建关系的成长

秦汉时期是封建关系成长时期。以等级制为特点的封建土地所有制及其相应的地主阶级内部的构成，在黄河中下游、长江中下游和珠江流域，基本上树立起来了。

1. 封建土地等级所有制

秦汉时期的封建土地等级所有制，是以皇帝拥有最高的所有权，世家地主次之，豪族地主次之，高资地主又次之。

皇帝是最高、最大的地主，土地所有权和政权在他身上是统一的。秦始皇灭六国后，刻石自颂，“六合之内，皇帝之土”，“人迹所至，无不臣者”。这些话都是对土地的所有权和政治上的统治权不加区别讲的。尽管实际上有私人的土地所有权的存在，但是是以等级制的形式出现的，而皇帝的最高所有权是被公认的。刘邦即帝位后，在一次大规模的宴会上，向他父亲祝酒，说：“您以前老是说我没出息，不像我二哥那样治产业。您看我现在治的产业，比起二哥来，究竟是谁得的多？”刘邦的话一出口，与会的群臣就欢声喧腾起来，高呼“万岁”。显然，刘邦本人把整个国家看做他的私产，群臣也是这样看的。像这样私公不分、家国不分的情况，在职官的设置上也有所体现。

秦汉朝廷的职官，在三公以下设有九卿，分别掌管宗庙、宫殿、保卫、御用车马，以及宗室、钱谷等等，主要是为皇帝的生活和财物服务的。职位最高的三公，也带有浓厚的家臣色彩。秦汉时期政局的变化，无论外戚当权或宦官当权，都是以皇家内部纠纷的形式表现出来的。秦汉时期形成的皇帝的无上权威，是商周和春秋战国时的王侯所不能比拟的。

在皇帝以下，地主阶级中的较高等级是世家地主。他们是封建贵族，有高级封爵，有受封的土地和民户。其次是豪族地主，在地方上有传统的势力，但没有相应的政治地位。再其次是高资地主，一般被称为“富人”，凭着资财，有相当大的社会活动力，但在政治上处于受抑制的地位。秦统治的年代少，地主阶级内部的这些等级还没有大的发展，记载也缺乏。到了西汉，这些等级的情况就比较清楚了。

世家地主中，秦汉都有宗室贵族和功勋贵族，汉代还有外戚和儒宗。秦始皇灭六国，没有封国的活动，但皇家子弟得“衣食租税”，功臣得封侯，得请求土地。可见封建贵族的等级是存在的。两汉时期，封王封侯，还有王侯以下的封君，出现了大批的宗室贵族和功勋贵族。外戚中还不断出现显赫的家族。如东汉的梁冀，前后受封共 3 万户，两个弟弟和儿子各万户，梁门封侯者有 7 人。儒宗，是孔子的部分后裔和一些以传授儒家经典著名而成为贵族的人。《汉书》记西汉晚期的全国民户是 12233062，人口是 59594978 人，而 23 个王国的民户是 1343390，人口是 6382205 人。还有 187 个侯国的户口，没有具体记录，估计要在 151 万户和 705 万人以上。《续汉书》记东汉中期的全国民户是 9698630。人口是 49150220，而这时只有 19 个王国，民户是 2694690，人口是 10314523，这时有 95 个侯国，也没有具体的户口记录，估计要在 93 万户和 470 万人以上。这就是说，西汉王侯受封的户口约占全国户口的 1/4，而东汉王侯受封的户口占全国户口 1/4 以上。这里说的，还只是他们受封的户口数。如果加上他们非法占夺的土地上所役使的劳力，户口的数量就更多了。

豪族地主，有六国后裔和地方大姓。六国后裔在秦及汉初是有很大影响的社会力量。在秦末农民大起义的时候，这些人也参加了反秦斗争。秦汉皇朝都注意到这些人，把他们大批地从东方往都城附近迁移，以便于控制。这些人原来是贵族，但在六国灭亡以后失掉了贵族身份而成为豪族了。地方大姓，说不清是在什么时候发展起来的。在赤眉绿林起义的前后，如阴识有子弟宗族宾客千余人，公孙述有宗族万人，都是地方的大姓。刘秀的将领中颇有地方大姓出身的人，但后来都成为贵族了。东汉时期，地方豪族的势力逐渐发展，但一时还不能超过封建贵族的力量。另外，有一种在边远地区很有财富的人，如班固的祖先班壹有牛羊数千群，这也是属于豪族的人物，但他不是一个地主，而是一个牧主。

高资地主，一般都以兼营商业或手工业起家。大概在西汉时期，有资300万钱才可以算高资。300万以下，算中人之家。有个别人，积资到5000万以至万万。而有一些人，如六国的后裔田氏，是以豪族地主的身份而又成为富商大贾的。在当时的社会经济情况下，积财再多，也不能脱离土地。司马迁说过："以末致财，用本守之。"末是工商，本是农业。当时被认为金钱虽多，不如土地牢靠。但由于高资而取得土地，在当时又是不受法律的许可的。皇帝和这三种不同阶层的存在，还要加上数量不少的中小地主，这也反映了在土地关系上不同等级的存在。

皇帝拥有对全国土地的绝对权力，世家贵族分享了皇家对土地的权力，豪族享有被皇家承认了的自己已有土地的权力，高资地主基本上是在不合法的情况下取得了对土地的权力。秦汉时期的土地所有制，是封建的等级所有制，而世家地主是在皇帝以下占有支配地位的地主等级。

2. 沉重的赋税徭役

秦汉时期，皇家把沉重的封建负担加在广大的农民身上。农民要交纳作为田租的粮食，交纳不同名目的人头税，还要服力役和兵役。这种封建负担，实质上就是直接生产者向地主交纳的地租，其中有一部分是实物地租，而更多的部分是劳役地租，人头税也不过是劳役地租的另一表现形式。在这里，国税是跟地租统一起来的，没有另外形式的国税。世家地主对农民的剥削，主要是从农民向皇家交纳的地租中分割出来的一部分。豪富对农民的剥削，在实物地租上一般较皇家的要重，而在劳役地租方面可能要轻些，因为农民在这里不一定要担服兵役和过多的力役了，他们向地主交纳的地租也不具有国税的性质。

为了保证兵源和粮源，便于统治和剥削，封建国家利用了农民的分散性，把他们作为劳动力，以什伍为单位编制起来。因此，农民被称为"编户齐民"。编户齐民，是不断地分化的。"凡编户之民，富相什则卑下之，伯则畏惮之，千则役，万则仆。"编户齐民中，可以分化出大大小小的地主，也可以转化为赤贫。但总的来说，可以转化为地主的人毕竟是很少的。说农民阶级也有等级制的特点，不只是指这种贫富上的分化，而且是指农民也被给以不同的爵位。秦汉时期有20等爵的制度。由于各种原因，朝廷颁发赐爵的诏书，农民也可以得到不同的爵名。有了不同的爵名，也就有了不同的身份，其中的某一些人可以得到免役的待遇。秦汉时期的封建等级是复杂的。等级的制度往往会掩盖阶级的真相。

秦汉时期封建关系的成长，使得在广大地域上生活的语言基本接近的居民，在经济生活上更加靠拢了，民族意识也在增长。就是在这种历史条件下，汉族形成了。

第十七讲　秦汉时期的民族

汉族名称的确定：华夏族发展、转化为汉民族的标志是汉族名称的确定。华夏族统一的秦皇朝，其族称曾被称为“秦人”，西域各族有称华夏民族为“秦人”的习惯。但是秦朝国祚短，“秦人”的称呼很快为“汉”的称呼所取代。

汉皇朝从西汉到东汉，前后长达400多年，国势强盛，影响深远。在对外交往中，汉朝的使者被称“汉使”，汉朝的人为“汉人”，汉朝的军队为“汉兵”。于是，在汉朝通西域，伐匈奴，平西羌，征朝鲜，服西南夷，收闽粤、南粤，以及与周边少数民族进行空前频繁的各种交往中，特别是与南海诸国以及中亚、西亚、东亚各国友好交往中，声名远播，“汉”之名遂被他族、他国称呼为族名。

著名史学家吕思勉说：“汉族之名，起于刘邦称帝之后。昔时民族国家，混而为一，人因以一朝之号，为我全族之名。自兹以还，虽朝屡改，而族名无改。”吕振羽则说：“华族自前汉的武帝、宣帝以后，便开始叫汉族。”总之，汉族之名自汉朝始称。这汉族族称的稳定性经受了历史的考验。汉朝灭亡之后，经三国鼎立，十六国的割据和南北朝的分裂，历数百年，到唐才有稳定的统一局面。唐在与少数民族的交往中仍称“汉人”，如唐与吐蕃交往，称“蕃汉两家”，唐以后也是如此。由此可见，汉族的族称，虽源于汉皇朝，却早已不是朝号，这表明了汉族族称的确定性和稳定性。

公元前221年，秦灭齐后，占有七国原有的土地。后来又有所扩展。它把黄河中下游、长江中下游和珠江流域，基本上置于一个政权之下，形成了自商周以来最大规模的统一局面。战国时期，七国都对局部地区的统一有所贡献。秦又在七国局部统一的基础上大大地前进了。这不只是秦武力征服的结果，而更重要的是社会生产力不断发展以及政治组织能力不断上升的结果。

自古以来，我国是个多民族的国家。秦汉时期，中国更是一个有空前统一规模的多民族国家。这时，汉族作为主体民族还没形成，在其境内及其周围，存在着许多民族和部落。

1. 汉民族是统一多民族中国的主体民族

作为中国主体民族的汉族，是经过有关部落和民族的融合而在秦汉时期形成的。汉族的名称，也是跟一个伟大朝代的名称相一致的。

秦汉时期封建关系的成长，使得在广大地域上生活的语言基本接近的居民，在经济生活上更加靠拢了，民族意识也在增长。就是在这种历史条件下，汉族形成了。

（1）汉民族的形成和发展

汉族的前身即先秦的华夏。华夏在战国已稳定地形成民族，但还未能统一。战国时，“分为七国，田畴异亩，车涂异轨，律令异法，衣服异制，语言异声，文字异形”，当时华夏虽已具备民族的基本特征，而地区差异还比较明显。

秦统一以后，继之以两汉 4 个世纪的大统一。华夏不仅形成统一的民族，而且在与其他民族的交往中，其族称亦因汉朝的影响深远而被称为汉人。秦汉是统一多民族中国形成的发端，秦汉以后民族关系虽不断发展变化，但汉人无论作为统治民族或是被统治民族，均在多民族统一的国家形成和发展中发挥着主体民族的作用。这一贯穿中国古代历史的基本格局在秦汉时已经确定下来了。

秦始皇兼并六国，统一诸夏，建立秦朝（公元前 221—前 206 年），汉继秦兴，前后400余年（公元前206—220年），在国家统一的历史条件下，先秦华夏民族遗留的地区差异，在基本特征方面得到了统一，并有着明显的发展。

秦统一后，将全国分为36郡，到秦末，因兼并南越与内地郡县调整等，实有48郡。汉又开发西南夷并在河西、玄菟等处设郡，分全国为13州，百余郡，千数百县。于是原诸夏地域已完全统一，并向边疆有较大的扩展。

汉人在古代始终是农耕民族。从起源时代到春秋，一直以旱地农耕为主，战国时楚人已华夏化，于是成为兼有淮河以北旱地农耕与淮河以南水田农耕的民族。

秦统一，百姓被称为“黔首”，使“黔首自实田”，把自商鞅变法以降在秦国普遍实行的封建土地私有制推行到山东六国境内，地主阶级土地所有制受到法律保护，同时也产生了广大的自耕农。于是，形成了男耕女织的小农经济，成为整个汉民族最基本的经济成分，一直延续了2000余年。

汉人社会经济的重要特点之一是“重本轻末”，即重农轻商。但国家统一，社会生产力水平提高，社会分工进一步发展，各地区产品的不同，各民族经济上的相互依赖与补充等因素，都促进了商业的发展。秦始皇统一以后，统一度量衡，修驰道，统一车轨宽度，到汉代进一步完善，并且统一货币，不仅有利于汉族地区商业发展，也有利于各民族间的经济交流。

在文化的统一与发展方面，汉文字得到了统一及规范化。战国时期各国文字基本相同，但字形繁简和偏旁位置却有较大的差异。李斯受命统一文字，以秦篆为基础，制定通行小篆，写成范本，推行全国。另外，秦代早已流行的隶书，到西汉又得到普遍推行，当时称之为“今文”，而称小篆及先秦文字为“古文”。西汉出现草书，东汉晚叶又出现行书，都是汉字逐渐简化的书写字体。楷书经三国时魏人钟繇及东晋王羲之、王献之父子等改进发展至于定形，于是有代替隶书之势，终于在南北朝成为通行的主要字体，汉字至此已规范化。

秦始皇曾试图以秦国的历史代替全民族的历史，下令禁私学，而“以法为教”“以吏为师”，实行“焚书坑儒”，以达到统一思想的目的。这种残暴政策以秦的灭亡而告终。汉建立以后，一方面逐渐完善了秦朝已建立起来的中央与地方官办学校的制度，在指导思想方面，汉初推行黄老之学，达到了纠秦之弊、与民休息、恢复和发展生产的目的，封建社会出现了初步繁荣。但黄老之术终不能适应君主专制的需要，到武帝时，经董仲舒、公孙弘等《春秋公羊传》学派代表人物的理论鼓吹与政治实践，于是“天人相与”的唯心主义哲学，“大一统”的政治主张，“三纲五常”

的伦理观念，“习文法吏事，而又缘饰以儒术”的施政准则，使汉武帝完成了儒法合流，推行“推明孔氏，抑黜百家”的政策，确立了孔孟儒家学说的统治地位。这一思想的大变化，不仅对汉人社会历史，而且对于整个中国社会历史发展，都产生了极为深刻又极其长远的影响。

汉族是一个非常重视历史与历史传统的民族。于是纪传与编年二体，成为中国古代基本的历史编纂体裁，而纪传体成为古代“正史”的通行体裁。班固批评司马迁在指导思想上“论大道则先黄老而后六经”，自《汉书》而下历代封建王朝都是在儒家思想指导下相继编纂成书的“正史”。

汉人的宗教观念以敬天祀祖为核心，同时也相信万物有灵。西汉末从印度通过西域传入佛教，影响到汉人和其他中国各民族的文化与思想、风习等各个方面，为唐代佛教中国化、汉地佛教影响传播于中国边疆及周围邻国打下了基础。道教在汉人社会中形成，大概是在东汉时期，到南北朝时在许多民族中得到了传播。汉人以敬天、拜祖为宗教核心，又有多种宗教与万物有灵崇拜兼容并包的态势，是汉地宗教发展的一大特点。秦汉至南北朝，这个特点已有了强烈的反映。

汉人的风俗习惯基本相同，但各地又有较大的差异。这与汉人由许多来源熔铸而成，而又与各地其他民族交错分布，以及各地区地理、历史、文化背景有所不同相关。西汉晚叶，朱赣对各地的风俗都加以条贯整理，并以《汉书》附录于《地理志》。然而同一性仍是基本的，成于西汉的《礼记》与《仪礼》，对各种称谓、婚丧、节日礼仪都做了系统的阐释，这是一部以儒家思想为指导，汉人风俗礼仪最基本的经典。东汉末应劭作《风俗通义》，也是为了从理论和实际方面“纠正流俗”、统一风俗的著作。既有基本的同一性，又有地方的差异性，这是自秦汉以来的，并一直作为汉人风俗习惯和礼仪的特点。

汉人分布很广，且与各民族杂居，但很重视家族宗法，聚族而居是汉人聚落形成的一个特点。尤其到东汉，大族势力形成，一方面有中央集权的国家，同时地方宗族的族长与族规也有很大权力。既重视全民族、全国的历史，又重视宗姓的谱牒。南北朝许多内迁的民族已融入汉人之中，然而同姓同宗的宗亲观念，仍然根深蒂固。

在文学方面，在汉代以散文与赋见称，而先秦文学中南方的浪漫色彩与北方的写实特点熔于一炉。从两汉始，便有了司马迁、司马相如、扬雄、班固、曹操、曹丕、曹植父子兄弟等许多大文学家和诗人，都对汉文学的发展起了推动作用。

在科技发展方面，汉人以发达的农业为物质基础。天文学、数学、农学、医学等都兼有特点，产生了如张衡等一大批科学家和发明家。这不仅领先于中国各民族和周围邻国，而且在世界古代史上也可与罗马帝国并驾齐驱。

（2）中国主体民族特征的形成

秦汉作为统一多民族的中国形成的开端时期，汉民族不仅形成统一的民族，而且形成了具有作为统一多民族中国主体民族的特征。在以后的历史发展中，以汉民族为主体的基本格局却始终不变。

秦统一六国以后，又略取闽越，置闽中郡（今福建省），南越、西瓯置南海（治番禺，今广州市）、桂林（治所在今广西壮族自治区桂平市）、象郡（今广西崇左市）。又北伐匈奴，自榆中（今陕北及河套）沿黄河至阴山置44县，设九原郡。秦亡以后，赵佗自称南越武王，统一南越、瓯越和骆越。汉初休养生息，至武帝时（公元前156—前87年）北逐匈奴，收秦河南地，置五原、朔方等郡；降匈奴浑邪王，置河西四郡；通西域、征大宛；东北继燕秦有辽东、辽西等郡，又灭卫氏朝鲜，建四郡，后并为两郡；东南平东瓯、闽越（东越）置会稽郡；灭南越建岭南九郡；又通西南夷，置越嶲、沈黎、汶山、武都、犍为、牂牁、益都等郡。汉宣帝神爵元年（公元前61年）赵充国屯田湟中。以后王莽时讽羌人献地设西海郡（今青海省）；宣帝甘露三年（公元前51年）匈奴呼韩邪单于朝汉，称藩，“位在诸侯王上”，至元帝即位后（公元前48年）又与匈奴结盟：“自今以来，汉与匈奴合为一家，世世毋得相诈相攻”，从而出现了匈奴单于“三世称藩，宾于汉庭，是时边城晏闭，牛马布野，三世无犬吠之警，黎庶亡（无）干戈之役”的长期相安共处的局面。在西域，宣帝地节二年（公元前68年）置护都善以西使者，护南道；神爵二年（公元前60年）在西域的匈奴日逐王降汉，罢匈奴所置西域僮仆都尉，汉始以郑吉为西域都护，西域诸城邦并受其节制。至此，中国传统的疆域的基础已奠定下来。秦汉完成的这种大统一是在许多局部统一的基础上实现的，战国七雄各自统辖一方为秦统一准备了条件，秦汉统一边疆民族地区，也都是在各地各民族已形成一定的政治中心与统一的基础上实现的，尤其是匈奴统一广大北方游牧地区，形成了统一的多民族游牧国家，是汉代统一包括北部游牧区在内的地区重要前提。以后中国的疆域历代虽有所伸缩，并经过大分裂的考验，但统一多民族中国的广大疆域的形成，都是沿着由局部统一而达到全国大统一的轨迹前进的。

郡县农业地区，是立国之基，称为“中国”，民族地区称为“裔”。扬雄《方言》说：“裔，彝狄之总名。”晋郭璞《注》：“边地为裔，亦四夷通以为号也。”汉晋时形成以郡县为主干，民族地区为边疆的统一地理概念，在整个中国古代都有深远影响。

在秦朝有“典客”，“掌诸归义蛮夷”，汉景帝时更名“大行令”，武帝改为“大鸿胪”，位列诸卿。秦又有“典属邦”，“掌蛮夷降者”，并且已有涉及民族事务的立法，今湖北省云梦睡虎地出土的秦简有《属邦》《法律答问》，其中有涉及民族事务的条款。汉避高祖讳改称“属国”，设属国都尉等官，仍“掌蛮夷降者”，从汉武帝时设官安置匈奴降众于西北边郡开始，以后至东汉东北、西南、中南都有设置。因民族杂居的发展，至东汉属国又有属县，都尉“治民比郡”。

秦及汉武帝时，差不多每征服一地，即与内地一样设立郡县，汉时“凡县主蛮夷曰道”。其实秦已有道的设置，两汉继之而已。“道”多设于西南、中南民族地区及西北氐人地区。这些地区的民族多是农耕民族。匈奴降汉后，游牧民族的社会组织大不同于农耕民族，于是在南方地区，继续秦以来在郡（汉武以后在州郡）之下民族聚居区以各民族首领为君长、王、侯的政策，基本上不打乱其原有社会组织，优待各民族首领，为后世羁縻州及土司制度的萌芽形态；在游牧民族地区则设使匈奴中郎将、护羌校尉、护乌桓校尉。晋代在辽东设东夷校尉、西南设蛮夷校尉，这些都是比二千石的军事长官，而对各部落酋长爵之以王侯，赏之以金帛。开关市，通有无。这种制度与政策，是“修其教不易其俗，齐其政不易其宜”的具体运用。在当时统一多民族国家中，秦汉统治者对各民族上层予以各种优待，有些参与了重大历史活动，在朝廷中封侯受赏。以《汉书》所记功臣侯者：高祖时封 470 余人，其中越将 5 人以功封侯；吕后时封 12 人，其中越人 1 人。以后在汉景帝、武帝、昭帝、宣帝等时期又都有匈奴及其他民族的人物在汉朝廷封侯。后世随着民族地区社会的发展，农牧民族的接近与文化上的贯通，民族政策与对民族地区的管辖方式虽有很大变化，而基本上仍是沿秦汉制度发展的格局。

秦始皇统一之后，自称为皇帝。汉代皇帝与天子的含义各有分职。《礼记·曲礼》说："君天下曰天子"，东汉郑玄《注》："天子，谓外及四海也。今汉于蛮夷称天子，于王侯称皇帝。"在统一多民族中国形成的发端时期，已确定了内地与边疆民族地区统一的国家元首称号。

汉初匈奴单于地位与汉天子皇帝地位相当，呼韩邪归汉，位居诸侯王上，单于成为天子之下的称号。十六国时，匈奴刘渊开始以皇帝、天子兼有大单于称号，后来以单于称号加诸太子，兼六夷大都督，表明太子是实际的各民族首领，于是农牧两个系统的国家元首称号并称于同一朝廷。

秦汉时期，郡县称为中国，郡县之民称为"中国人"，或仍沿先秦习惯称为"华夏"，诸侯王称"诸夏"或"中国诸侯"。西汉初，匈奴及西域各民族仍称郡县之民为"秦人"，到西汉中晚期"汉人"取代秦人，主要是指"汉朝人"，久之也具有民族称谓的特征，于是又派生出"胡汉""越汉""夷汉"或"汉胡""汉越""汉夷"等对举称谓。及至汉家天下星移斗转，魏晋相继踵兴，郡县之民仍沿传统自称"中国人""华人""夏人"，而其他民族往往仍称之为"汉人"。朝代的更换，"汉人"作为族称的含义有明显发展。从"中国人"中分出"汉人"的族称，"中国"已成为各民族共用的称号。

应该特别指出来，《史记》对汉族的形成，做了很多的工作。学者们习惯于把这些工作看做是中国史的一般工作。而从民族史的角度看，这些工作还应该说是对叙述汉族形成过程所做的工作。《史记》有《夏本纪》《殷本纪》《周本纪》《秦本纪》《秦始皇本纪》以至汉以后的帝纪，它们所表述的不同的历史阶段，也就是汉族形成的不同阶段。《史记》又有《三代世表》《十二诸侯年表》《六国年表》《秦楚之际月表》。这些表是表述不同历史阶段的又一形式。尽管司马迁还没有"汉族"的概念，他也不一定会意识到这是为一个民族的形成写历史，但实际上他做了这个工作。一直到现在，他的工作成果还是我们研究汉族形成史的基本文献。

汉代少数民族地区的考古资料，主要是北方地区以匈奴、鲜卑为代表的遗迹和遗物；今新疆地区以于阗、楼兰、姑师、乌孙等为代表的西域诸国的遗迹；以及川西云贵地区以滇、夜郎为代表的西南夷遗迹。

2. 北方的游牧民族匈奴

北方地区，20 世纪初，瑞典人安特生等人曾在今内蒙古西部收集过一些以各种动物纹为特征的匈奴文化系统的遗物，习惯上称之为“鄂尔多斯青铜器”。科学的匈奴考古，是中华人民共和国建立以后开展起来的。到目前为止，已获得多批匈奴墓葬资料。时代相当于春秋晚期至战国晚期的重要资料有：杭锦旗的桃红巴拉墓群，阿鲁柴登墓葬，凉城县的毛庆沟墓地，乌拉特中后旗的呼鲁斯太墓地，准格尔旗的西沟畔墓地，玉隆太墓地，速机沟、瓦尔吐沟的遗物，以及宁夏固原县鸦儿沟、杨郎村的遗物。这个时期的匈奴墓，以出土鄂尔多斯式青铜器著称。主要的器形有“触角式”短剑、鹤嘴形斧、弧背凹刃刀，各种富有游牧民族特色的牌饰和带扣。属于战国晚期的阿鲁柴登墓，出土金鹰冠饰等一批制作精美的金银器，西沟畔 2 号墓出土 9 件汉字刻款的金饰牌、银节约，尤引人注目。

属于两汉时期的匈奴考古资料，重要的是准格尔旗西沟畔、东胜县补洞沟、宁夏同心县倒墩子三处墓地，以及族属尚有争议的辽宁省西丰县西岔沟墓地。

匈奴族居于汉族的北边，是我国古代北方的一个游牧民族。匈奴族兴起于战国时期，是大漠南北曾被称为鬼方、薰粥、猃狁的各族，于公元前 3 世纪经过长期的斗争与融合而成。匈奴族的诞生地应为如今的内蒙古河套及大青山一带。

匈奴兴起时，已开始进入铁器文化时代。铁器文化使匈奴社会生产获得了强大的动力，促进了畜牧业的繁盛和农业、手工业的发展，从而破坏了原始氏族社会的生产关系，使之转入阶级社会，并为其强盛提供了物质的基础。

匈奴族以畜牧业为主，过着逐水草迁徙的生活。畜群是他们的主要财富。畜群以马牛羊为最多，饮食、衣着及其他许多日用品多仰给于牲畜。马的种类很多，品种甚佳。除此之外，匈奴也有手工业，其中以冶铁业最为重要。从出土文物得知，匈奴人对于铁器的制造和使用，从公元前3世纪前后开始，已逐渐广泛地深入到生产、生活和军事活动的各个方面。铁工具的出现，促进了大量兵器的生产，促使了匈奴手工业生产得以较快的发展。从铁器的自行冶炼，以及出产铁器的种类和数量等各方面来推断，当时匈奴人的冶铁业已经形成一个独立的手工业部门了。再从许多刀剑的形式酷似汉式的情形看来，匈奴人的铁器文化不仅受到汉族文化的很大影响，而且可以推测当时的铁匠大多也是来自中原的汉族匠人。在手工业方面，铸铜业也相当发达。铸铜业早已成为一个独立的手工业部门了。后因冶铁业的出现，主要的兵器（如剑）和重要的工具（如刀）、用具（如马嚼）等便逐渐被铁器所代替，而铸铜业则转向制造日常生活用具和装饰品了。

在公元前3世纪以后，匈奴的陶器制造业，有可能形成一个独立的手工业部门了。

木器制造业对于匈奴人而言，也是一个手工业部门了。制造弓矢是其主要的一部分工作，也须有专门的工匠从事此项工作，方可满足需求。匈奴人制造穹庐、车辆、木楯和棺椁，也都需要木材。西汉时，今内蒙古大青山和甘肃河西走廊一带，都是匈奴人的木器制造业的重要基地。

匈奴人也有毛织和皮革手工业，正因其资源的方便。《淮南子·原道训》说“匈奴出秽裘”。《后汉书·文苑列传·杜笃传》说，匈奴有“罽帐”。建武二十八年（公元52年），北匈奴遣使者至洛阳贡马及裘。裘能作贡品，必为精工细作的珍贵物，匈奴对皮毛加工技艺必有相当的水平。

匈奴与北方各族特别是汉族进行商品交换。匈奴人主要依靠畜牧业为生，迫切需要与汉族的农产品和手工业品进行交换，故匈奴人十分重视与汉人互通“关市”。如公元前121年，匈奴浑邪王降汉，率部到长安，用土特产向汉换置了大量的铁工具和兵器，500名汉族商人因违禁，几乎被杀。从匈奴墓葬出土的大批汉族文物证明，匈奴与汉族的交换是频繁的，交换的种类和数量也很多，包括生产上、生活上的许多用品。此外，匈奴也与北方其他各族进行商业贸易。

从匈奴的社会结构看，匈奴族很早就组成了氏族部落和部落联盟。但其时参加联盟的各个部落并不稳定。《史记·匈奴列传》在叙述匈奴族的早期历史时说：“自淳维（传说中的匈奴祖先）以至头曼，千有余岁，时大时小，别散分离。”这正是氏族部落和部落联盟极其不稳定的情景。

大约在公元前3世纪前后，匈奴人的氏族公社出现了私有牲畜的个体家庭。这种独立的小经济一经出现，便开始起着瓦解氏族组织的作用。

在原始氏族公社制度瓦解，到阶级形成的过程中，掠夺性的战争成为匈奴首领的经常作为，“匈奴明以战攻为事”。因此，他们要按军事组织的方式建构，以适应随时出战的要求。他们把生产与军事合为一个组织形式。由于畜牧业的发展需要，他们将战争虏获得来的人们加以使用，随之便产生了奴隶阶级。

匈奴采用奴隶制政权。在匈奴频繁的掠夺战争中，氏族首长和军事首领积累了大量的财富和奴隶，因而逐渐地专擅了权力并世袭了职位。约在公元前3世纪，匈奴的这种世袭权力逐渐抬头。至公元前209年，冒顿杀其父自立为单于时，便作为一种制度确立了。从此，单于集中由挛鞮氏这个显贵氏族所专擅，或父死子继，或兄终弟及。其他王、侯、大将、大都尉、大当户等高官贵职，也由一些显贵氏族世袭。冒顿单于的这种权力，显然不是原始社会部落联盟的首领所能具有的，这时他已十足是一个阶级政权的最高统治者了。

冒顿单于时期，匈奴先后征服了许多邻族：向东破灭东胡，向西击走月氏，南并楼烦、白羊河南王，北服浑庾、屈射、丁零、鬲昆、薪犁各族；后又消灭月氏，平定楼兰、乌孙及其旁各族。控地东尽辽河，西至葱岭，北抵贝加尔湖，南达长城。随着被征服地区的扩展，大批奴隶和贡献源源流入，私人的财富也迅速增殖起来。为了保护这些财源，镇压奴隶，防止被征服部族的反抗，于是在我国北方以漠北为中心，一个地方性的奴隶制政权建立起来了。匈奴政权的机构分三部分：一是单于庭（首脑部），它直辖的地区在匈奴中部，其南对着汉地的代郡（今河北蔚县一带）和云中郡（今内蒙古托克托县一带）；二是左贤王庭（东部），它管辖匈奴东部地区，其南对着汉地的上谷郡（今河北怀来县一带），东面连涉貉；三是右贤王庭（西部），它管辖匈奴西部地区，其南对着汉地的上郡（今陕西榆林县一带），西面接连月氏和氐、羌。单于是匈奴的最高首领，也是政府的最高首脑。匈奴人称“天”为撑犁，称“子”为孤涂，故匈奴人称单于为“撑犁孤涂单于”，意即“像天子那样广大的首领”。单于总揽军政及对外一切大权，由左右骨都侯辅政，骨都侯由氏族贵族呼衍氏、兰氏和须卜氏担任。呼衍氏居左位，兰氏、须卜氏居右位，主断狱讼。裁决了的案件，用口头报告单于，没有文薄、记录之类。左右贤王是地方的最高长官。匈奴人尚左。单于以下，即以左贤王为最尊贵，因而权力和地位也较右贤王为高。左贤王是单于的“储副”（即单于的候补人选）。故常以太子为左贤王。左右贤王以下则是左右谷蠡王，亦各建庭于其驻牧之地。在匈奴政府的官职中，再下则是左右大将、左右大都尉、左右大当户等高官。

匈奴贵族的奴隶主政权，实质上是一个游牧的军事政权。这个政权本来在很大的成分上是在掠夺和压迫邻族人民的过程中建立起来的，因此，它的特点，一方面是所有及龄壮丁都被编为骑兵；另一方面是所有各级官吏都是大大小小的军事首长，分别统军，指挥作战。

通过战争、和亲与关市，匈奴大量地接受了汉文化的影响。匈奴人墓葬中有许多汉式丝绸服装、铜镜、马具、漆器等。同时，匈奴也对汉族经济文化发生过积极的影响。汉代养马业的发达，与匈奴马匹的输入有关。骑兵的训练与有关战术的进步也受匈奴的影响。这可见匈奴在东西方经济、文化交流中起过一定的作用。

3. 东北的民族乌桓、鲜卑、夫余、挹娄和高句丽

东北地区各族，乌桓、鲜卑在秦汉时期被称为东胡，因其“在匈奴东，故曰东胡”。此外，有扶余、挹娄、高句丽等，统称为东夷。

（1）东胡系统的古代民族之一乌桓

乌桓最先活动于今西拉木伦河两岸及归喇里河西南地区。乌桓人先是过游牧生活。至汉代产生了男女分工的家庭手工业。《后汉书·乌桓鲜卑列传》云：“妇人能刺韦，作文绣，织氀毼。男子作弓矢、鞍勒，锻金铁为兵器。”乌桓社会习俗上保留着母系氏族的许多遗迹。如，“贵少贱老，其性悍骜。怒则杀父兄，而终不害其母。以母有族类，父兄以己为种，无复报者故也”；“其俗从妇人计，至战斗时乃自决之”。

乌桓社会，由若干“部”组成，各“部”有许多邑落，其首领由公众推选。“常推募勇健能理决斗讼相侵犯者为大人。邑落各有小帅，不世继也。数百千

落自为一部。”邑落和部的首领在群众中有颇高的权威。“大人有所召呼，刻木为信，邑落传行。无文字，而部众莫敢违犯。氏姓无常，以大人健者名字为姓。大人已下，各自畜牧治产，不相徭役。”乌桓社会内部有自相约束的法规：“其约法，违大人言死。盗不止死。其相残杀，令部落自相报。相报不止，诣大人平之。”

据文献所述，汉代乌桓社会的基层组织邑落及其上的“部”中，阶级在日益分化，统治阶级在逐步形成。他们在军事上拥有特权。在财产所有制方面，乌桓表现为二重性。土地和牧场，一部分归邑落公有，一部分属于家族私有，畜产则为各家族或个人私有。乌桓的邑落，这时，有的已经不是血缘的群体，而是一种地域的共同体。所谓“氏姓无常，以大人勇健者名字为姓”，这样的家族或个人，正是没有氏族只有家族的人们。他们或者是由外地来的，或者是战争中的俘虏。如东汉末年，“（袁）绍子尚败，奔蹋顿。时幽、冀吏人奔乌桓者十万余户”。这十多万户汉人移入乌桓，与之错居杂处，对于乌桓的邑落转化为地域的共同体是有作用的。乌桓社会在剧烈变化中产生了奴隶阶级。乌桓被匈奴征服，为其所奴役。

乌桓，亦称“乌丸”“古丸”“乌延”等，为东胡系统的古代民族之一。语言与鲜卑相同，属东胡语言的分支，无文字，刻木为信。东胡盛时，与鲜卑同为其重要成员。秦汉之际，活动于饶乐水（今西拉木伦河）一带。东邻挹娄、夫余、高句丽等，西连匈奴，南与幽州刺史所部相接，鲜卑居北，乌桓居南。

当时的乌桓是以畜牧业为主，辅以弋猎、农耕的古代民族。畜牧业颇发达，马、牛、羊甚多，因此，不仅是其衣食的来源，同时，婚嫁也皆以马、牛、羊为“聘币”，人亡则取死者生前所乘之马烧以殉葬，若仇杀，也可出马、牛、羊以赎死。并用牛、羊祭祀鬼神、天地、日月星辰、山川及先大人有健名者，毕皆烧之。同时，马、牛、羊及皮货还作为匈奴交纳的贡税及向汉魏朝贡或互市之物，成为交战双方的主要掠夺品。

狩猎在乌桓人生活中占有重要地位。野兽中的虎、豹、貂皮是向匈奴缴纳贡献和与汉关市贸易的重要物品。牧猎经济的重要性也可从出土文物中得到证实，并反映出乌桓人的经济生活主要是从事畜牧业和狩猎业，畜群中既有供日常食用的牛羊，也有供骑乘、战阵、交通用的马和骆驼，还有供捕捉飞禽走兽用的猎鹰和猎犬等。

乌桓人兼营农业，在进入西拉木伦河流域后，乌桓人逐渐定居下来，兼事一些农业。穄即糜子。东墙，也叫沙蓬，植株可作饲料，果实可榨油或食用。据《广志》云：“色青黑，粒如葵子。幽、凉、并皆有之。”这两种耐寒作物可能由幽、燕传入乌桓。从西岔沟墓葬出土的铁镬、铁斧、铁锛、铁锄等农具来看，其中有些还铸有汉字。说明这些农具大多来自中原汉族地区。

乌桓手工业也有一定发展，其中较为重要的有铸铜、冶铁、制陶、纺织等。

乌桓在汉代正处于由原始社会末期向阶级社会过渡的历史阶段。以个体生产和个体经济为基础的个体家庭是社会的组成单元，但尚存在于氏族和部落的组织之中。私有财产早已出现，故婚姻嫁娶、犯罪赎死及丧葬，皆用私有牲畜等财物。并且用法律形式来保护私有财产，如规定“盗不止死”。由于作为游牧部落的主要生产资料和生活资料的牲畜私有，因而其经营方式也就表现为“大人已下，各自畜牧治产，不相徭役”，即由各家各户独自经营自己的畜牧业。氏族公社虽已解体，但无论是牧场或山林、湖泊，仍保持氏族公有，只有一部分农耕地逐渐向私有制过渡，乌桓内部主要财产具有两重性，故部落大人、氏族小帅就有权指定牧场，决策集体迁徙路线，其经营方式也受此种所有制的制约。

随着私有制的产生，贫富悬殊已很普遍，阶级分化日益明显。并随着战争的发展，出现了特权的军事首领，虏获的奴隶和战利品，最有价值的部分归于自己，把次品分给战士。军事首领逐渐成为统治者，作为氏族部落的贵族和握有统治权力的各部大人因而出现。大人由选举产生，常推“有勇健能理决斗讼者”为大人，死则另选，“无世业相继”，其后裔不能世袭。到东汉末，公选制逐渐为世袭制所代替。

乌桓内部的阶级主要分两大类：一是处于上层的大人、小帅，二是氏族部落成员（自由民）。

乌桓的社会组织形式，分部、邑（邑落）、落。邑落为部下面的基层组织。

邑落以上为部或部落。“数百千落自为一部”，部的大小相差悬殊，由于相互兼并，也不很稳定。东汉初在辽东、辽西、右北平、渔阳、广阳、上谷、代、雁门、太原、朔方缘边十郡分布着乌桓大小部落，人口当在

30万以上。部落首领称大人，掌握大权，大人的命令，“部众莫敢违犯”，“违大人言死”。大人对内管理部落公共事务，对外进行贸易和抄掠，通过抄掠和贸易，又进一步增长了部落大人的权力和财富。

汉魏时，乌桓虽早已进入父系社会，但生活习俗中仍保留不少母系氏族制的痕迹。如盛行部落间的血缘复仇，婚礼上夫从妻居以及妇人之计被尊重等。

乌桓人敬鬼神，祭祀天地、日月、星辰、山川，及先大人有健名者，亦同祀以牛、羊，祀毕皆烧之。每餐饮食，必先祭祀而后食。

（2）原居辽东塞外鲜卑山的鲜卑

《后汉书》的民族史部分，收罗繁富，甚见工力。《西域传》《南匈奴传》接续前史，记录了匈奴和西域在东汉时期的重大变化。《东夷传》《南蛮西南夷传》好像是因袭旧规，而记载翔实，过于前史。西羌问题是东汉时期比较突出的民族问题，乌桓和鲜卑是这时期新兴的民族，而鲜卑对后来中国历史的发展大有影响。《西羌传》和《乌桓鲜卑传》是《后汉书》新创的篇章。陈寿的《三国志》，一向同《史记》《汉书》《后汉书》并称“四史”，而陈书民族史部分很简略，仅有乌丸、鲜卑、东夷传，但也可与《后汉书》有关部分相参证。

鲜卑，古游牧部族，原居辽东塞外鲜卑山（今内蒙古东部科尔沁旗西哈古勒河附近）。汉武帝时，乌桓降汉，南移至老哈河流域，鲜卑也随之向西南推进，移居于今西拉木伦河流域。

鲜卑的语言与乌桓相同，其风俗也与乌桓相似。他们常在春季作乐于水上。男娶女嫁，髡头饮宴。

鲜卑的土特产，以野生动物最为出名，有野马、原羊、角端牛。鲜卑以野生动物之多而著名，说明其经济生活主要是狩猎和畜牧，而农业似乎尚不占重要位置。

鲜卑移居于西拉木伦河流域以后，因西拉木伦河及其以北地带，西部系草原和湖泊，宜于游牧；东部系山陵森林，宜于狩猎。南边的老哈河流域则宜于种植和渔业。公元2世纪中叶，檀石槐统一草原东部之时，鲜卑的社会经济始变成“田、畜、射猎”而又“捕鱼以助粮食”的混合经济。

但鲜卑的生产仍以畜牧为主，他们经常以牛羊与曹魏互市。黄初三年（公元222年）向曹魏贡献的牛马达7万多头。

鲜卑的社会组织，略与乌桓相同，也是邑落公社。2世纪初，鲜卑大人朝汉，汉于宁城下筑南北两部质馆，以处乌桓、鲜卑邑落大人的人质和市客。

东胡部落自被匈奴击破之后，鲜卑和乌桓一样，成为匈奴统治和奴役的对象。西汉一代，鲜卑未曾与汉通使。东汉初年，才开始与汉发生关系。当时，鲜卑与匈奴、乌桓侵犯汉的北部边塞。汉辽东太守祭彤乃利用鲜卑对抗匈奴。建武二十五年（公元49年），鲜卑大人偏何至辽东归附，祭彤唆使偏何反击匈奴左伊秩訾部，从此双方岁岁相攻，匈奴衰弱。不久，偏何又攻下赤山，杀乌桓大人歆志贲。从此，乌桓在塞外的根据地尽失，转入塞内，鲜卑遂在塞外占据优势。鲜卑的实力日益壮大，在元和二年（公元85年）鲜卑、丁零、南匈奴以及西域各国联合起来，发动了对北匈奴的全面攻击。北单于在各族沉重打击下从蒙古草原远走中亚，鲜卑趁势占领匈奴故地。当时匈奴“余种十余万落，诣辽东杂处，皆自号鲜卑兵”。遗留在草原上的十多万落匈奴人，皆改称为鲜卑。鲜卑从此更加强盛起来。北方草原的政治局势发生了很大的变化，即由匈奴占据优势转为鲜卑占据优势。

公元2世纪中叶，鲜卑在檀石槐统领下，成立了一个草原部落军事大联盟。设庭于高柳（今山西阳高）北300余里的弹汗山歠仇水上，“兵马甚盛”。他统率部众“南抄汉边，北拒丁令，东却夫余，西击乌孙，尽据匈奴故地。东西万二千余里，南北七千余里，网罗山川、水泽、盐池甚广”。这个军事大联盟的范围很广，包括整个蒙古草原的东部、中部和西部。东部，从右北平以东至辽东，与夫余、貊接壤，共20多邑；中部，从右北平以西至上谷，共10多个邑；西部，从上谷以西至敦煌，西接乌孙，共20多个邑。整个大联盟的12个大人皆为大帅，都受制于檀石槐。这个部落大联盟的意义，只是在“割地统御，各有分界”的基础上联合起来，对于若干跟共同利益有关的公共事业，特别是对外贸易、军事上的攻守等方面，采取一致行动。

其时，西部鲜卑诸部相率叛去，漠南自云中郡以东分裂为三个部分：一个是檀石槐后裔步度根集团，拥众数万落，占有云中、雁门、代郡以及太原等郡；另一个是轲比能集团，拥有十多万骑，据有自高柳以东的代郡、上谷郡边塞内外各地；又一个在辽西、右北平、渔阳塞外。还有素利、弥加等原来所谓“东部大人”的若干小集团。鲜卑统治集团政治上虽然分裂为几部分，但其与汉族加强联系，并接受汉族封建经济、文化影响的趋势并未中止，而且仍在不断扩大。总的来说，东汉以来汉人逃往鲜卑地区的数目，相当可观。这些人，大多数属劳动人民，或者帮助鲜卑人兴城筑塞，发展农田和手工业，对于开发边疆的生产都做出了一定的贡献。另外，不少汉人原来在内郡参加农民起义失败了，他们有一定的文武技能和军事经验，逃往鲜卑地区。其中，有的做了鲜卑上层的“谋主”；有的教授鲜卑人制造兵器铠楯；有的教鲜卑人学习汉语、汉文。这样就不只改进了鲜卑的各种制度，而且有助于鲜卑的富强，所谓“兵利马疾，过于匈奴”。东汉末，轲比能集团逐步统一了漠南。

（3）华夏诸国已知的夫余

夫余，在公元前2世纪至公元5世纪活动于东北地区。《史记•货殖列传》称燕“南通齐、赵，东北边胡”，“北邻乌桓、夫余，东绾涉貉、朝鲜、真番之利”。这是我国史书对夫余的最早记载。

在战国时期，华夏诸国已知夫余。夫余于玄菟北千里，北有弱水（今嫩江或黑龙江）。“土地宜五谷，不生五果”，“出名马、赤玉、貂豽、美珠，珠大者如酸枣”，“国有君王，皆以六畜名官。有马加、牛加、猪加、狗加”，各“加”分领数百至数千邑落。“邑落有豪民，名下户皆为奴仆”。“有敌，诸加自战，下户俱担粮饮食之”。

夫余与汉基本上保持友好关系。汉武帝时，夫余向汉朝贡。东汉初年，夫余不断遣使朝汉，而同高句丽、鲜卑对抗。安帝时，高句丽围攻玄菟郡，夫余王曾遣子尉仇台击破之，解救了玄菟。顺帝永和元年（公元136年），夫余王曾来洛阳。以后，高句丽日趋强大，向西发展，汉边军退至西盖马（今辽宁抚顺）。但夫余仍亲汉，西与鲜卑、南与高句丽对抗。东汉末，公孙氏势力在辽东兴起，夫余属辽东。公孙氏曾以同族之女妻夫余王，以利用夫余抑制高句丽、鲜卑。

（4）“穴居人”之挹娄

挹娄是肃慎族系继肃慎称号后使用的第二个族称，前后约有600余年

（汉至晋），其间有时也称肃慎。公元5世纪后，改号勿吉。

挹娄族称出现于公元前1—2世纪时（西汉），诸史《挹娄传》皆记挹娄“自汉兴已后，臣属夫余”。但有说始于东汉，一说在“汉晋之间”。两说皆因《后汉书》和《三国志》始为挹娄立传之故。

挹娄一词，含义有两说：一，音近通古斯语“鹿”，为鹿之意；二，与满语“叶鲁”音近，为岩穴之穴的意思。从史载挹娄人好养猪，养牛马，未言及养鹿，又从“常为穴居”分析，后说是比较可信的。挹娄用作族称，即“穴居人”的意思。挹娄称号本是他称，久之成为族称，然直到公元554年（北齐天保五年），他们向中原王朝纳贡还自称肃慎。挹娄源于肃慎，参稽诸史，有明确记载，是可信的。

挹娄人的活动区域，与肃慎时大体相同，只是西南部因受夫余人侵逼，稍有缩小。其四至：东至大海，西接寇漫汗国，南与北沃沮接（或说在“不成山”北），北极弱水。即今东临日本海，西到呼兰河流域一带，南抵吉林省汪清和珲春县以北地区，与北沃沮为邻，北达黑龙江入海口以东以西的广大地区。

挹娄人形与夫余相似，但语言不同。出产“五谷、牛、马、麻布”。西周时，肃慎向周朝贺，周成王曾命臣下作诗文以志纪念。汉代，其社会大概尚处于原始社会晚期：“无大君长，邑落各有大人。处山林间，常穴居，大家深九梯，以多为好。”挹娄人善用弓矢：“其弓长四尺，力如弩，矢用楛，长尺八寸，青石为镞……善射，射人皆入目。矢施毒，人中皆死。”秦汉时，挹娄臣属于夫余。由于挹娄人勇敢善战，据守山险，夫余奴隶主难以随意役使他们。汉代，中原人知道挹娄“出赤玉、好貂，今所谓挹娄貂是也。”表明挹娄的土特产已辗转输入中原，受到汉人的重视。挹娄社会发展较缓慢。曹魏时，史称其“法俗最无纲纪”，大概尚徘徊于原始社会末期。

挹娄与高句丽国，也有过臣服关系。朱蒙建高句丽国后，北与挹娄南境毗连，以“恐侵盗为害”为由，出兵攻挹娄，迫使挹娄“畏服”。以后，挹娄时常遣使向高句丽献方物，121年（高句丽太祖大王六十九年）挹娄献有紫狐裘、白鹰、白马。当摆脱夫余人的统治，与曹魏政权建立臣属关系后，趁高句丽受到魏幽州刺史毌丘俭军的沉重打击之机，断绝了与高句丽国的来往。降至西晋，鲜卑慕容氏崛起，与高句丽争夺辽东，挹娄乘机南下，攻掠高句丽北境，“屠害边民”，以报旧仇，结果高句丽于280年（西川王十一年）发兵征讨，降其“部落六七所以为附庸”，掠走挹娄“六百余家”。此后很长一段时间，双方处于敌对状态。谈德为高句丽国王后，在进攻百济取得胜利后，398年（好太王八年）“遣偏师”进攻挹娄，挹娄大败，300余人被俘，挹娄再度被迫屈服，“朝贡论事”。高句丽迁都平壤后，挹娄后裔勿吉、靺鞨，多次受高句丽王调遣，随高句丽兵攻新罗，征百济，“侵辽西”。

挹娄虽深受夫余、高句丽的民族压迫和剥削，但凭着“便乘船”“善射”的优势，对居住今图们江流域人少势弱的北沃沮，进行肆无忌惮的“寇钞”，致使北沃沮人常躲到深山岩穴中防备其袭击，只在冬天冰封河道后，才返回村中居住。

挹娄与中原王朝和邻近各民族的经济文化交流，在上述政治关系时已经涉及，这里需要补充的，是挹娄在两汉时臣属夫余国的情况。由于夫余国是汉玄菟郡管辖下的“藩属”，且与汉王朝的关系又比较紧密，所以在那时，挹娄人与中原或汉区的经济文化交流比以前频繁。《汉书·司马相如传》中有，“今齐列为东蕃，而外私肃慎”，讲的就是山东半岛一带的居民，在西汉时代通过海路与挹娄人的经济文化交往。20世纪以来的考古发掘，提供了更丰富的资料，今俄罗斯伯力博物馆保存的在黑龙江流域发现的西汉五铢、东汉五铢、大泉五十、小泉直一、么泉一十、幼泉二十、中泉三十、壮泉四十等钱币，今黑龙江省东宁县团结遗址发现形制类似东北南部地区汉代使用的铁镰和西汉宣帝时流通的五铢钱，在宁安县东康遗址出土富有古代黄河流域文化特点的穿孔石刀、石镰、陶豆等农业生产工具和生活用具，证实挹娄在这一时期与中原或汉区的经济文化交往，不但未因挹娄臣属夫余中断，相反，随着时代进步，这种交往的确比肃慎时代更密切了。

（5）东北及朝鲜半岛的民族高句丽

高句丽作为族称，在西汉前期已经存在，汉武帝在公元前108年（元封二年）破卫氏朝鲜后，“以高句丽为县，使属玄菟”。高句丽县所辖居民，当是早已存在的高句丽人。高句丽用作国号，则晚在公元前37年（建昭二年）朱蒙建国时。高句丽名称的来源，说法很多：或以为其地“山高水丽”，或以其畜养“高大黑马”，或以其喜居山城而得名，还有说是由“秽貊一音的语根转化衍出”而来。根据“句丽”一词在今朝鲜语中有“邑”的意思，和晋人孔晁认为《逸周书•王会篇》中的“高夷”即高句丽分析，似与山城有关。高句丽又简称“句丽”，隋唐时称“高丽”。高句丽族的来源，主要出自濊貊，但分属很多支系。最初的高句丽人，是前述的高夷，在《三国史记》中称之为沸流国。公元前1世纪中叶以后，朱蒙一行南奔至此建国，又加入了夫余族的贵族。朱蒙建国后东征北伐，经过其后继者5个多世纪的努力，前述的发人、沃沮、东濊、部分夫余人，都为其兼并，成为高句丽族的组成部分。同时，在其发展壮大的过程中，也有不少古代朝鲜人和居于辽东一带的汉人加了进来，从而至5世纪初，高句丽族成了我国东北地区及朝鲜半岛上的一个庞大民族。

高句丽，秦汉时居住于我国东北，“在辽东（郡）之东千里。南与朝鲜、貊，东与沃沮，北与夫余接”。其地“多大山深谷，无原泽”，“无良田，虽力佃作，不足以实口腹”。有稻作产业，但农业尚在初期发展阶段。定居，“好治宫室，于所居之左右立大屋，祭鬼神”。“无大仓库，家家自有小仓。”“其人洁清自喜，善藏酿。”“其民喜歌舞，国中邑落暮夜男女群聚，相就歌戏。”

汉时，高句丽分为五部，“其国有王”，官吏多称“加”，“尊卑各有等级”。“无牢狱，有罪诸加评议，便杀之，没入妻子为奴婢。”汉时，高句丽与汉朝有较友好的关系。“汉时赐鼓吹技人，常从玄菟郡受朝服衣帻，高句丽令主其名籍。”王莽时，高句丽王驺不接受发兵助征匈奴的命令，驺被莽军所杀，高句丽则被贬为下句丽侯国。东汉初，高句丽王宫时，兵力复振，势力逐渐扩张，同时汉人迁入高句丽境内的也日益增多，对高句丽社会经济的发展很有作用。

4. 塞种、大月氏、乌孙等西域各族

“西域”，其名有广狭二义：广义，指我国新疆及其以西包括中亚、南亚、西亚等地；狭义，指巴尔喀什湖以东以南和我国新疆地区。从公元前3世纪—前2世纪起，东方各族，其中有匈奴人（居蒙古草原），塞种人（居锡尔河流域草原），大月氏人（居甘肃西部），还有邻近的乌孙人，

陆续向西方大规模地迁移，都是通过西域这个地区，故此西域可为历史与文化上中西交通的走廊，也是各游牧民族角逐的地区，曾经在西域出现过许多独立的王国。

塞种人，即雅利安人中的塞西安人，又译为西徐亚人，他们遭受月氏人的侵略，乃由伊犁河流域迁往印度河流域的东北部，建立了一个国家，这就是罽宾，即克什米尔，而残余的一部分则徙向帕米尔高原之西北，建立了休循、捐毒等小国。大月氏人，即我国古代民族之一，公元前2世纪中叶，由月氏分为大小月氏两支，大月氏逐渐西迁中亚阿姆河流域；小月氏仍旧在甘肃河西和青海湟中一带，早在商朝，《伊尹朝献商书》中提及月氏，此后其又活动于周朝的正北方。大月氏据说属于欧罗巴人种，“人民赤白色”，语言属印欧系，一种塞克语或东伊朗方言。乌孙人，在种族方面与塞种接近，其特征如唐颜师古注《汉书》述：“青眼、赤须。”

西域，这里有塔里木河无数支流的灌溉，又有肥美的沙漠田野，极适宜畜牧和农耕。秦汉时代，居住在这里的一些原始部落，占有这一块块绿洲，建筑城郭，逐渐形成了许多号称“国”的小城邦。在大沙漠以南，自楼兰沿昆仑山北麓西行，有条通道至莎车，约有十余“国”，总称“南道诸国”。自莎车向西南，至帕米尔高原山谷之间，也有几个小“国”，总称“葱岭诸国”。在沙漠以北，自疏勒沿天山南麓东行至狐胡，亦有十余“国”，总称“北道诸国”。沙漠南北诸“国”，皆以种植、畜牧为生，有城郭庐舍，故统称为“城郭诸国”。“葱岭诸国”由于耕种面积小，一般都过着随畜转徙的游牧生活。天山以北，一直延展到西伯利亚的极南边，都是高山深谷，山谷中有许多小河和湖泊，这是一个山岳地带。在阿尔泰山与天山之间有块很大的平原，即准噶尔盆地。这里，气候湿润，水草肥美，最适宜于畜牧。汉初，分布于这一带的人们，也分为许多小“国”，统称为“山后诸国”。

天山南北地区，约在公元前2世纪初叶，被蒙古草原上的匈奴所征服。匈奴贵族不仅任意劫掠西域人口以为奴隶，而且还以贡赋形式掠夺其财富以及一切资源。但是，西域各族人民并不甘心匈奴奴隶主的奴役和剥削。西域诸国“虽属匈奴，不相亲附，匈奴能得其马畜旃罽，而不能统率与之进退”。这便为后来汉朝进行的一系列通西域的活动提供了极为重要的条件。

在汉代，西域的民族分布错综复杂。自楼兰沿昆仑山北麓西行至莎车，自莎车向西南，至帕米尔高原的各小国居民，大都属于羌、氐种。而自疏勒以西北则基本上为塞种。“昔匈奴破大月氏，大月氏西君大夏，而塞王南君罽宾。塞种分散，往往为数国。自疏勒以西北，休循、捐毒之属，皆故塞种也。”（《汉书·西域传》）那时的民族分布并不固定，却有变化，常常受到动荡的军事、政治、经济活动的直接影响。就乌孙而言，“东与匈奴，西北与康居，西与大宛，南与城郭诸国相接。本塞地也。大月氏西破走塞王，塞王南越县度，大月氏居其地。后乌孙昆莫击破大月氏，大月氏徙西臣大夏，而乌孙昆莫居之，故乌孙民有塞种、大月氏种云”（《汉书·西域传》）。关于塞种人的特征，在大沙漠以北的“北道诸国”，其居民多系原始的蒙古种。至于天山以北地区的种族则非常复杂，有原始的蒙古人，有塞种人，也有一部分羌族的苗裔。从西域的经济状况来看，有的地区农业发达，有的地区则以畜牧业为主，这些地区皆兼有一定的手工业，或三者兼有。自且末以西的南道各地，都有较发达的农业、畜牧业和冶铸手工业，并且接近于汉朝的水平。这些地方因为与汉接触较早，也就受汉人的影响较多。北道各地大都也是农业区，有的兼营畜牧，尤其像疏勒那样的地方，正处中西交通的要道，其商业较为繁盛。疏勒“有市列，西当大月氏、大宛、康居道也”。一般说，处于南北道上的一些地区，其社会发展阶段比较先进。从新疆出土的佉卢文文书中，可以看到东汉时期南疆某些地区已出现土地私有、自由买卖和租佃制度。这种情况表明，当时这些地区已产生封建生产关系。

山后各地，大都是随畜逐水草的游牧民族。其中大者有车师、乌孙。“车师地肥美”，有城郭田畜，是个农业和畜牧都发达的地区。乌孙“地莽平”，“不田作种树，随畜逐水草，与匈奴同俗。国多马，富人至四五千匹。”

从西域各族的政治组织形态看，西域中较大的“国”如乌孙，其政治组织较完整，国王以下有“相、大禄，左右大将二人，侯三人，大将、都尉各一人，大监二人，大吏一人，舍中大吏二人，骑君一人”等官属。可见乌孙已经具备了国家组织形式。关于西域各地方的兵制，他们的军队数字在西域全人口中占有相当大的比重，差不多每 3 ～ 4 人就有 1 兵。如乌孙人口 63 万，胜兵 188800 人。鄯善人口 14100 人，胜兵 2912 人。这种特殊的兵役制度正说明他们之间复杂的政治关系和频繁的战争。这也反映出他们的社会组织还保留着氏族部落的显明特征，这种氏族部落组织既是生产的又是军事的组织。

在西域的政治组织中，值得注意的是：一、西域各地所设置的官职称号，自国王以下有侯、相、将、丞、都尉等。这种官僚机构的出现，显然是受汉朝政治制度的影响，或者就是汉朝所派遣的。二、译长的设置。在西域诸“国”中，凡是当道“国”都设有译长，少则一人，多则竟有四人，表明西域各地的语言很不统一。由于当时商业交通比较频繁，故需要大量翻译人员。三、击胡官的设置，大都是在北道距匈奴势力较近的地区。如焉耆有却胡侯、击胡都尉、击胡左右君；危须有击胡都尉、击胡君；龟兹有击胡侯、却胡都尉、却胡君；疏勒有击胡侯；尉犁有击胡君等。这显然是受汉政府影响设置的，是西域与汉共同防备匈奴的军事联合组织。

汉通西域后，西域各族积极乐取先进的汉族生产工具和技术，以及汉文化。宣帝时，“乌孙公主遣女来至京师学鼓琴，汉遣侍郎乐奉送主女，过龟兹。”龟兹王留不遣，要求婚姻，得到允许成婚后，夫妻双方要求入汉朝贺。龟兹王“乐汉衣服制度，归其国，治宫室，作徼道周卫，出入传呼，如汉家仪。”汉的衣冠礼制和音乐歌舞为龟兹所吸收。又如莎车王延，“元帝时，尝为侍子，长于京师，慕乐中国，亦复参其典法。常敕诸子，当世奉汉家。”其子康继位后，“光武初，康率旁国拒匈奴，拥卫故都护吏士妻子千余口，檄书河西，问中国动静，自陈思慕汉家。”所有这些活动，表明汉族先进的经济、文化为西域各族所仰慕和吸收。这对推动西域各族的发展具有不可忽视的重要作用。

5. 历史悠久与关系密切的氐族和羌族

氐和羌是我国古代历史悠久的两个关系密切的民族。

氐族的原始分布地在今甘肃东南、陕西西南、四川西北地区，即汉武都天水、陇西、广汉等郡一带。《汉书·地理志》记：武都郡的武都（治今甘肃西和西南）、故道（治今陕西宝鸡南）、河池（治今甘肃徽县北）、平乐道（治今甘肃武都东北）、沮（治今陕西略阳东），嘉陵道（治今陕西略阳东北）、循成道（治今陕西略阳西北）、陇西郡的氐道（治今甘肃天水），蜀郡的湔氐道（治今四川松潘北）皆为氐族所居。氐人的分布，在秦陇、巴蜀之间。其地山陵险阻，峻阪相接。汉人之称氐人为“氐”，和氐人居住的地形有很大关系。

氐族处于汉、羌两族之间，与汉、羌两族很早就有密切联系，深受两族影响，但氐族仍然具有既不同于汉又不同于羌的民族特点。《魏略·西戎传》云：“其俗，语不与中国同，及羌、杂胡同，各自有姓，姓如中国之姓矣。其衣服尚青绛。俗能织布，善田种，畜养豕、牛、马、驴、骡。其妇人嫁时著衽露，其缘饰之制有似羌，衽露有似中国袍。皆编发。多知中国语，由与中国错居故也。其自还种落间则自氐语。其嫁娶有似于羌。”这说明氐族有自己的民族语言，与中原汉语不同，但由于与汉联系交往多，又多懂汉语；氐族的社会经济，主要经营农业，过定居农耕生活，兼饲养牲畜，牲畜中猪的饲养，是表明定居的一个重要标志。《后汉书·南蛮西南夷列传·西南夷传》叙述白马氐的经济云：“土地险阻，有麻田，出名马、牛、羊、漆、蜜。”氐族的农业和纺织都有相当的水平。汉末，汉军曾在武都“下辩收氐谷十余万斛”；氐人的麻织品很早就受到汉人的重视。氐人营建板屋定居有悠久的历史。《诗经·秦风·小戎》：“其在板屋，乱我心曲。”《毛传》：“西戎板屋。”然此所谓西戎，主要指氐，不指羌。《汉书·地理志》云：“天水、陇西，山多林木，民以板为室屋。”天水、陇西二郡，春秋之时西羌尚未东迁，在二郡之中，特别是天水以南的武都郡，自古即为氐族分布所在，所以此所谓西戎主要指氐族，并不包括羌族在内。风俗习惯上，氐人服装喜穿青绛二色麻布衣。《说文》：“绛，大赤也。”氐人服色爱好青与赤二种。妇女皆编发。氐人早期的葬俗是火葬，与羌族相同。《荀子·大略》：“氐羌之虏也，不忧其系垒也，而忧其不焚也。”可知氐人行火葬。

氐族支系众多，各有称号。各部自有豪帅，不相统一。其中以白马氐最为强大，居于仇池（今甘肃成县仇池山）。汉朝廷向西和西南开拓。氐人部分内属，部分移居深山。汉武帝元鼎六年（公元前111年）拓氐人之地，设武都郡；仇池山势险要，氐族豪帅常据之以自固。其后，氐族虽有武装反抗，但往往为汉族统治阶级所镇压。氐族统属郡县后，长期与汉族错居，受汉经济、文化影响，差别日益缩小。

羌族最先住居的地区在河西走廊之南，洮、岷二州之西。分布的中心在青海东部古之所谓“河曲”（黄河九曲）及其以西以北各地。

羌族最初以畜牧、射猎为业。有位杰出首领爰剑，被秦掳去做了奴隶，在秦学会了农耕技术，逃回河湟地区后，把自己学到的农业生产技术传授给羌人，从此羌族逐步改变了从前原始的射猎、游牧生活。战国后期，羌族就开始兼营农业。实际上这与爰剑根本关系不大，河湟地区的羌族人民很早便在那里开辟了许多农田。“计度临羌（今青海湟源东南）东至浩亹（今青海乐都东），羌虏故田及公田，民所未垦，可二千顷以上”，可见那时的垦种面积已经很大了，而且“田土肥壤，灌溉流通。如今羌在湟中，则为害不休，不可弃也”。此外，大、小榆谷（约在今青海贵德县境之黄河南）也是个“土地肥美”宜于农业的好地方。此地“又有西海鱼盐之利，缘山滨水，以广田蓄”。此亦可见羌族当时的农业发展状况了。汉代，羌族的畜牧业也较为发达，已实行定居或半定居的畜牧生活，畜产品主要是马、骡、驴、牛、羊。这些家畜，他们用来作为生产和运输工具，也是他们的衣食来源，所以汉代人说：羌“以畜产为命”。《后汉书·西羌传》记载了许多次汉军掠夺羌族牲畜的事件，少则数千头，多则上万头，甚至数十万头。这些事实从另外一方面则说明羌族的畜牧业是颇为发达的。

羌族的社会政治组织，在东汉时，正从无阶级的氏族社会向阶级社会过渡。史籍所谓“十二世后，相与婚姻”，即十二代之后，许多新的氏族组织便从旧氏族内分衍出来。羌人氏族众多，据《后汉书·西羌传》记，以祖先的名字命名者，如“研种羌”“烧当羌”“滇零羌”等；以所在地为名者，如在白马氐地区和广汉徼外白马山的都称作白马羌，在武都参狼谷的称参狼羌。以母方氏族为名的，则有“累姐”“牢姐”“勒姐”等羌。东汉时，羌族的社会阶级已经产生。如居于大、小榆谷的先零羌凭恃自己的富强侵犯烧当羌。烧当羌的首领滇良招集附近种落，掩击先零、卑湳二种羌，杀3000人，掠取财物，占据大、小榆谷。这些事实说明在财富积累过程中，从氏族混战和掠夺的过程中，社会阶级的分化一天比一天明显了。分化的现象，表现为健者为豪，带领部民去侵凌弱小的部落。分化现象的另一方面，表现在豪富羌酋多娶妻妾，及聘礼须用大量牛羊牲畜的风俗。羌族在阶级分化过程中，形成了许多部落集团。《后汉书·西羌传》记载，东汉时爰剑的子孙分衍为150种。此所谓“种”，指羌族的部落集团。东汉顺帝时，各个部落集团大约估计共有胜兵20万人。从这些事实可以看出，西羌的“种”或部落集团是由许多部落组成的。这些部落又由许多具有血缘关系的氏族组成。氏族间的关系，在12世纪以后，各氏族成员除了同祖的关系外，又加上了一种婚姻的纽带。因此，部落成员在集团对外时可以发生一定的巩固作用。但是东汉时，已经有52种部落集团分散、灭亡，有些弱小部落变成了强大部落集团的附庸。这样，在集团之内便产生了统治部落和被统治部落的区分，阶级的分化从此出现。同时，许多部落集团之间，由于掠夺耕地和牧场，由于婚姻纠纷，或争夺财富，彼此经常发生战争。一旦外族来犯，他们组织诸部落集团的办法便是解仇结婚，交质盟诅。元康三年（公元前63年），先零羌与诸羌种豪酋200余人解仇交质盟诅。东汉章和元年（公元87年），汉护羌校尉杀烧当羌的首领迷吾，迷吾子迷唐与烧何、当煎、当阗等相结，以子女及金银聘纳诸种，解仇交质，进兵陇西。2世纪初，属先零别种的滇零羌联合钟羌、当煎、勒姐、参狼以及上郡、西河的“东羌”，在北地郡建立了一个比较强盛的部落联盟。这个部落联盟虽然前后只有12年，但在羌族史上十分重要。史称其时“滇零等自称‘天子’”。这是羌族从无阶级的原始社会过渡到阶级社会建立的第一个过渡性的政权机构。但这是在汉代统治阶级压迫下成立起来的，自己并没有比较稳固的经济基础，又与河湟地区的广大羌民没有联系，更未与各郡的汉族人民相联合，所以这一政权机构的所在地丁奚城（在今宁夏灵武南）终于被东汉统治阶级攻夺，这个部落联盟又陷于分裂状态。

羌族在物质文化方面，汉代天山南路的婼羌早知用铁兵器。《汉书·西域传》云：“山有铁，自作兵。兵有弓、矛、服刀、剑、甲。”这表明羌人在西汉时已经使用铁矛、弓箭之类的武器。《东观汉记》载：元初中征伐滇零羌时，掠夺的兵器有铠、弩、刀、矛、战楯、匕首二三千枚。羌人的战术是长于骑兵。东汉虞诩说：“今虏皆马骑，日行数百，来如风雨，去如绝弦，以步追之，势不相及。”羌族居塞内者，称守塞羌，兼以农为业，其居住都是土屋；在塞外者，则多居庐帐。羌民的服饰，东汉初的班彪说：“羌胡被发左衽。”人死用火葬。《后汉书·南蛮西南夷列传》对汶山郡羌民的习俗记：“贵妇人，党母族。死则烧其尸。”这些都显示了羌族所特有的民族风俗习惯。

6. 西南夷有夜郎、滇、邛都、嶲、昆明、徙、筰都、白马、哀牢等

秦汉时期在蜀郡西南、西北广大地区有众多的少数民族和部落，总称为西南夷。其中，主要的有夜郎、滇、邛都、嶲、昆明、徙、筰都、白马、哀牢等。

夜郎在今贵州省的清镇、平坝、安顺、普定至关岭、晴隆一带。滇的部落在今滇池周围地带，与滇结成联盟的靡莫等部落则在今曲靖地区。邛都本部落在今四川西昌，围绕在邛都周围的众多小部落则散布在今凉山州境内。夜郎、滇、邛都等，“耕田有邑聚”。昆明部落群则分布在今保山市以东北至大理州境内。徙、筰都部落在今四川雅安地区一带。哀牢，主要分布在澜沧江以西。嶲、昆明等则“随畜迁徙，毋常处”；而徙、筰都等则兼营农牧。

上述各族的生产、经济水平也是不平衡的。夜郎“邑聚而居，能耕田”。滇池“有盐池田渔之饶，金银畜产之富”。滇的牲畜饲养也颇兴旺。公元前 109 年汉武帝征滇时，获“牛马羊属三十万”。在手工业方面，从晋宁石寨山滇王墓葬出土的文物中，有各种各样的青铜生产工具、武器、生活用具，以及金、银、玛瑙制成的装饰品等。邛都夷，“其土地平原，有稻田”。哀牢夷早已聚邑而居，农耕的“土地沃美，宜五谷、蚕桑。知染采文绣，罽毲帛叠，兰干细布，织成文章如绫锦。有梧桐木华，绩以为布，幅广五尺，洁白不受垢污”。并且产“铜、铁、铅、锡、金、银、光珠”等。东汉时，哀牢人已有较发达的农业，且利用当地特产，生产出内地尚为稀少的木棉布，等等。

西南夷地区经济的逐步发展，汉初即与内地巴、蜀有着交换关系。通过西南夷地区的中间贸易，汉族地区一些商品，辗转贩运到边疆地区，甚至远销国外南亚地区。汉武帝建元六年（公元前 135 年），唐蒙出使南越（首邑在今广州），南越人把蜀出产的枸酱给唐蒙吃。唐蒙问枸酱的由来，

南越人回答说是从牂牁江（今贵州省境内之北盘江）上运来的。

元狩元年（公元前122年），张骞出使大夏，见到了“蜀布、邛竹杖”。大夏人说“蜀布、邛竹杖”乃他们在身毒（今印度）得之于蜀郡商人之手。汉对西南夷地区的开拓，西汉初年，内地和边疆各族经济同时得到发展的形势，为汉武帝开拓边疆活动提供了有利的条件。建元六年（公元前135年），武帝遣唐蒙出使夜郎，招抚夜郎侯多同，置犍为郡。接着又命司马相如招抚邛、笮，置一都尉、十余县，属蜀郡。元狩元年（公元前122年），张骞自大夏归国，建议开西南夷路，以通身毒。武帝派出的使者虽得滇王之助，但均被昆明夷阻留，未能成功。南越反，武帝欲自犍为郡发南夷兵，南夷不从，遂反，杀汉使者及犍为太守。元鼎六年（公元前111年）汉平南夷，置牂牁郡（今贵州大部及云南东部）。夜郎侯迎降，汉封他为王。于是西南诸夷皆争求内属。武帝以邛都为越嶲郡（今四川西昌地区、云南丽江、楚雄北部），以笮都为沈黎郡（今四川汉源一带），以白马为武都郡（今甘肃武都一带）。元封二年（公元前109年），汉又出兵伐滇。滇降，以其地为益州郡（今云南晋宁晋城），赐滇王王印，使治其族。

西汉末，夜郎王兴与钩町王禹、漏卧侯俞连年攻伐。汉遣使调解，兴等不从。成帝河平二年（公元前27年），牂牁太守陈立杀兴，灭夜郎。王莽时，西南夷连年起兵反抗，王莽派兵镇压，连年不克。

东汉初，西南夷地区再次进入汉的版图。明帝永平十年（公元67年），又设益州西部属国，管理不韦（今云南保山）、嶲唐（今云南云龙）等地的哀牢族和云南（今云南祥云）、楪榆（今云南大理）、比苏（今云南云龙、兰坪）、邪龙（今云南巍山、漾鼻）四县的昆明族。十二年，哀牢王柳貌遣子率族人内附。明帝在其地置哀牢（今云南腾冲、龙陵、德宏州）、博南（今云南永平）两县，合益州西部属国所领六县为永昌郡。哀牢的土著君长被封为哀牢王，在郡太守辖下统领其部落，哀牢居地是自蜀通往掸、身毒一路的门户，地位特别重要。

汉开拓西南夷，在经济、文化上有积极的影响。两汉之际，文齐作益州郡太守，团结郡内夷、汉各族，“甚得其和”，且发动各族人民，共同“造起陂池，开通灌溉，垦田二千余顷”。时值公孙述据蜀，隔断了益州郡与内地的联系，述并“拘其妻子，许以封侯”，要挟文齐投降。文齐在当地各族拥护之下，抵制了公孙述的威胁，派人到内地与东汉取得联系，使益州郡始终保持在统一的版图内，而经济的发展未受国内战争的影响。东汉明帝时，郑纯任益州郡西部都尉（驻今云龙县旧州）。郑纯“为政清洁，化行夷貊，君长感慕，皆献土珍，颂德美”，因此升任永昌太守。“纯与哀牢夷人约，邑豪岁输布贯头衣二领，盐一斛，以为常赋，夷俗安之。”郑纯执行了不作过苛索取的政策，缓和各族矛盾，受到各族的拥戴，从而带来了当地社会秩序的安定。和帝时，张翕为越巂郡太守，“政化清平”，深得“夷人爱慕”。

汉文化对西南地区的影响较为深远。在民族间的纷争较少的情况下，当时的夷、汉两族才有更多交流生产的机会，汉族先进经济才有可能发挥积极的影响。西汉中朝以前，西南夷各族以使用青铜器为主，铁质生产工具靠从蜀都输入。西汉中期以后，汉族移民带入的铁工具进一步推广。在晋宁石寨山出土的西汉中期以后的生产工具中，铁器已经占一定数量，有锛、剑、削、铜柄铁刃斧等，共92件。贵州清镇、平坝发掘的同时期墓葬中，也发现了铁制的犁、锄、斧、刀、剑等。东汉时，西南夷中一些地方的铁矿已直接被开采，用以就地制造铁工具。据《汉书·地理志》载，西南夷地区共5郡，只有犍为郡武阳、南安产铁，设有铁官；《续汉书·郡国志》载，东汉时西南夷地区越巂郡台登（今四川凉山州冕宁）、会无（今四川凉山州会理），益州郡滇池（今云南晋宁），永昌郡不韦（今云南保山）等县产铁，并设有铁官，比西汉时产铁的地点大为增多。至于铜、锡、铅矿的开采范围，则比西汉更加扩大。滇池周围地带成为更加富庶的地方，“居官者皆富及累世”。夜郎、哀牢、邛都的部分地方的物产，也较西汉时期增多。

当一些地方受汉族经济影响，生产有所提高之时，汉文化也逐步为一部分夷族所接受。两汉的政治、经济、文化推动西南夷地区的发展，具有历史的进步意义。但阶级剥削既然是一种必然现象，民族压迫也不可避免。两汉在西南夷地区设置的郡县称“初郡”或“边郡”。郡县既任命太守、令长、长史，又封部族土著君长为王、侯、邑长，实行两重统治。太守、令、长等往往赋敛烦苛，又不能与当地土官和睦相处，因而西南夷地区不断发生反抗事件，有时酿成较大规模的战争。

7. 蛮与越是古代南方少数民族与东南部民族之称

蛮是对古代南方少数民族的泛称。秦汉时，槃瓠、廪君、板楯，是蛮的三个主要分支。

越是我国古代东南部民族名。战国秦汉时期，越人分布地区很广。

蛮的三个主要分支之一的槃瓠蛮，因以神犬槃瓠为图腾而得名。秦汉时，居住在武陵郡（今湘西、黔东及鄂西南边缘地区）、长沙郡（今湘中、湘南地区），故又称“武陵蛮”或“长沙蛮”。武陵郡的沅水有雄、樠、辰、酉、武五条支流，称五溪，故聚居于当地的蛮族又有“五溪蛮”之称。史称槃瓠蛮“好入山壑，不乐平旷”。蛮人多居山地，从事农业，与邻近的民族有货物交换的关系。蛮人有自己的家庭手工业，能织木皮成布，以草实为染料，衣服可染做得五颜六色，十分耀眼。秦汉时，槃瓠蛮部落分散，有“邑君长”，并各有首领。汉朝廷授予首领以邑君、邑长的称号，并颁赐印绶。

蛮族有悠久的历史，并在传说时代的唐虞时，就与中原互有往来，东汉时就格外突出。那时由于官府徭役失平，妄增租赋，槃瓠蛮屡有不满，奋起反抗。蛮人砍杀长吏，火烧官府，终汉之世，连绵不断。蛮人经常反击进剿的汉军，总是取胜，并将胜势逐步扩展，自北战到南郡江陵一带，自东南扩到零陵、桂阳等郡。

秦汉时的廪君蛮，有巴、樊、瞫、相、郑 5 个氏族，巴氏的首领务相被公认为 5 个氏族的共主，号称廪君。那时，务相带领 5 个氏族的百姓开垦耕地，生产自息，久而久之，遂以廪君称为族名。廪君蛮人早期活动在夷水（今鄂西南清江）流域，后来扩展到巴中、黔中（今川东南、黔东北、鄂西、湘西地区）。因为廪君蛮人的地区与汉的巴郡、南郡相当，所以廪君蛮又被称为巴郡南郡蛮。有趣的是廪君蛮有崇拜白虎和以人祠虎的习俗，表明他们以白虎为图腾，这正为了永久纪念廪君，因为相传廪君死后，便有“魂魄世为白虎。巴氏以虎饮人血，遂以人祠焉”的说故。

秦灭巴、蜀以后，巴氏仍世为廪君族君长，并娶秦女为妻。东汉时，廪君蛮人户发展增殖，建武年间曾经因为反抗东汉的统治，有7000多人被强行迁徙到江夏郡（今鄂东地区）一带。此后，因东汉官府“收税不均”，廪君蛮人仍旧武力反抗。迁入江夏郡的廪君蛮，在大别山南麓的巴水、蕲水、希水（今浠水）、赤亭水（今举水）、西归水（今倒水）等五水流域生息繁衍，其中一部分向东北进入了庐江郡。这就是当时廪君蛮的生存概况。

再说板楯蛮，他们分布在巴郡阆中（今四川阆中）一带，沿渝水（今嘉陵江）居住，并有“其人勇猛，善于兵战”一说。这一说并与他们的板楯蛮名称有关。因为板楯蛮人作战时，常常使用木板为楯，冲锋陷阵，大有名气，顾名思义就被称为“板楯蛮”。相传秦昭襄王时，白虎危害百姓，板楯蛮人应募“作白竹之弩，乃登楼射杀白虎”。秦朝官府为了奖励板楯蛮人，便与他们盟誓，相约“复夷人顷田不租，十妻不算，伤人者论，杀人者得以倓钱赎死”，秦与板楯十分要好。楚汉相争时，板楯蛮从汉高祖还定三秦有功。战后，“遣还巴中”，免除其部落首领罗、朴、督、鄂、度、夕、龚7姓的租赋，余户岁纳“賨钱”四十。因此，板楯蛮又有“白虎夷”“白虎复夷”或“賨人”之称，又因他们居住在巴地，又有“巴人”之称。

板楯蛮从事农业生产，擅长狩猎，能歌善舞，生气蓬勃。汉高祖刘邦曾赞赏过板楯蛮人的歌舞，“乃命乐人习之，所谓巴渝舞也”。板楯蛮的各部落首领分别被汉朝封为夷王、邑君、邑长。东汉时，因为板楯蛮人英勇善战，汉朝经常征调他们从军，北上汉中，与羌人作战，两败羌人；又东下武陵，镇压叛蛮；南入益州，助平南夷，屡立战功。但是此时，官府反而对板楯蛮“更赋至重，仆役箠楚，过于奴虏”。哪里有压迫，哪里就有反抗，板楯蛮人“愁于赋役，困罹酷刑，故邑落相聚，以致叛戾”。灵帝时，板楯蛮人揭竿而起，进行了大规模的反抗斗争，“寇掠三蜀及汉中诸郡”。

与此同时，板楯蛮人由于自身的极大活力，板楯蛮种姓得以发展，“繁昌，分为数十姓”。著名的板楯蛮种姓有李氏、范氏、泉氏、扶氏等，都是后起的蛮种大姓。从板楯7姓到数十姓的衍变，标志着板楯蛮种族的兴盛，以致随之而来的自身势力的迅速发展。

谈到百越的族系，越是我国古代东南部民族名。从战国到秦汉时期，越人分布在我国古代东南部的地区，十分广泛。《吕氏春秋·恃君览》曰：“扬汉之南，百越之际”，故对此越人称为“扬越”。越人族系繁多，各部杂居共处，又互不统属，故此称其为“百越”。“百越”之百，泛指多多，著名百越者，有东越（闽越、东瓯）、南越、西瓯、雒越等等。百越虽广又多，但有共同的民族特征和族名。从战国到两汉，百越有三个公认的族名，即“越”“骆”“瓯”，其中“瓯”“骆”则是本族自己的称名，而“越”则是华夏的称名。他们都居住在中国古代东南沿海，以至五岭以南和瓯江、闽江流域。他们有着本民族的语言“越语”，只能说越语，既不同于中原华夏的语言，也不同于邻近楚人的语言。他们各部落都以种稻田为主，兼营渔猎或狩猎。正如史籍所说，“楚越之地，地广人稀，饭稻羹鱼，或火耕而水耨，果隋蠃蛤，不待贾而足”，“男子耕农，种稻禾，苎麻；女子蚕桑织绩”，“江南地广，或火耕水耨。民食鱼稻，以渔猎山伐为业，果蓏蠃蛤，食物常足。”百越之人，当时生产和生活得如此悠闲美好。

在战国时，越人冶铸的青铜剑，以其锋利而著称。岭南的越人，则以铜鼓的制作而显赫，并有大量的传世铜鼓。铜鼓的铸造之精，雕镂之精，图案之美，举世罕见，在我国的历史文献上多有记载自东汉以来的铜鼓使用、流传和出土情况。如今出土的铜鼓，最多的地方是广西，多达500面以上。

越人的共同习俗也多具奇特。如住宅则用柱搭架为楼阁，人居楼上，饲养的牲畜家禽则在楼下，当地称之为“干栏”；如断发文身，“夫剪发文身，错臂左衽，瓯越之民也”，“越，方外之地，劗发文身之民也”；熟悉水性，善于水上活动，“水行而山处，以船为车，以楫为马，往若飘风，去则难从”，“习于水斗，便于用舟”，等等。那时的百越，在战国、秦汉时期，已是形成一个族系了。

百越的社会发展是不平衡的。分布在东南的百越部落也是如此。南越的番禺（今广州），商品经济发达，汉代已成为我国南方海外贸易的门户。番禺通过秦水（今北江）、郁水（今西江）与江南及西南的内地交往密切，并互通货物。如蜀地产的枸酱，通过夜郎，可转输到南越。那时的沿海航行，往北可达会稽（今江苏长江以南地区）、东冶（今福建福州）等地，因而贸易兴盛，成为岭南与内地商品交流的枢纽。古代岭南最先兴起的城邑也分布在河道沿线，著名的于番禺外，还有广信、布山、合浦等地。那时的城邑，人口密集，交通方便，经济发展，文化繁荣，最先成为百越地区的经济中心。但在农村和山区，经济文化则处在闭塞落后的状态，东汉以前还是“以射猎为业，不知牛耕”。

百越先民早在传说中的远古时代，便与中原有了联系。春秋时期，越族中的先进部落联盟于越，在江浙一带建立了越国，吞并了邻近的吴国，并与其他诸侯国逐鹿中原，进而更便于接纳中原华夏族的影响。战国时期，楚灭越，楚势力向南发展，越族相当多的地区成为楚国的地盘。秦汉时，百越各部已融入了多民族国家的统一体系之中。公元前 222 年，秦灭楚，降服了越君，秦以其地置会稽郡（今江苏苏北）。秦统一六国后，在瓯闽地区置闽中郡（治今福建福州），在南越、西瓯及骆越地设置南海郡（治今广东广州）、桂林郡（治今广西桂平西南）、象郡（治今广西崇左境），大徙中原与百越的百姓杂居共处。但西瓯余部退入丛林，继续顽抗，并曾挫败秦军。秦末农民起义，不少早已徙居淮北的越人参加了起义军。被废黜的越君无诸和摇也率领越人，鄱君吴芮投入了起义的队伍，并在推翻秦朝的斗争中大有作为。秦南海郡龙川令赵佗，当时代行南海尉事，乘机起兵割据，击并桂林、象郡，自立为南越武王。公元前 202 年，汉朝建立，无诸协助刘邦灭了项羽，因功复立为闽越王，王闽中故地，立都东治（治今福建福州）。公元前 192 年，“举高帝时越功”，摇也复立为东海王，立都东瓯（治今浙江温州），为东瓯王。公元前 196 年，汉封赵佗为南越王，立都番禺（今广东广州）。公元前 195 年，立越裔南武侯织为南海王，遥领揭阳（今广东揭阳）。这时，西瓯君长也“南面称王”，南徙雒越（今越南北部）的蜀王子也称安阳王。这些百越地方政权，相对独立，但随着汉朝集权的逐步加强，发生了变化。公元前 180 年前后，西瓯王、安阳王为赵佗所灭，在雒越设置了交趾、九真二郡。公元前 179—前 174 年，南海王策反，汉朝平息之，徙其民至上淦（今江西新干）。公元前 138 年，闽越攻东瓯，东瓯请举国内徙，“乃悉举众来，处江淮之间”。公元前 112 年，南越王反汉，次年汉出兵灭掉南越，以其地置南海、苍梧、郁林、合浦、交趾、九真、日南 7 郡，并开珠崖、儋耳 2 郡。公元前 110 年，闽越反叛，汉朝出兵讨伐，闽越诸将杀闽越王后，投降，“诏军吏皆将其民徙处江淮间”。最终，百越各部全都在汉郡县的统治之下。

百越地区在统一的多民族国家的带动下，无论是经济，还是文化等方面都有了明显的发展。汉武帝之后，铁制工具显著增加，民族特点逐渐减弱，在百越与汉族的经济与文化几方面的相互影响下，加速了民族融合的大进程。

第十八讲　官吏的选用、考核

官吏的选用、考核，是国家政治中极为重大的问题，自古以来就不断积累官吏的选用、考核及其他相关的经验。秦汉时期，无论选举、任用、考课、赏罚等都有一套相应的规章制度。这些制度，是秦汉政治制度的重要组成部分。

1. 选官制度

官吏的选拔，史书称之为“选举”。

“春秋”以前的官吏，主要通过“世卿世禄”产生。“战国”的官吏选举，就发生了根本的变化，“世卿世禄”制逐渐被淘汰了。秦在统一前，“仕进之途，唯辟田与胜敌而已”，而其中的主要途径是胜敌。秦统一后，仕进之途应主要出于军功。到了汉代，在秦的基础上，仕进建立和发展成了一整套的选举统治人才的制度，这是为了适应中央集权制封建国家统治的需要而规定的制度。这一整套的制度，包括察举、皇帝征召、公府与州郡辟除、大臣举荐、考试、任子、纳资及其他多种方式，不拘一格，并可交互使用。汉代统治者，正是通过这多种方式，才选拔出了不少对于国家政治、经济、文化等诸方面发展起了一定作用的优秀人才。正因如此，汉代在我国封建社会中，才能占有相当重要的历史地位。

选官的方式一：察举

察举也就是选举。这种选举是由下至上的一种推选人才为官的制度。这种制度，在秦汉以前，只不过是在选举下级官吏时使用的。到了秦朝，已经比较广泛地使用了。当时，韩信“贫无行，不得推择为吏”，“秦之法，任人而所任不善者，各以其罪罪之”。这其中的“任”，当作“保举”。当时的许多记载，都说明了秦比较普遍地实行了推举人才的制度。

汉高帝刘邦刚称帝不久，于十一年（公元前 196 年），下诏求贤，按照推举人才的制度，求贤对象是具有治国才能的“贤士大夫”，要求登记他们的品行、仪表和年龄；惠帝、高后时，都曾诏举“孝悌力田”，使其为民表率；文帝二年（公元前 178 年）、十五年（公元前 165 年）分别诏举“贤良方正能直言极谏者”。汉初时，晁错就是通过十五年的那次诏举，才入朝为官的，此后也才成为著名的政论家。到汉武帝时代，汉代察举成为一种比较完备的选官制度。

汉代察举的标准，“四科取士”：一为德行高妙，志节清白；二为学通行修，经中博士；三为明达法令，足以决疑，能按章覆问，文中御史；四为刚毅多略，遭事不惑，明足以决，才任三辅令，皆有孝悌廉公之行。“四科取士”约起于西汉，下迄东汉，未改。那时单举其中的一、二科，或全举四科，均需诏令，才可临时规定。察举的标准，貌似四科，但察举的具体科目繁多，主要有孝廉、茂才、贤良方正、文学（通常指经学）以及明经、明法、尤异、治剧、兵法、阴阳灾异等临时规定的特殊科目。这些都是功名，有了功名，便可实授官职。

当时，察举的主要科目如下：

①孝廉。孝廉即孝子廉吏。

武帝元光元年（公元前 134 年）“初令郡国举孝廉各一人”。这是举孝廉的开始，本为举孝察廉二科，即举孝子和廉吏各一人。然而在后来的通常情况下，“孝”与“廉”往往连称，而混同为一科了。武帝初次诏举孝廉，由于汉承秦法，举人失当者有罪，所以各郡国对察举孝廉并不积极，“或至阖郡而不荐一人”。所以，武帝在元朔元年（公元前 128 年），又下了一道“郡国必须举人”的诏书，“不举孝，不奉诏，当以不敬论；不察廉，不胜任也，当免”。自此，举孝廉也就形成了制度，并且严格地贯彻执行。这项察举孝廉的制度，郡国每年都要向朝廷推荐人才，孝廉一科也就成为入仕的正途，举孝廉也就成了一种政治待遇和权力。

当时，各郡国的人口数不均，多则 50 万～ 60 万，少则不过 20 万，但所举孝廉名额却是相同的，事实上并不均等。由于名额的多少，关系到郡国的被举者，也就关系到了举人的2000石郡国守相，因为孝廉既成入仕正途，举孝廉也就成了一种政治待遇和权力。名额不均，其结果也就会引起异议。为此，至东汉和帝永元之际，就改为以人口为标准，有20万人的，每年举孝廉一人；不足20万人的，每两年就举孝廉1人；不满10万人的，每三年就举孝廉1人。和帝对于边郡少数民族杂居地区，又实行了优宽政策，规定“缘边郡口十万以上岁举孝廉一人；不满十万，二岁举一人；五万以下，三岁举一人。”这样限定期限和名额，就可使察举孝廉有制度的保证。当然，也不免会有滥竽充数的现象。

在汉代，从被举者的资历来看，大多为州郡属吏或通晓经书的儒生。从任用的情况来看，在中央的则以郎署为主，再迁为尚书、侍御史、侍中、中郎将等官；在地方的则为令、长、丞，再迁为太守、刺史。在汉代，可见孝廉一科，实乃清流之目，为官吏进身的正途。自汉武帝至东汉，一些所谓名公巨卿，有不少是出自孝廉，这对于汉代的政治影响，是相当大的。

②茂材。茂材就是西汉的秀才。东汉时，避光武帝刘秀讳改为茂材，或写作茂才，与孝廉同为两汉重要的察举科目。察举茂材亦始于汉武帝。元封五年（公元前106年），“名臣文武欲尽，诏曰：‘……其令州郡察吏民有茂才异等，可为将相及使绝国者。’”这便是举茂材的开始。宣帝、元帝时，也都有察举茂材的不同诏令。这个时期所举的茂材多为现任官吏，而且是属于特举，与孝廉岁举的情况不同。东汉建武十二年（公元36年）诏书：“三公举茂才各一人，……光禄发举茂才四行各一人，……监察御史、司隶、州牧岁举茂才各一人。”此后，茂材也和孝廉一样，变成了每年一举。孝廉属于郡举，而茂材则是州举，因此茂材的数目相对较少。据上引诏书，三公举三人，十三部刺史举十三人，总计不过十六人；再加上光禄、监察御史所举，亦不过二十人左右。那时茂材的出路多为地方县令，而孝廉则多为郎官。东汉官制，县令是1000石官，郎官最高不过600石，可见茂材为重用。名额少而得重任用，这是茂材比孝廉的可贵之处，也是两者的不同之处。汉代被察举为孝廉、茂材的，先举孝廉，后举茂材，这也可见茂材比孝廉为高。

③贤良方正。自文帝二年（公元前178年）始，其后两汉诸帝，基本上都颁布过察举贤良方正的诏令，依诏令规定，守相严格察举。诏举贤良方正，常连言能直言极谏者，其目的是广开直言之路。当时，流行着一种

风俗，即灾异是上天对人间帝王的谴告，一旦天降灾异，人间帝王就要下罪己诏，征求人间之意，以匡正过失。文帝二年的诏举，就是出现了日食的缘故，在出现日食之后诏举贤良方正。在汉代，也有几次不言贤良方正，而单举直言者。东汉安帝永初元年（107 年）、五年（111 年）两次诏举贤良方正，均曾连言“有道术之士”，建光元年（121 年）又诏令举“有道之士”。自此，“有道”也成了东汉察举的一科。

④文学。文学即经学，同样始举于文帝。因文学与贤良相近，故文帝十五年（公元前 165 年）诏举贤良，在《汉书·晁错传》中就连称贤良文学。此后贤良文学的连称，多见于史籍。察举文学正式见于皇帝诏令，始于昭帝始元五年（公元前 82 年），《汉书·昭帝纪》：“其令三辅、太常举贤良各二人，郡国文学高第各一人。”这里的贤良与文学区分很明显。贤良、文学、有道之士，是汉代选拔官吏的重要科目和途径，如晁错、董仲舒、公孙弘、严助等就是出于此科。但要指出的一点是不论贤良方正，或是文学、有道，都和孝廉、茂材不同，前者均为特举或特科，而后者则为岁举或常科。

在这里，应指出东汉灵帝置鸿都门文学，其流品颇杂。此鸿都门文学，与选拔治国人才的贤良、文学的察举，并不相同，是专门培养书画辞赋的学校而已。

⑤其他特科。除贤良、文学等科目之外，还有偶尔一举或数举的其他特科，尚有多种：

明经。明经就是通晓经学。自汉武帝尊崇儒学，明经也成为察举入仕的途径。在西汉，有些人或以明经为博士，或以明经为郎官。如韦贤、韦玄成父子，张禹、翟方进等人更以明经先后历位丞相。当时有句谚语：“遗子黄金满籝，不如教子一经”。

明法。明法就是通晓法律。汉朝治国的传统制度是儒法并用。因此在选官时，除了重视儒生外，也把明晓律令文法者作为察举的科目之一。两汉以明法被举者多出于司法部门的官吏。由于在断狱中显露了明习法令的才能，故得受举而升迁。

尤异。汉代官吏治绩突出者称“尤异”，其中治绩最好者称“第一”。察举尤异是从现任官吏中选拔人才，使其担任更高级职务的一个科目，此乃忠于职守的官吏的一种鼓励形式。

治剧。两汉郡县，因治理难易而有剧、平之分。能治剧，即能治理老大难的郡县。汉代统治者为鼓励能治剧者，亦列为察举一科。能治剧者，一般多任为县令或郡守。

勇猛知兵法。汉代察举勇猛知兵法，始于成帝。其后哀帝建平四年（公元前 3 年）、元寿元年（公元前 2 年）、平帝元始二年（公元 2 年）以至东汉安帝、顺帝、桓帝、灵帝均有诏令察举。举勇猛知兵法，多在两汉后期“灾变不息、盗贼众多”之时，此乃镇压农民起义，以维护封建统治的一项应需措施。

阴阳灾异。自董仲舒天人感应说流行以后，汉代君臣大都相信阴阳灾异与国家政治有密切关系。察举明阴阳灾异之士，诏举明习他们，也是在社会危机之时。统治者在危机面前束手无策，无能为之，也只能求助迷信。

以上察举科目之外，还有一些临时的选官方式。如诏举可充博士位者，诏举能浚川疏河者，诏举太常，诏举大司马等。两汉时规模最大的一次诏举，是在平帝元始五年（公元 5 年）王莽执政时，《汉书·平帝纪》载其事云：征天下通知逸经、古记、天文、历算、钟律、小学、史篇、方术、《本草》及以《五经》《论语》《孝经》《尔雅》教授者，在所为驾一封轺传，遣诣京师，至者数千人。这是一次内容广泛、规模宏大的察举，与王莽收拢人心密切相关。但人数过多、靡费太甚，并非当时财力所能及，故东汉以后不再举行。

选官方式二：征辟

征辟，主要有皇帝征聘与公府、州郡辟除两种方式，是一种自上而下选拔官吏的制度。

①皇帝征聘。皇帝征聘，可分特征与聘召两种方式，选拔有名望的品学兼优者，或备顾问，或委任政事。秦孝公时，公开下令求贤，属征聘性质。秦始皇时，叔孙通以文学征，王次仲以变仓颉旧文为隶书征，皆属征召性质。汉代时，汉高帝十一年（公元前 196 年）求贤诏，也是继承了这一方式。此后，自西汉武帝至东汉，相沿成例。那时，德高望重的老年学者，特予优待。汉代这种例子很多，皆为朝廷特征。凡受朝廷特征之士自然要有许多特殊优待。而一般被征用之士赴朝廷就职，皆须自备车马费用。有时也特诏令县次传舍供给酒食，并及从者，沿途地方官须迎送招待。皇帝征聘，为汉代最尊荣的仕途，征君去就自由，朝廷虽可督促，如坚不应命，

亦不能强制；且于既征之后，地位也不同于一般臣僚，大都待以宾礼。

②公府与州郡辟除。辟除是高级官员任用属吏的一种制度。汉代辟除官吏，一种是三公府辟除，试用之后，由公府高第或由公卿荐举与察举，可出补朝廷官或外长州郡，故公府掾属官位虽低，却易于显达；另一种是州郡辟除，由州郡佐吏，因资历、功劳，或试用之后，以有才能被荐举或被察举，亦可升任朝廷官吏或任地方长吏。公府辟除，两汉公府自丞相（司徒）、御史大夫（司空）、太尉（司马）、大将军以至诸卿如光禄勋、太常等，皆可自辟掾属。有时皇帝也敕令公府辟召。公府辟除，就权力而论，以西汉丞相最大，如汉武帝时，丞相除有权置吏外，还可大开客馆以招贤士。但就辟除之风来说，东汉较西汉为盛。公府既辟之后，除主官可直接向朝廷推荐之外，又得依诏令所定科目察举。公府辟除，实为汉代（特别是东汉）选官入仕的重要途径。州郡辟除，西汉武帝时设立十三部州，州刺史纯为监察官，以六条巡察郡国，用人权限很小，法令仅规定“得择所部二千石卒史与从事”而已。西汉末，刺史逐渐干预地方行政，组织扩大，掾属亦随之增多。至东汉，刺史既成为地方高级行政长官，州之掾史均由其自行辟除，用人权限自然大增。

郡守辟除掾属，西汉时就已成为通制，甚至诸曹设置，太守亦可酌加变更。至于自除诸曹掾史，更是多见。州郡辟除，实为汉代选官的又一条重要途径。在州郡辟除的掾史中，不少人成了朝廷或郡国大吏。公府与州郡既有自行选官之权，而被辟除的属吏又不为朝廷命官，故去留亦可以自便。如不应辟，也不能加以强迫；否则，要受到舆论的非议。尤其是州郡辟召是当时比较自由的仕宦途径，而且既辟除之后，主官即当加以重用；否则，气节志行之士就要辞去。另一方面，公卿牧守既可自行辟除，他们为了发展个人势力，皆争相以此笼络士人；而士人为了做官，也不得不依托权门。这样便发展成为一种私恩的结合。西汉时被辟除者犹为国家官吏，到东汉则实际上成了主官的私属。于是朝廷集权力量遭到分割，地方割据势力得到发展，东汉末年四分五裂的局面，与用人之权转移到私人手中有很大关系。

选官方式三：考试

两汉的察举与考试，相辅而行，相互为用。察举加考试，这是汉代选官制度中的两个重要步骤。察举之后，是否选得其人，还需要经过考试，而后始能量才录用。因此，无论是郡国岁举的孝廉，还是诏令特举的贤良、文学，到朝廷之后，均须考试。另外，公府与州郡辟除之士、三署郎官以及博士弟子，也要依诏令规定进行考试。考试的内容，诸生试经学，文吏试章奏。考试的方法，有对策和射策二种。对策就是命题考试；射策就是抽签考试。对策多用于考试举士，射策多用于考试博士弟子。

①皇帝策试。凡属诏令特举之士，皇帝往往亲加策试。如文帝十五年（公元前165年）诏举的贤良能直言极谏者，文帝就亲自进行策试。至武帝时，则“受策察问，咸以书对”，当时称为对策，皇帝亲览其策，而第其高下。被举者的对策，如引起皇帝的特别注意，有的甚至还要反复进行二三次。两汉的察举诏令中，“朕将亲览”之常句，这表示皇帝对于举贤和选官的重视。对策的地点，或在太常寺，或在公车，或在白虎殿，均为临时指定。

②公府考试。郡国岁举的孝廉、茂材，到京以后，也要依其科目与被举人的学艺，由公府分别加以考试。孝廉的考试内容，据《后汉书·左黄周列传·左雄传》说“诸生试家法，文吏课笺奏”。公府辟召之士，西汉至东汉初，通常由公府主官负责荐举，或依诏令所定科目，选出高第以贡朝廷。但东汉中叶以后，由于公府辟召不慎，过限未除，清浊混淆，良莠不齐。左雄为尚书令，为革除其弊，乃奏请举吏皆先试之公府，又复试之于端门。左雄所创立的复试制度，虽遭顽固派的反对，但基本固定下来了。这对于防止营私舞弊、择优选拔人才，仍不失为一种有效的方法。

③博士弟子课试。自武帝立五经博士，置博士弟子员，设科射策，劝以官禄，博士弟子通过考试而补吏，遂成为定制。武帝时，设甲、乙二科，宣帝时又增加丙科。甲、乙、丙三科依次分难易，射策者量力取策。一般说来，甲科是热门科，中后可除为郎。岁课以外，统治机构如果等待用人，也可临时择优充任。东汉沿甲、乙科射策之制，但随着弟子员数的剧增和除吏名额的限制，自和帝起，便发生了策试中的争讼。永元十四年（102年）规定五经各取上第六人，顺帝阳嘉元年（公元132年）又增甲、乙科员各十人。但仍不能解决问题，灵帝时竟有人篡改兰台漆书经字以合私文，于是熹平中诏蔡邕刻石经为准。东汉后期，由于吏治败坏，请托公行，博士弟子的课试也流于形式，名存实亡。遵照博士弟子课试制度，两汉对郡国贡举的明经也采取甲、乙射策之科进行课试。除以上固定的考试制度，尚

有一些根据临时需要而进行的考试，即通过对现任官吏的考试而迁任高职。

选官方式四：任子

任子，是高级官吏可以保任其子弟为官，任子之“任”就是保任。秦朝是否有任子制，没见记载。西汉初年，随着功臣、高官之子弟的逐渐长大，约从文帝起，任子就成了一种通制。据《汉书·哀帝纪》注引应劭曰：“任子令者，《汉仪注》吏二千石以上，视事满三年，得任同产若子一人为郎。”任子数量规定1人，但事实上保任2～3人，或更多，在两汉则是常见之事。任子一般是保任为郎，也有其他，如汲黯为太子洗马，冯野王为太子中庶子，董贤为太子舍人，萧育为太子庶子，史丹九男皆任为侍中诸曹，伏堪任为博士弟子等，均为父任，但官职各异，不过级秩都与郎官大体相等。当时，任子制实际上又不限于子，还有以兄任者，如袁盎、杨恽、霍光等人，均以兄任为郎。东汉时，又推及祖孙，如黄琼为司徒，其孙黄琬即以公孙祥为童子郎。除此之外，还有“以族父任”“以宗家任”，乃至以姊任者，等等，有所扩展。两汉时期，任子制不断发展，东汉时尤其兴盛，无论保任者，还是保任的对象都在不断地扩大，皇帝唯其所好，诏令特除，任子制也就没有什么严格的界线了。这种“不以德选”的任子制，弊病很大，平庸的多见，德才兼备的，见乎没有，但官吏阶层的利益又难于触动，虽有武帝时的董仲舒、宣帝时的王吉，提出了批评，也无济于事。到了东汉时更为盛行，一是败坏了当时的吏治，二是对东汉以后的世官世族制的形成，也起到了推动的作用。

选官方式五：纳赀和卖官

纳赀和卖官也是汉代选官入仕的一条途径。秦始皇四年（公元前243年），“百姓内粟千石，拜爵一级”；汉文帝时“令民入粟于边，六百石爵上造，稍增至四千石为五大夫，万二千石为大庶长，各以多少级数为差”。这里的卖爵，还不是卖官，但已为纳赀卖官的前导。武帝时，连年战争，财政困难，朝廷就一面大卖武功爵，又一面采取入物补官的临时应急措施，即谓纳赀授官。当时有以入谷补官者，有以入钱赏官者，有以入羊为郎者，有以入财补郎者等等。纳赀授官，从本质上来讲，就是卖官。西汉时选官尚未过滥，武帝时虽有许多纳赀授官者，但并不为世人所重。东汉前期，由于朝廷重视吏治，提倡气节，公开卖官的事，尚不多见。后期吏治败坏，朝廷开始公开卖官。到了灵帝时，卖官规模更为扩大，居然设立了卖官专署，据《后汉书·灵帝纪》记载："（光和元年）初开西邸卖官，自关内侯、虎贲、羽林入钱各有差。又私令左右卖公卿，公千万，卿五百万。"又注引《山阳公载记》云："时卖官二千石二千万，四百石四百万，其以德次应选者半之，或三分之一，于西园立库贮之。""以德次应选者"也要出钱买官。灵帝时，正常的选官制度已被破坏，卖官、买官已成风气，吏治败坏至此，东汉焉得不亡。

选官的其他方式

汉代，还有几种选官的方式，虽非常制，但对当时以及后代，均有一定的影响。

①上书拜官。这是皇帝征召、毛遂自荐、审查录用三者结合的一种选官方式。

②以材力为官。《汉书·地理志》说："汉兴，六郡良家子选给羽林、期门，以材力为官，名将多出焉。"其中如李广、赵充国、傅介子、甘延寿等人都是汉代名将，对抗击匈奴、安定西域做出了贡献。

③以方伎为官。凡有一技之长，皆可为官。到武帝时，更是博开艺能之路，通一技之士，均量才任用。

选官法规

①负责选举的主管机关。两汉官制多有变化，负责选举的主管机关，前后也有变化。在地方是刺史、守相负责。在朝廷，西汉时期，三公中的丞相、九卿中的太常、光禄，均为负责选举的机构；丞相司直、司隶校尉与州刺史均为监察选举虚实的主官。西汉后期，尚书逐渐参掌选举；东汉以降，尚书权力更大。郎官与博士弟子的选考虽仍旧为太常与光禄，但最后铨选权均总归尚书。郡国选举，初犹委任三府，其后亦转归尚书。后世吏部尚书所以在六部之中权力最大，地位最高，就是因为掌握了铨选官吏的人事大权，而其渊源，实始于东汉。

②选举人的身份和责任。选举人的身份，包括职位和资历，是选举人得以有选举权的条件。职位和资历不够条件，就不得参加选举。一般说来，汉代享有选举权者均为二千石以上的长吏。汉法，郡国守相视事满一岁者始有察举的资格。东汉顺帝时始令郡国守相不满岁亦可察举。选举人的责任，自秦以来就有法律上的严格规定，"秦之法，任人而所任不善者，各以其罪罪之"。汉承秦制，选任得人与否，选举者和被选举者要负连带

责任，功罪赏罚相同。东汉初年，为了纠正选举不实，曾一再颁布诏书，申明举非其人，并正举主之罪。两汉因举非其人而坐罪者为数不少，或贬秩，或左迁，或削职，或被刑。反之，如果选举得人，举者要受到嘉奖。

③被选举人的条件。汉代对于被选举人的条件也有法律规定，此外在不同的时期、不同的情况下，还有许多不同的具体规定，包括家庭出身、秩位、年龄、资历、体格等等。这些具体条件的规定，也非一成不变，有时因某种政策的改变或特殊的关系，也可酌情作必要的调整。在武帝时，因财政的需要，起用盐铁商为官，就打破了汉初商人不得为官的规定。

2. 任用制度

秦汉任用官吏制度，同样也是封建官吏制度下的产物。随着官吏制度的出现，秦汉时期任用官吏制度已经独立成为一种人事制度。秦汉时期官吏的任用称为拜，或称为除。拜除之权，特别是高级官吏的拜除权是属于皇帝的。这从秦始皇以前就已经开始，如秦昭王拜范雎为客卿，后又拜为丞相，等等，均史有明文。

汉代，地方官吏秩过百石者皆由朝廷任命，实即皇帝任命，故有所谓“命卿”之称。事实上由于官吏越来越多，皇帝不可能一一亲自拜除，而不得不假他人之手，所以汉代上自丞相，下至九卿，皆有拜除之权。先是二百石至四百石由丞相调除，六百石以上由尚书调拜迁，都是由皇帝最后决定。此后，则二千石的地方官选任也归三府，三府所属东曹即主二千石长吏迁除。

任用方式

①真和守。真即真除实授，一般不用这个“真”字，只是在与守相对时才用。守为试署性质，一般是试守一岁，即试用期一年，称职者即可为真。试守期间如不称职，则或他调、左转或罢归原职。两汉时，也有因受到皇帝的宠幸，不经试用期，初拜即为真者，那是对制度的破坏，并非常规。一般来说，京辅主官，尤其是京兆尹比较难当，不但要经过试守，而且称真之后也鲜有长任者。另外，守又有兼、摄之意。有既已居官，又有守职，或复再行他事者，这里的“守”即为兼官性质。

②假。假为摄事之意，非真与假之假，如项羽为假上将军、王莽称假皇帝，言摄最为明显。上至丞相，下至军侯丞，均有以假为称者，皆为摄事之官。

③平。平是平决的意思，《后汉书·梁冀传》注云："平，谓平议也。"汉代之平，多用之于廷尉和尚书。其用于尚书者，皆以本官而平决尚书事。如于定国"为光禄大夫平尚书事"。梁冀为大将军，"十日一人平尚书事"，平在这里可谓一种职权，在职官吏能够得到平尚书事的职权，当然是得到了朝廷的重用。朝廷以平的方式任用在职官吏，不用更动受任用者的原职，权力可以随时放出，随时收回，执权较为方便。

④领。领为兼领，已有主官主职，又领他官他职，而不居其位的，可谓领。西汉如桑弘羊为治粟都尉领大农，钟元为尚书令领廷尉；东汉如王丹领左冯翊，盖勋领汉阳太守等。从东汉的情况看，领又有暂时领之意。领或以领护、领校为称，如冯参为谏大夫领护左冯翊都水，袁樊领校巴郡太守，亦均为暂时署守之意。在领的任用方式中，汉史上引入"领尚书事"。武帝以后，以大司马大将军、车骑将军、卫将军、左将军、前将军、光禄大夫等官而领尚书事者颇多。此种领尚书事，往往即代理皇帝职务，如霍光以大司马大将军领尚书事，"政事一决于光"。可见领尚书事者权力之重之大。

⑤视。一般居官治事为视事，汉代则为任用官吏的一种方式。视，又与平、领近似，也有兼官的意思。不过，视尚书事并不多见，与平、领均为不定的名称。

⑥录。录的名称，始于东汉，仅限于尚书事。录有参决、总领之意。东汉的录尚书事，其权位较西汉为重。西汉时中朝官多可平、领尚书事，东汉则渐以太傅、太尉兼任此职，并逐渐单用录名。录尚书事最初也只是兼官性质，此后渐变为一种实职官。

⑦兼。兼是以本官而兼任其他官职。早在秦武王时，即有兼官之制。两汉兼官，或以武官兼文官，或以文官兼武官，也有以文官兼文官的，如以此县令而兼彼县令。兼官对于官吏任用来说，多了一层职权。但以武兼文或以文兼武，容易破坏行政系统，或权力过重，或顾此失彼，故秦汉很少实行兼官制度。

⑧行。行是官缺未补，暂由他官摄行之意。摄行制度较为普遍，遇有官缺，而一时无适当人选补缺，而采取的一种临时任用方式。

⑨督。督是由朝廷派员监督地方的任用方式。督多为军事上的需要而设，并且属于一种临时差遣性质。汉以后，有都督、督军、总督等名称。

⑩待诏。待诏即等待皇帝诏命的意思，类似一种候补官员。秦时已有待诏之制。汉承秦制，待诏多出于上书求试，或出于皇帝的征召，是当时一种特殊的仕途方式。在没有正式委任官职以前，由皇帝临时指定待诏官署，等待诏命，可谓待诏。待诏的地点并不固定，一般多待诏于公车署，称为公车待诏；比较受朝廷优待者，则待诏于金马门或宦者署；个别特受优待者，甚至待诏于宫殿之中。凡待诏人员大都有所专长，或善医，或善琴，或怀治国之术。因待诏非实职，也无正式俸禄，但有一定生活补贴。这种以待诏方式对待人才的措施，对于朝廷广罗英才起了很好的作用。尤其在西汉，许多能人贤士都出于待诏之中。

⑪加官和散官。加官为本职外的一种虚衔，虽为虚衔，但由于一旦加官之后便可出入宫禁，侍从皇帝左右，权力很大。另外特进、奉朝请等也属加官性质，有此加衔，虽免官或退休之后，仍可参与朝廷大政。加官从人事任用上来说无疑是给予官吏本职以外的特殊权力。散官为无印绶、不治事之官，虽不治事，但或侍从传达，或议论参谋，可起拾遗补缺，匡正过失之功。其在朝廷者如大夫、博士、议郎等，多参与国家大政谋议与朝廷宗庙礼仪；其在地方者如祭酒、从掾位、从史位、待事掾、待事史等，或为地方主吏辅佐，或可调剂地方官吏余缺。散官从人事任用上来说是授予官吏闲职，使其摆脱繁杂政务，以发挥其才智和作用。加官和散官的任用方式都属一种灵活的用人方式，两汉许多脱颖而出的名臣就是出自加官和散官。当然，关系到国家兴衰的用人问题的关键，主要不在于任用方式，而在于任人唯贤。

任用法规

①关于王国官、地方官的任用。自西汉初年起，朝廷为了削弱诸侯王国的权力，常常采取限制与裁抑的政策，凡是二千石官，都要由汉朝廷任命。吴楚七国乱后，王国官吏一律由朝廷代置，诸侯王无权过问。武帝时又作左官律，设附益法，以限制诸侯王网罗人才，防止他们从事非法活动。对于地方官的任用，主要是对籍贯的限制。武帝以前尚没有这种限制，武帝中叶以后，地方长官明显地要回避本籍，虽无明令规定，事实上则是不用本籍人。刺史不用本州人；守相不用本郡人；县令长、丞尉不但不用本

县人，且不用本郡人。不过西汉时司隶校尉、京兆尹、长安令、丞尉不在此限。郡县之属官佐吏除三辅外，则一律用本籍人，用外籍人即为破例。还有，郡督邮用本郡人，而不用所督诸县之人；州之部郡从事亦用本州人，而不用所部之郡人。东汉时，对地方长官的籍贯限制更严，京畿也不例外，一律不用本籍人，甚至婚姻之家及两州人士不得对相监临，即两州人士有婚姻者，则其家人不得交互为官。等等。限制地方官籍贯的目的，是防止地方官相互勾结庇护，以加强朝廷对地方的控制。但由于限制过严，禁忌繁密，致使选用困难，所以有的地方官久缺不补。东汉这种对地方官任用的限制，目的与西汉对王国官的限制相同，但由于历史条件不同，西汉是成功的，而东汉则是失败的。东汉后期尾大不掉之势已经形成，虽有严密的限制，也无法改变地方割据的局面。

②关于宗室、外戚、宦官的任用。由于宗室、外戚、宦官和皇帝的关系特殊，往往对政权有很大影响。皇帝为了防止大权旁落，对于这三种人，在任用方面有时也有意识地加以适当限制。两汉虽然对以上三种人的任用做出了一些法规上的限制，但法规并不能贯彻到底，又由于他们始终麇集于皇帝周围，皇帝和他们无法脱离关系，防此失彼，防不胜防。故宗室权落，外戚兴起；外戚势衰，而宦官又盛。这是君主专制制度本身无法克服的弊病。

③关于财产、职业、身份、学历、年龄等方面的规定。秦朝即把财产作为择吏的一个条件，名将韩信少时不能为吏，就是由于家贫。西汉初年，有关于资算得官的规定。资算，就是按照财产多少交纳算赋，即财产税。汉代家资每万钱，算赋一百二十文，为一算。景帝后元二年（公元前142年）以前，“算十以上乃得官”；后元二年以后，“算四得官”。每算计家财万钱，算四为四万钱，算十为十万钱。十万家资，便是中产之家，即中等地主；四万家资，也不失为小地主。无论算十得官还是算四得官，都说明汉初只有地主阶级才能做官。

职业方面，主要是对商贾做官的限制。汉初从高帝起，法令即禁止商人入仕。武帝时起用盐铁商主持铁盐专卖，禁商为吏的法令一度松弛。但到哀帝时又重申了“贾人不得为吏”。又武帝时的“巫蛊之祸”以后，朝廷对巫家为吏也有所限制。

在身份方面，秦律明确规定，不得任“废官”为吏，不许任罪犯为佐、史等。汉代沿袭这类规定，对臧吏及其子孙做官都有严格限制，而且犯法者的亲属也不得在宫中任职。又文帝时，曾有禁止赘婿为吏的规定。这些，都是对于官吏任用中身份方面的限制。

学历和年龄方面，在不同时期和不同情况下也有许多具体限制。

④关于官吏的任用期限。一般说来，秦汉官吏的任用在时间上没有限制，更非终身制。在职官吏按照当时的规定接受督察和考课，治绩好者继续保持原职或向上升迁，治绩恶劣或有过失者则降职或罢官。秦汉官吏的任用虽无期限，但从两汉情况看，朝廷多重久任之制。官吏久任，固然有一定的好处，因为熟悉情况，便于治理；但弊多于利，任职过久，主官与属官容易结成私恩关系，地方官与地方势力容易勾结起来，形成盘根错节的关系网，他们垄断政权，构成和朝廷对抗的力量。汉末割据纷争的局势，与此有很大关系。

3. 考核制度

古言："明主治吏不治民"。只要将官吏治好，百姓的事情好办；治不好官吏，国家绝不会治理好。"治吏"，关键在于官吏的考核制度是否严明，以及赏罚是否公平。秦汉时期，对于"治吏"比较重视，主要通过上计来考察官吏。

上计与考课

战国时各国所推行的上计与考课，就是对官吏的考核制度。这种考核制度在秦汉渐趋完备。秦的上计，一年一次。上计不仅要将地方上各方面的情况登记造册，而且还要将有关物品一并送上，在史书中称为"与计偕"，即与上计簿使偕同前往。汉代的上计考课，大体上承袭秦制。每年年终由郡国上计吏携带计簿（书面汇报）到京师上计（汇报），这叫常课。三年一考察治状，叫大课。汉代的考课制度，大体说来，有两个系统。一是公卿守相或各部门主官各课其掾属，这是上下级系统；一是朝廷课郡，郡课县，这是从朝廷到地方的系统。下面即着重叙述这一系统的考课。

①朝廷对郡国的考课。上计考课事关国家大政，汉朝廷非常重视，皇帝亲自主持，有时行幸郡国，也常就地上计。朝廷负责上计的是丞相、

御史二府。丞相负责课殿最（上功曰最，下功曰殿）上闻，御史大夫负责按察虚实真伪，二府相辅为用。丞相、御史大夫亲自主持上计，具体事务另派官吏专管，称计相。东汉，以三公分掌丞相之职，所以郡国上计亦由三公分管。据《后汉书·百官志》所载，“太尉掌四方兵事功课，司徒掌四方民事功课，司空掌四方水土功课，皆于岁尽奏其殿最而行赏罚。”但实际上，自西汉末叶以至东汉，上计考课的实权即逐渐转归尚书。尤其是东汉，“典天下岁尽集课事”，上计考课的实际权力已经完全掌握在尚书台。此外，州刺史一方面接受朝廷御史中丞的督课，一方面在巡行郡国时代表朝廷刺察守相，岁尽诣京师奏事，而其时正当郡国上计之时，故其奏事对于考课郡国上计有很大作用，借此可以甄别计簿的虚实真伪。东汉以来，刺史渐由监察官变为地方最高行政长官，州成为郡的直接上级，州之于郡也就有了考课的实际权力。

②郡国对属县的考课。在郡县两级制普遍实行之前，秦和战国其他国家一样，是县直接上计于朝廷的；在郡县两级制普遍实行之后，郡国守相上承朝廷考课，下则考课其属县。因郡的上计时间系在岁尽，所以郡课县的时间就必须要提前，以便汇集郡内各县情况向朝廷上计。郡课县的通常时间是在秋冬，并且县上计时，由令、长、丞尉亲行；东汉以后令长不再亲行，改为但遣丞尉以下代行。县经过郡的考课，治绩优异可以得到升迁，如由县长升为县令。治绩列为下等，当场就要受到斥责。当时的朝廷主要通过上计制度掌握全国情况，并据以考核地方官吏的政绩，因此地方上的一切情况，都属于上计内容。“秋冬岁尽，各计县户口垦田，钱谷入出，盗贼多少，上其集簿。”这是上计的主要内容。其中户口最为重要，是每年都要统计上报的，而且是考察政绩的重点内容，西汉黄霸做颍川太守时，仅凭户口岁增，就课为“天下第一”。治狱情况，也是上计的重要内容之一，史书中载有许多断狱的数字，有的还相当具体，如《汉书·魏相丙吉传》：“案今年计，子弟杀父兄、妻杀夫者，凡二百二十二人。”计就是计簿，这些具体数字就是依据当年各郡国所上计簿统计出来的。汉代上计内容非常广泛，而且十分具体，这对于朝廷了解地方情况，考察地方官吏，不失为一项重要措施，但书面汇报，难免弄虚作假，谎报成绩，以诓骗朝廷，冒功领赏。有些地方官甚至专门选用善于作伪的属吏署为右职，编造计簿。西汉末叶，考课制度逐渐废弛。元帝时，京房为整顿吏治，曾奏考功课吏

法，并在魏郡局部试行，其法比较具体，可惜没有流传下来。东汉对官吏的考核制度，大体与西汉相同，但贯彻程度，却落后于西汉。至于末年，考核制度破坏殆尽，吏治败坏到极点，东汉也就随着灭亡了。

迁降与赏罚

秦汉时期对官吏迁降赏罚，除皇帝或主官出于私人亲疏爱憎这类主观因素外，在通常情况下，都是以考课结果而定。考课之后，即登记在册，“考绩功课，简在两府”。简即记载劳绩的册籍。秦时计算官吏的劳绩，就已经有专门的律条。而登记劳绩的简册，就是迁降赏罚的依据。

①迁降及其他。

（1）迁。一般来说，考课为“最”，或为“高第”者，均能得到升迁。迁有平迁和超迁两种情况。以考课高第，或因资历、功劳，循序而升者为“平迁”。至于超迁，指有特殊功绩或奇才异能被破格躐等而进者。超迁既包括越级提升，也包括提升得快。超迁能擢用优秀人才，不致使人才埋没，但使用不当，也会带来流弊。

（2）降。考课官吏，有功则升赏，有过则降免处罚。汉代官吏除因重罪犯法被罢官削爵甚至处以死刑外，犯有小过而不宜重处者，一般仍留用而降职罚俸。降职，当时称为“左转”或“左迁”；罚俸称为“贬秩”。

（3）转徙。转，既非迁，也非降。因工作需要由此官改任他官，而其级秩相同者，则称为转。转是正常的职务调动，没有升降赏罚之义。徙，兼有转、迁二义，视具体情况而定。

（4）出入。由朝廷官外调为地方官，称为“出”；由地方官内调为朝廷官，称为“入”。出和入常含有迁降或赏罚的意义。

（5）迁补。迁补，指官吏虽无显著劳绩，但可以因资历久而补升高职。

②奖赏和惩罚。迁、降即含赏罚之义，但汉代对于官吏的赏罚，并不局于职务的迁降，还有其他形式。

（1）奖赏。奖赏主要有增秩、赐爵等以及礼遇上的优待。对于治理有效的官吏，有时因高职暂无空缺可补，就采取增秩或赐爵的办法，使之继续留任原职。赐爵之法，多用于二千石守相，赐爵高者，可至关内侯。增秩、赐爵之外，还有赐金、田宅、奴婢、甲第、安车驷马、秘器、缯帛、牛酒乃至冢地等许多赏赐，或玺书褒奖，等等，这些都完全依皇帝意旨而定。礼遇上的优待，方式也不拘一格。

（2）惩罚。秦汉之制，自丞相、诸卿以下至郡县小吏，如犯有罪过，必须按律惩罚。其科罪之律，虽不可详考，但也有许多零星记载。汉法除谋反以外，贪污罪最严。“十金法重”，依当时律条，赃直十金，则至重罪。文帝十三年（公元前167年）定律曰：“吏坐受赇枉法，守县官财物而即盗之，已论，命复有笞罪者，皆弃市。”“县官”于汉史中是皇帝的代名词，指朝廷或国家。依据律文看，官吏无论是贪赃枉法，还是贪污国家财产，皆处以死刑。汉法对于犯有赃罪的官吏，毫不苟容，处分一直很严格。有时赃吏纵得免死，也要禁锢终身，甚至锢及三世，不得为官。并且对于赃吏的处分，还要连坐主管官员，主管对下属的贪赃活动，若置而不问、知情不举，一律与其同罪。其次，坐盗贼罪也很重。地方官境内盗贼过多，根据不同情况要受贬秩、降职、罢官处分。此外，还有坐灾害、坐刑滥、坐选举不实以及其他许多律条。例如，武帝元朔五年（公元前124年）建立太学选择首批博士弟子时，山阳侯张当居任太常，他“坐为太常择博士弟子故不以实”，同时受到除国、免职、完为城旦三种严重处罚。

对于官吏的惩罚，除夺爵免官、贬秩罚金以外，还有科律之刑，如杖、笞、耐、髡诸刑以至弃市、族诛，有多种刑名，皆视罪情轻重而定。但为保全大臣体面，诸卿以上的高级官吏可免捶扑之刑；如宣布死刑，则使之先期诏丞相诣廷尉诏狱，不论有罪与否，受诏后即须自杀，谓之“自裁”。有时皇帝并不明令处死，只是遣尚书令赐酒十石、牛一头，所赐之物即令其自杀的仪式，受赐的丞相便须自杀。

关于赏罚的意义，东汉王符在《潜夫论·三式》中说：“法令赏罚者，诚治乱之枢机也，不可不严行也。”这无疑是对历史经验的总结。有功必赏，有过必罚，赏罚分明，这是吏治清明和国家兴旺的重要因素；反之，功不必赏，过不必罚，赏罚不明，结果必然是吏治败坏，国家衰亡。

4. 赐爵制度

秦的赐爵制度

战国时的军功爵制，在秦得到了充分的发展，起到了极大的作用，并延续到了两汉。秦论功行赏，突出的是计首赐爵，得一甲首，赐爵一级，所以诸侯称秦为“上首功之国”。秦的爵位，可为官，可得田宅和役使庶子，可以用来赎罪或赎奴隶等，给有爵者带来许多利益，利益的大小，又要据爵位的高低而不同，功多赏多，功少赏少，并赏罚结合，这使得秦军的斗志激昂，军功不止。秦的军功爵制，集当时各国军功爵的优点，对六国的统一，起到了极好的作用。

秦的赐爵制度，初建于商鞅变法，后经发展变化，逐而形成了 20 等爵。商鞅变法时有 15 级爵，其中最高级的是大良造，商鞅最后就得到了大良造的最高爵位。商鞅时，爵制中又有军爵和公爵之分，后来形成并定下了的是 20 等制，其 1 级，公士；2 级，上造；3 级，簪袅；4 级，不更；5 级，大夫；6 级，官大夫；7 级，公大夫；8 级，公乘；9 级，五大夫；10 级，左庶长；11 级，右庶长；12 级，左更；13 级；中更；14 级，右更；15 级，少上造；16 级，大上造；17 级，驷车庶长；18 级，大庶长；19 级，关内侯；20 级，彻侯。其中，以 7 级与 8 级为界划分，又为两大等级。7 级，公大夫以上，令丞与亢礼，皆为高爵，又称为官爵；8 级，公乘以下为低爵，又称民爵。这两大等级区别很大，地位大不相同，享受的权力也不相同。而官爵之中，公大夫相当于令丞，往上级别越高，则地位越高，最上层关内侯、列侯大体可相当于三公。不过，侯爵并不多。秦在统一之后，所封的侯爵也为数甚少，这说明秦朝的赐爵还是相当严格的。

西汉初对秦爵制的因袭

刘邦当时也利用赐爵，来提高军队的战斗力。那时的爵名有：国大夫、列大夫、上间、七大夫、五大夫、卿、执帛、执珪等等。这些爵名，有的和 20 等爵名相同，或者和秦国以前的爵名相同，也有的为各国所共有，但多半是楚国的军功爵名。因陈胜起义号为“张楚”，建官号按楚制，而刘邦又是楚人，又响应陈胜，官爵也就从楚制。后来，刘邦还是采用了秦的 20 等爵制，汉五年（公元前 202 年），刘邦打败项羽，统一中国，发布了一个与军功爵制有密切关系的重要诏令：

第一，肯定了秦的军功爵制在汉朝的合法地位，恢复秦民原有的爵位和土地、房屋的所有权；

第二，对于从军的军吏除犯罪者外，一律赐给大夫爵位。原享有大夫爵位的人各加一级。有七大夫爵位的都可食邑，七大夫以下者，免除其个人和全家的徭役。

第三，明确宣布七大夫以上属于高爵，并表示对高爵的尊重，责令地方官必须优先满足高爵对于田宅和其他合乎规定的要求，不得拖延。

此诏令，反复强调了军功爵的重要性，又表现了对获高爵者的极大关心。

西汉时期赐爵制的变化

吕后执政以后，为收揽人心，以惠帝名义发布了一个大规模的赐爵诏令，《汉书·惠帝纪》载曰：赐民爵一级。中郎、郎中满六岁爵三级，四岁二级。外郎满六岁二级。中郎不满一岁一级。外郎不满二岁赐钱万。宦官、尚食比郎中。谒者、执楯、执戟、武士、驺比外郎。太子御参乘赐爵五大夫。舍人不满五岁二级……这次赐爵和刘邦时相比，有明显不同：首先，取消了以军功赐爵这个根本条件，此后赐爵即趋于轻滥；其次是把“民爵”与“赐吏爵”分开，此后赐爵即吏民分提，赐民爵往往每次一级，赐吏爵则二三级以至更多；再次是取消了以爵级赐予田宅的规定，此后民爵仅为空衔，吏爵多为免役而已。这时大规模的统一战争结束，原以军功赐爵的出发点，就应相对修正。

文景时期，赐爵制度日趋轻滥。朝廷有所谓“大事”之时，一般都要赐民爵一级，吏爵则更多。除大规模赐爵外，又正式实行卖爵制度，出钱就可以买爵，入粟可以买爵，用奴婢也可以买爵。这些做法，必然引起爵位的泛滥，威胁到政府的兵、徭役来源。所以文景之时，已把高爵与低爵的界线由原来的第 7 级公大夫，上升到第 9 级五大夫，其区分标志也由食邑变成了免役。这样，20 等爵便以五大夫为界划分高低，高爵中除第 19 级关内侯、20 级列侯，还拥有实际社会地位外，其他各级只是享受免役的优待，而第 8 级公乘以下的民爵，成为徒有其名而无实际价值的空虚头衔。

汉武帝时期，出于抗击匈奴战争的需要，朝廷又拟用军功爵制来提高军队的战斗力。但旧有爵制已滥，不为人们所重视，故于元朔六年（公元前 123 年）又置武功爵，以宠战士。武功爵：1 级曰造士，2 级曰闲舆卫，3 级曰良士，4 级曰元戎士，5 级曰官首，6 级曰秉铎，7 级曰千夫，8 级曰乐卿，9 级曰执戎，10 级曰政戾庶长，11 级曰军卫。此武帝所制，以宠军功。据《食货志》卖武功爵的价格为“级十七万，凡值三十余万金”的记载看，武功爵并不止 11 级，《茂陵中书》显然有所遗漏。武帝另设武功爵，是要恢复军功爵的原有价值和作用，使立功受爵的将士得以补吏，得以赎罪；功劳超等，大者可以封侯，小者可以补郎，本为赏军功以宠战士之意。但同时武功爵也可以买卖，“级十七万”，如买至千夫即相当于二十等爵的第九级五大夫，可以免除徭役。由于买爵者多，致使调发之士减少，于是朝廷又调发千夫、五大夫为小吏，不去就出马一匹，实际是让买爵人变相服役。这使得武功爵和军功爵同样失去了原有的意义，因此推行不久便自行取消，以致后人对武功爵的级数也不甚清楚。

宣帝以后，“赐吏爵”日益增多。这表明，赐爵制度在原有的性质和作用丧失以后，作为维护官吏、贵族特权地位之工具的性质却更加突出了。

东汉军功爵制的衰亡

东汉时期，世家豪族地主阶层已经形成，他们通过察举、征辟和任子制度，完全垄断了政治特权，布衣之士，包括一般地主在内，已经很难进入政治舞台，完全用不着以“赐吏爵”去扶持新贵了。所以东汉时赐吏爵一次也没有了，也就已经废除了。至于赐民爵，则成为一种更廉价的点缀品。刘秀在位期间就颁布过四次赐爵令，以后的各个皇帝，也都颁布过赐爵诏令，赐爵的次数、级数都很多。但为了防止人民得爵超过八级，又三令五申“爵过公乘，得移与子若同产、同产子”的命令。因为不过八级公乘，就不得免役。这样，赐民爵与人民的减役、免役及士兵的社会地位，已经没有任何关系，于是爵制名存实亡。那时，20 等爵的最高两级，即关内侯和列侯，还保留着一些实际意义，以分封制的残余形式存在下来。

东汉后期，皇帝滥行封赏，为适应外戚、宦官、豪强、军阀势力扩张的需要，又增设了县侯、乡侯、亭侯等爵位。这是赐爵制的又一次变化。汉末曹操当政，建立新的爵制，“以赏军功”。除原有的列侯、关内侯之外，新设名号侯 18 级、关中侯 17 级、关内外侯 16 级、五大夫 15 级四等，但这四等按规定“皆不食租”。这种空有名号，而不食租税的封爵，即后世所谓“虚封”。从此，军功爵制不仅对士兵无用，对一般将官也无实际用处。

这一系列的爵制的变化，说明了自东汉以后，商鞅变法时创立的赐爵制度，随着历史的发展而消失了。

除上述之外，还有秩俸、休假和致仕的规定。

秦、西汉和东汉的常俸都一样，官吏也是以石定秩，月俸也是以谷数定额，但实际发放则是钱谷并用。汉代官吏除常俸外，尚有节日赏赐，实际是常俸以外的加薪。但其赏赐对象，多为高级官员和朝廷官吏，地方官吏尤其是地方低级官吏，是难能得到朝廷这种赏赐的。与此相反，县令长以下的俸禄则比较低，时人颇以为非。当时地方小吏的薪俸低微倒是事实，不易生活。薪俸微薄，就设法取给于民，是造成地方小吏贪污的一个重要原因。

秦时官吏已经有休假制度，休假称为“告归”。如《史记·李斯列传》记载，李斯长男为三川守，告归咸阳。《史记·高祖本纪》载，刘邦为亭长时，常告归之田。两者均为休假。但秦的休假制度不可详考。汉代官吏的休假，大体上有休沐、告、宁三种形式。休沐，汉代官吏，一般利用休假日洗沐，故休沐成为休假的代名词。休沐是一般的例假，每隔五天休息一天，这一天的休息，实际用来处理各种家务事，而拜谒父母是其中的头一件大事。其次是接待宾客和处理各种杂务。五日一休沐的常假之外，还有时节假，《汉书·薛宣朱博传》说：“日至休吏。”日至指冬至日和夏至日。据《后汉书·礼仪志》记载，“冬至前后，君子安身静体，百官绝事，不听政”，“日夏至，礼亦如之”，可见冬至和夏至的休假还不止一天。告是因功或因病而休假的制度。告之中，又有予告和赐告的区别。《汉律》：“吏二千石有予告，有赐告。予告者，在官有功最，法所当得也。赐告者，病满三月当免，天子优赐其告，使得带印绶将官属归家治病。”至成帝时，郡国二千石赐告不得归家。至和帝时，予赐皆绝。由此可见，所谓予告，乃在职有功，课为上等者，依法应赐予休假，其性质等于赏赐。所谓赐告，乃当时规定请病假不得超过三月，过三月者免职，但由皇帝赐告，则可延长假期而不免官。赐告与否，完全是依皇帝意旨而定。宁是丧假的专称。告宁本来连称，为休谒之名。但告和宁又有区别，吉曰告，凶曰宁，所以宁单称指丧假。官吏宁期的长短，大抵依丧服制度的推行情况而定。西汉文帝崇尚节俭，也提倡丧制从简。他在遗诏中对自己的丧事作了安排。行丧的时间是大功十五日，小功十四日，纤七日，一共三十六日。东汉人应劭认为古制丧期三年（三十六月），文帝以日易月，故三十六日。文帝以后，三十六日释服成为西汉定制。如《汉书·翟方进传》：“（翟方进后母死）既葬三十六日，除服起视事，以为身备汉相，不敢逾国家之制。”可见西汉时官吏父母丧亡，宁假三十六天为“国家之制”。东汉崇尚名节孝道之风始盛于西汉，宁期较西汉为长，却又废而复兴，这是一个主要原因。致仕，近似今日的退休。不过汉代致仕，一般指高级官吏。致仕的条件，主要是年老或有病。其手续，一般先由本人提出申请，或以老请，或以病请，谦称为“乞骸骨”，然后再由朝廷批准。致仕后的归养俸禄，以及是否岁时朝见皇帝等，则要看其官位、功绩和皇帝的恩宠程度。从两汉致仕事例中，可知两汉公卿大臣病老退休，一般均受国家的优厚待遇，不过情况不尽相同罢了。致仕就是去职，去职后不应享受在职期间的秩俸，故须另有诏令规定其俸。汉代高级官吏致仕的诸例说明，有的可以享受全俸，有的三公享受二千石俸。在一般情况下，大概只能享受原职三分之一的俸。总之，汉代官吏致仕后的待遇高低，主要由皇帝恩宠程度的高低而定。

与致仕相关的另一项制度是恤典。恤典，是朝廷对于高级官吏死后的一种抚恤制度。高级官吏死后，朝廷或赠赙（即以财物助丧仪），或赠印绶，或赐谥，或赐冢地、缯绣、衣物之类，不一而足。从丧葬到死后享受的各种赠赐，因人因时而异，但也有某些共同之处。总之，恤典也是汉代官吏的一项制度，只是抚恤程度如何因人而异而已。

在治吏问题上，秦与两汉相比，最为得法。据《秦简》反映，秦的各级官吏，职责分明，有功者赏，有过者罚，条律不仅清楚具体而且赏罚必须执行。这类有关秦治吏的律条，为数很多，说明秦治吏有方。官吏不敢怠于职守，办事效率高，吏治清明，这是秦能统一中国的重要因素之一。汉代治吏，较秦略逊一筹。汉律中，没有秦律对官吏职责规定得那样具体。而朝廷对地方官的考课，主要是通过上计，在上计簿“具文而已”的情况下，考课也就徒具形式。然而，汉代治吏方式中，亦有比秦高明之处。汉代设置刺史，以低秩督刺和考察地方长吏，位卑权重，直通朝廷，不属守相所辖，且巡回流动，不固定于一地，这就能有效地起到监督作用。而秦每郡置监御史，固守一郡，易于和太守勾结，狼狈为奸。总的看来，汉代还是有一套治吏办法的，但贯彻并不彻底，尤其是东汉后期，几乎是放任官吏胡作非为，完全不顾祖宗治吏之法规，以致吏治腐败不堪，东汉政权亦随之灭亡。这是历史的教训。

第十九讲　秦汉（及后）时代之交通

1. 交通与大一统政府

（1）

秦汉时代，按照普通说法，应该从秦始皇元年起，到汉献帝末年止，共 446 年。本书中所谓秦汉时代，所指时期，与此不同；乃是自秦始皇二十六年已灭六国算起，直到隋开皇九年陈亡止；中间于秦汉外，连魏晋南北朝也包括在内，总共计 810 年。（约当公元前 220 年至公元 589 年。）

（2）

在这 810 年中，中国历史上最大的事件，是秦汉大一统政府的出现。这在中国政治上和在中国民族上，都开前古未有的创局。中国的政治，从此才有大规模的举措。中国的民族，从此才有一个坚固的基础。同时，中国的交通，也就随着政治的进步，走上了一个新的时代。

秦始皇二十六年，秦既统一中国，《史记》记其统一后的大政，以“车同轨”和“一法度衡石丈尺”及“书同文字”同列。汉儒编定的《中庸》，也说：“今天下，车同轨，书同文，行同伦。”“车同轨”这句话，实在充分表现了秦汉交通之大一统的新精神。它在字面上，虽只是要各处车辙的度数相等，要各轮间的距离划一；实际上，也就告诉了我们，这时的车辆已可畅行中国各处，这时的交通情形已需要车辙和车轮度数的划一了；如果车辙和车轮的度数不能划一，一辆车子便不能畅行各处，便不能适应这个新时代的需要了。

于“车同轨”一语所表示者外，秦汉交通之具体地表现大一统的精神者，甚为普遍。这时的交通，有一个全国最大的中心。这时的交通建设，如道路的开辟和河渠的开凿，也都有一个辐射的焦点。这时的交通组织，如馆舍邮驿等，也都有系统地普及于全国各地。这都和先秦时代之富于局部性的交通，大有分别。这是秦汉交通之一最大的特征。至于在交通区域方面，除在国内者外，则与“西域”“东夷”和南海上的民族，都开始了往来。这也是秦汉交通比先秦交通所特别发展的一点。而这一点，大体上，也是当时的政府，挟着它大一统的国家力量向前推进而得到的。

就中国交通史的全局上说，秦汉440年间，可说是秦汉时代的全盛时期；魏晋南北朝370年间，可说是秦汉时代的沦落时期。

2. 版图及域外交通

（1）

秦汉交通区域，在国内者，因版图的开拓，较战国末年为广阔。秦始皇时，中国国境，北至于渔阳、上谷、云中、九原，西至于陇西、巴、蜀，东至于辽东及东海之滨，南至于南海、桂林、象郡；北境东境略如战国之旧，而西境已及于现在的甘肃、兰州一带，南境已及于现在的广东、广西及安南的北境。汉武帝时，对于旧日秦的疆域既已完全承继，并在北方开朔方郡，西北开武威、张掖、酒泉、敦煌诸郡，东北开玄菟郡、乐浪郡，西南开犍为、越嶲、牂牁、益州、交趾、九真诸郡，东南开珠崖郡、合浦郡。于是，自今之朝鲜北部、辽宁、河北，沿海岸而南，至于广州、海南岛以及安南北部，西经云南、四川、甘肃，东至宁夏、内蒙古、黑龙江的南部，全入了汉的版图。这是秦汉时代国内交通区域最宽广时候的情形。从桓灵以后，直至隋的统一，中国国境的全部虽不免时有增减，但在这370年间，中国境内分割的局势，实在把一个整个的交通区域割成好几个小区域。桓灵以后的中国全幅版图，已不是一个完整的交通区域；全国国境的增减，已不能表示交通区域的广狭了。

（2）

秦汉交通，随着国内交通区域的开拓，也开始和域外有了往还。秦始皇时，曾派遣徐福率领童男女数千人入海求不死之药。后来，药没有求来，人也没有了影。据说，这位徐先生是有意逃避始皇的责罚，而率领了这些童男女，移殖到倭人的亶州那里去了。这个说法的是非，在日本学者中，已成了一个专门问题，尚难得一可信的结论。但这事即使不可靠，而秦之通朝鲜半岛，则是可信的。《三国志·魏书》说：“辰韩，在马韩之东。其耆老传世，自言古之亡人，避秦役，来适韩国。马韩割其东界地与之。有城栅，其言语不与马韩同。名国为邦，弓为弧，贼为寇，行酒为行觞，相呼皆为徒，有似秦人，非但燕齐之名物也。名乐浪人为‘阿残’：东方人名我为阿，谓乐浪人本其残余人。今有名之为秦韩者。”所谓“有似秦人，非但燕齐之名物”，是这一大批的移民中，有与辰韩（在今朝鲜南部）相离不远的燕人，有与辰韩对岸居住的齐人，而更多的人是从关中来的秦人。这可见，秦时中国人之赴辰韩者，系来自各地，而秦时人对于朝鲜半岛关系的深厚，又不止交通而已了。

汉时，中国与倭的交通，较秦时为显著。《汉书·地理志》说：“夫乐浪海中，有倭人，分为百余国，以岁时来献见云。”《后汉书·东夷列传》说：“倭在韩东南大海中，依山岛为居，凡百余国。自武帝灭朝鲜，使驿通于汉者，三十许国。……建武中元二年，倭奴国奉贡朝贺，使人自称大夫，倭国之极南界也。光武赐以印绶。安帝永初元年，倭国王师升等献生口百六十人，愿请见。”光武所赐的“汉倭奴王”金印，已经于公元1784年，在日本九州筑前地方发现，可证建武中元二年来中国的倭人，是居住在九州地方的人。

汉与韩的关系，未见《汉书》记载，但韩北与乐浪接，南与倭近，西汉与韩不会无所往来。《后汉书·东夷列传》分韩为三种，于辰韩外，记有马韩和弁韩。它说：“建武二十年，韩人廉斯人苏马諟等诣乐浪贡献。光武封苏马諟为汉廉斯邑君，使属乐浪郡，四时朝谒。”这是说东汉初年，韩已为中国的外臣。而《魏志》说：“桓灵之末，韩濊强盛，郡县不能制，民多流入韩国。”这是东汉末年，中国人又有一度向朝鲜半岛的流徙了。

在南海方面，汉自武帝始，也开始了远距离的交通。《汉书·地理志》说：“自日南障塞，徐闻合浦，船行可五月，有都元国。又船行可四月，有邑卢没国。又船行可二十余日，有谌离国。步行可十余日，有夫甘都卢国。自夫甘都卢国，船行可二月余，有黄支国，民俗略与珠厓相类。其州广大，户口多，多异物，自武帝以来，皆献见。有译长，属黄门，与应募者，俱入海，市明珠、壁、流离、奇石异物。赍黄金杂缯而往。所至国，皆禀食为耦。蛮夷贾船，转送致之。亦利交易，剽杀人。又苦逢风波溺死。不者，数年来还。大珠，至围二寸以下。平帝元始中，王莽辅政，欲耀威德，厚遗黄支王，令遣使献生犀牛。自黄支船行，可八月，到皮宗；船行可二月，到日南象林界云。黄支之南，有已程不国，汉之译使自此还矣。”据费瑯（G. Ferrand）的考证，黄支国为Kanci之译音，即今之康迦法拉母（Conjervaram），在印度境内马德拉斯（Madras）的西南。夫甘都卢国则似为缅甸的蒲甘（Pagam）古城，遗迹在今伊拉瓦底（Irraouaddy）江的左岸。皮宗，即蒲牢皮散（Pu1aw Pisan）岛，地在马来半岛西南沿岸，北纬1°30′之间。这可见，自汉武帝时始，南海上的航船，来往于日南徐闻合浦及印度东岸间者颇有相当的繁盛；而在这些航行人中，很有一些人是为交易货物而往来的。东汉时，南海交通之盛，似仍不减于昔。《后汉书·西域传》说：“天竺国，一名身毒。……至桓帝延熹二年，频从日南徼外来献。”又说：“至桓帝延亭延熹九年，大秦王安敦，遣使自日南徼外，献象牙、犀角、玳瑁。”这是在东汉末年，日南印度间的交通迄未断绝，而远西的罗马也在这时从南海方面，和中国有了一度的交通了。

汉的域外交通，在西域方面者，较在倭韩南海者，尤为繁盛。自武帝时，张骞凿空，西行之道大开。《汉书·西域传》说：“西域，以孝武时始通。本三十六国，其后稍分至五十余，皆在匈奴之西，乌孙之南。南北有大山，中央有河，东西六千余里，南北千余里。东则接汉，阸以玉门阳关，西则限以葱岭。其南山，东出金城，与汉南山属焉。……自玉门阳关出西域，有两道。从鄯善傍南山北，波河（波河，循河也）西行，至莎车，为南道。南道西逾葱岭，则出大月氏、安息。自车师前王廷，随北山，波河西行，至疏勒，为北道。北道西逾葱岭，则出大宛、康居、奄蔡、焉耆。”汉人足迹之广，于是，遂得至于大宛、康居、大夏、大月氏、焉耆、奄蔡以至于安息。《史记·大宛列传》说：“天子好宛马，使者相望于道。诸使外国一辈，大者数百，少者百余人。……汉率一岁中，使多者十余，少者五六辈。远者八九岁，近者数岁而反。”这可见武帝时，汉使者往来西域之频繁。《汉书·西域传》又说：“武帝始遣使至安息。王令将，将二万骑迎于东界。”这又可见汉使者在当时波斯（即安息）人中，受怎样的优崇了。天竺、大秦，在未从南海与中国交通前，也从西域方面为汉人所熟闻。并且天竺与中国间的正式交通，也在武帝时自西域方面开始。《大宛列传》说，“骞因分遣副使使大宛、康居、大月氏、大夏、安息、身毒、于窴、扜罙及诸旁国”可为证明。东汉时，中国和西域的交通，约略如旧。而班超遣甘英使大秦，抵条支，穷西海，则汉人的足迹更达于地中海的东岸了。

汉武帝最初打算开通西域的时候，目的在联合大月氏，以控制匈奴。

在开通的时候，曾消耗了许多武力和大量的财富。《汉书·西域传》赞说：“孝武之世，图制匈奴，患其兼从西国，结党南羌。乃表河曲，列西郡，开玉门，通西域，以断匈奴右臂，隔绝南羌月氏。单于失援，由是远遁，则幕南无王庭。遭值文景玄默，养民五世，天下殷富，财力有余，士马强盛，故能……闻天马蒲陶，则通大宛安息。……及赂遗赠送，万里相奉，师旅之费不可胜计。至于用度不足。乃榷酒酤，管盐铁，铸白金，造皮币，算至车船，租及六畜，民力屈，财用竭。”这可见，开通西域，在当时是具有怎样的意义，以及开发时是怎样地努力了。西域既通，在军事上是“断匈奴右臂”；在经济上，则有汉家缯帛在安息等地为主要的商品；在动植物的输入上，则有大宛马和葡萄、苜蓿、石榴、胡桃及胡麻等之入华；在艺术及技巧上，则有摩诃兜勒曲之传入长安，及希腊作风之影响于汉镜之制作等。《后汉书·西域传》天竺国条下，说：“和帝时，数遣使贡献，后西域反叛，乃绝。至桓帝延熹二年四年，频从日南徼外来献。世传明帝，梦见金人长大，顶有光明，以问群臣。或曰：西方有神，名曰佛。其形长丈六尺，面金黄色。帝于是遣使天竺，问佛道法。遂于中国图画形象焉。”明帝的梦固不可信，但佛教因中印交通之发达，得以东来，则绝无疑问。依和帝以前，从天竺到中国之习惯的路程说，似乎佛教也是经由西域传过来的。

(3)

魏晋南北朝时，西域方面的交通大见衰落。魏时，虽“龟兹、于阗、康居、乌孙、疏勒、月氏、鄯善、车师之属，无岁不奉朝贡，略如汉氏故事”，但这时，西域已经“不能尽至”。晋时，武帝泰始中及太康中，西域来贡献者仅有康居、焉耆、龟兹、大宛、大秦，似尚不及晋魏时候之盛。晋室南移后，西域的交通完全被北朝隔断，历宋齐梁陈，南朝竟完全没有从陆路上和西域交通的机会。在北朝方面，则“西域虽通于魏氏，于时中原始平，天子方以混一为心，未遑及此。其信使往来，得羁縻勿绝之道”。北魏在西域的交通，虽较南朝为胜，实际上也是平常得很。到了“东西魏时，中国方扰，及于齐周，不闻有事西域”。北朝在西域方面的交通，也就不必提起了。

东夷方面，在魏晋时，交通尚为频繁。自景初间，魏破公孙氏，收复乐浪、带方二郡，韩倭等国遣使朝贡，至晋太康间，屡来不绝。而《三国志·吴书·吴主传》说，亶洲人民，“时有至会稽货布。会稽东县人海行，亦有遭风流移至亶洲者。所在绝远，卒不可得至”。则长江下流和倭国之间，曾有贸易关系。不过因当时航海设备之简陋，这种关系仅属偶然的遇合，并不能算正当的事态。南北朝时，东夷有百济、新罗者，一为马韩之属，一为辰韩之种。晋南渡后，百济遣使贡献，受晋封号，历宋齐梁，与南朝往还不断。在北朝方面，则自魏延兴二年，百济也开始上表自通，历北齐北周，贡献不绝。新罗和倭，一则因国力的关系，一则因地理上的关系，都只和南朝通使，和北朝没有什么交通。新罗于梁普通二年，遣使随百济贡方物。倭于晋安帝时，及宋武帝永初二年，文帝元嘉二年、二十年、二十八年，孝武大明六年，顺帝异明二年，齐高祖建元中，梁武帝天监中，都曾遣使奉表，献方物，并请求封号。

南海方面的交通，魏晋南北朝时，较西域东夷者为发达。这一时期，除魏及北朝格于形势，陈之疆域过蹙外，与魏同时之吴，以及晋宋齐梁，与南海诸国，都有往还。《梁书·诸夷传》说："海南诸国，大抵在交州南，及西南大海洲上。相去，近者三五千里，远者二三万里。其西与西域诸国接。……及吴孙权时，遣宣化从事朱应，中郎康泰通焉。其所经及传闻，则有百数十国，因立记传。晋代，通中国者盖尠，故不载史官。及宋齐，至者有十余国，始为之传。自梁革运，其奉正朔，脩贡职，航海岁至，逾于前代矣。"这可略见南海交通发展的情形。孙权时，朱应康泰所经历及传闻之国虽有百数十，但未通中国者恐怕还很少。历晋宋齐梁，南海诸国和江左间的交通，方算真正地繁盛起来。《宋书·夷蛮传》《南齐书·东南蛮夷传》《梁书·诸夷传》记海南诸国，甚为详悉，而所记国数，彼此有不相同的地方。李延寿作《南史·夷貊传》，总三书之成，立有专条者，共得15国。计有：

1．林邑国，即占婆（Campa），今安南中圻。

2．扶南国，今之柬埔寨。

3．诃罗拖国。

4．呵罗单国，在苏门答腊岛。

5．婆皇国，今之Pahan，在马来半岛。

6．婆达国。

7．阇婆达国，宋书作"阇婆婆达"，或系阇婆与婆达连书之误。

8．槃盤国，似亦在马来半岛。

9．丹丹国，在今东京与巴厘间。

10．干陆利国，在苏门答腊岛。

11．狼牙修国，今之1enkasuka，在马来半岛。

12．婆利国，今爪哇东之巴厘岛。

13．中天竺国，在今印度。

14．天竺迦毗黎国，在今印度。

15．狮子国，今之锡兰岛。

《宋书·夷蛮传》，史臣曰："若夫大秦、天竺，迥出西溟；二汉衔役，特艰斯路。而商货所资，或出交部；泛海陵波，因风远至。又重峻参差，氏众非一；殊名诡号，种别类殊；山琛水宝，由兹自出。通犀翠羽之珍，蛇珠火布之异，千名万品，并世主之所虚心。故舟舶继路，商使交属。"《南齐书·蛮夷传》，史臣曰："至于南夷杂种，分屿建国；四方珍怪，莫此为先。藏山隐海，环宝溢目。商舶远届，委输南州。故交广富实，牣积王府。"南朝的南海贸易之盛，恐怕已非汉家盛时所能及了。

总观秦汉，以及魏晋南北朝时，中国的交通区域，在国内者，魏晋以后，极其破碎，已不必说。其在域外者，若分别来说，则魏晋以后，南海上的交通，或较前为盛；若整个地来说，魏晋以后，南海交通之部分的发展，是不能和汉家之四外发展相提并论的。南海交通的发展，在交通史上的意义，不在其能否代替两汉时的中外交通，而在预告另一个将要到来的时代中，南海在中外交通上，将占着怎样的地位。

3. 都会

（1）

秦汉的都会，以咸阳、长安和洛阳为最大。战国时，咸阳在关中虽然重要，但不能为全国交通最大的中心。六国亡后，咸阳跟随秦的政治势力，地位已经骤然提高。始皇又"收天下兵，聚之咸阳，销以为钟鐻金人十二，重各千石，置廷宫中"，"徙天下豪富于咸阳十二万户"，咸阳更为天下财富之汇。《秦始皇本纪》说："秦每破诸侯，写放其宫室，作之咸阳北阪上，南临渭。自雍门以东，至泾渭，殿屋复道周阁相属。"这种伟大的土木工程，也使咸阳成为一个大规模的都市。而驰道的开辟，也是增进咸阳交通地位的一个重要条件。

但咸阳不过走了十几年的红运，长安随着汉的统一，做了咸阳的替身。《汉书·地理志》说："汉兴，立都长安，徙齐诸田，楚、昭、屈、景及诸功臣家于长陵。后世世徙吏二千石，高资富人，及豪杰兼并之家于诸陵。……是故五方杂厝，风俗不纯。其世家则好礼文，富人则商贾为利，豪杰则游侠通奸。濒南山，近夏阳，多阻险轻薄，易为盗贼，常为天下剧。又郡国辐辏，浮食者多，民去本就末。列侯贵人，车服僭上，众庶放效，羞不相及。嫁娶尤崇侈靡，送死过度。”汉长安，吸收天下财富的办法，似乎比秦的咸阳还要彻底。而它的杂错不纯的风俗，正是一个巨型的都会之特殊的表征。《枚乘谏吴王书》说：“夫汉，并二十四郡，十二诸侯，方输错出，运行数千里，不绝于道……转粟西向。陆行不绝，水行满河……”（见《汉书•贾邹枚路传•枚乘传》）杜笃《论都赋》说：“鸿渭之流，径入于河；大船万艘，转漕相过。东综沧海，西纲流沙，朔南暨声，诸夏是和。”（见《后汉书•文苑列传•杜笃传》）张衡《西京赋》说：“环货方至，鸟集鳞萃；鬻者兼赢，求者不匮。尔乃商贾百族，裨贩夫妇，鬻良杂苦，蚩眩边鄙。何必昏于作劳，邪赢优而足恃；彼肆人之男女，丽美奢乎许史。”又说：“郊甸之内，乡邑殷赈；五都货殖，既迁既引。商旅联槅，隐隐展展，冠带交错，方辕接轸。”长安道上运输之盛，四方奇货来长安者之多，以及长安与五都间交通之繁，都可见长安在当时交通上的特殊地位。《汉书•西域传》说：“孝武之世，……明珠、文甲、通犀、翠羽之珍盈于后宫，蒲梢、龙文、鱼目、汗血之马充于黄门，巨象、狮子、猛犬、大雀之群食于外囿，殊方异物，四面而至。于是广开上林，造昆明池，营千门万户之宫，立神明通天之台，兴造甲乙之帐，落以随珠和璧。天子负黼依，袭翠被；凭玉几，而处其中。设酒池肉林，以飨四夷之客。作巴俞、都卢、海中、砀极、漫衍、鱼龙、角抵之戏，以观视之。”西汉盛时，长安不只是国内最大的都会，并且在中外交通上也具有特殊的意义。它成了一个四夷宾客荟萃的所在、殊方异物聚合的场所了。

洛阳，在未成为汉的京都时，它在交通上地位的重要程度，似仅在长安之次。及光武即位东都，洛阳的地位遂超于长安之上。王符《潜夫论》说：

“今举俗舍本农，趋商贾，牛马车舆，填塞道路，游手为巧，充盈都邑。务本者少，浮食者众，商邑翼翼，四方是极。今察洛阳资末业者，什于农夫；虚伪游手，什于末叶。

“昔孝文皇帝躬衣弋绨，革舃韦带。而今京师贵戚，衣服饮食，车舆庐第，奢过王制，固亦甚矣。且其徒御仆妾，皆服文组彩牒，锦绣绮纨，葛子升越，筒中女布，犀象珠玉，虎魄玳瑁，石山隐饰，金银错镂，穷极丽美，转相夸诧。其嫁娶者，车骈数里，缇帷竞道，骑奴侍童，夹毂并引，富者竞欲相过，贫者耻其不逮。一餐之从费，破终身之业。

“古之葬者，……桐木为棺，葛采为缄。……今者京师贵戚，必欲江南檽梓，豫章之木。边远下土，亦竞相放效。夫檽梓豫章，所出殊远；伐之高山，引之穷谷；入海乘淮，逆河泝洛；工匠雕刻，连累日月。会众而后动，多牛而后致。重且千斤，功将万夫。而东至乐浪，西达敦煌，费力伤农于万里之地。

“……今京师贵戚，郡县豪家，生不极养，死乃崇丧。或至金镂玉匣，檽梓梗枘，多埋珍宝偶人车马。造起大冢，广种松柏，庐舍祠堂，务崇华侈。”

以洛阳天然地位的优越，所凭借历史的悠久，更加之以政治上的势力，自很容易为一全国最大的都会。一个仆妾的服饰，有产自蜀郡的锦纺，有出自山东的绮纨，有来自西域南海的犀象、珠玉、虎魄、玳瑁，不过是四方交通便利时的一种现象。贵戚们爱用江南木材作棺，采自高山穷谷，经过海淮河洛，以到洛阳，更东运于乐浪，西达于敦煌。也不过是对于当时交通之一种利用。总观王符所说，洛阳的豪华，洛阳的繁荣，比着当年的长安，恐怕有过之，无不及了。

长安和洛阳外，汉国内各部还有各部的都会。《汉书·食货志》说王莽“于长安及五都，立五均官，更名长安东西市令，及洛阳、邯郸、临淄、宛、成都市长，皆为五均司。市称师，东市称京，西市称畿，洛阳称中。余四都各用东西南北为称，皆置交易丞五人，钱府丞一人。”这所说长安和五都，除了长安和洛阳不必说外，邯郸、临淄、宛、成都都应该是局部的都会。宛和成都，比较地后起。邯郸和临淄，则从战国初年一直到西汉末年，交通上的地位似乎都没有多大的变动。所以，在王莽时，邯郸还可称为北都，临淄称为东都，都设置司交易的专官，管理北方及东方的交易事务。汉时，关中的米不够吃，每年须由山东漕运米数百万石。临淄为齐郡郡治所在，不只是一个工商业的区域。还应该是东方农产品汇集的堆栈。因为经济价值上的关系，临淄在东方交通上的地位，或者比邯郸之在北方者，还要强固一些。

宛（现在的河南南阳）是汉南阳郡郡治所在，“西通武关郧关，东南受汉江淮。”据《汉书·地理志》，元始二年，宛有 47547 户。若以这时南阳全郡的户数和人数平均折算，宛的 47500 多户，应有 23 万～ 24 万人，是可以和长安的人口数相比的。从人口的繁盛上，已可见宛为当时一大都会，为四邻辐辏之地，无怪王莽以之为南都了。东汉时，因南阳是光武的故乡，宛在政治上、经济上和交通上的地位，都提高不少。张衡作《南都赋》，侈言南都山川的峻大，物产的丰富，和它在汉代中兴上的重要性，都可略见东汉人对于南都的观感。赋中说："于是，暮春之禊，元巳之辰，方轨齐轸，祓于阳濒。朱帷连网，曜野映云；男女姣服，骆驿缤纷；致饰程蛊，偠绍便娟；微眺流睇，蛾眉连卷。于是齐僮唱兮列赵女，坐南歌兮起郑舞，白鹤飞兮茧曳绪；修袖缭绕而满庭，罗袜蹑蹀而容与；翩绵绵其若绝，眩将坠而复举；翘遥迁延，蹩躠蹁跹。结九秋之增伤，怨西荆之折盘。弹筝吹笙，更为新声；寡妇悲吟，鹍鸡哀鸣；坐者悽欷，荡魂伤精。于是群士放逐，驰乎沙场；騄骥齐镳，黄间机张；足逸惊飙，镞析毫芒；俯贯鲂鱮仰落双鸧；鱼不及窜，鸟不暇翔。尔乃抚轻舟兮浮清池，乱北渚兮揭南涯；汰瀺灂兮船容裔，阳侯浇兮掩凫鹥；追水豹兮鞭蝄蜽，惮夔龙兮怖蛟螭。于是日将逮昏，乐者未荒，收驭命驾，分背回塘；车雷震而风厉，马鹿超而龙骧；夕暮言归，其乐难忘。"南都声色之娱，游观之好，至于如此之盛，这足征宛在交通上的地位已能吸收各方的财贿，而成为一个豪华的都会。

成都是汉蜀郡郡治所在。《史记·货殖列传》说："巴蜀亦沃野，地饶卮，姜丹沙石铜铁竹木之器，南御滇僰，僰僮；西近邛笮，笮马旄牛。然四塞，栈道千里，无所不通，唯褒斜绾毂其口，以所多易所鲜。"《汉书·地理志》说："巴蜀广汉本南夷，秦并以为郡，土地肥美，有江水沃野，山林竹木，蔬食果实之饶。……民食稻鱼，亡凶年忧，俗不愁苦，而轻易淫泆，柔弱褊厄。景武间，文翁为蜀守，教民读书法令，未能笃信道德，反以好文刺讥，贵慕权势。及司马相如游宦京师诸侯，以文辞显于世。乡党慕循其迹，后有王褒、严遵、扬雄之徒，文章冠天下。"这可见成都所凭借的农产矿物之富，已足为逐利者汇聚的场市；而景武以降，人文之盛，更是一个大都会的气象。元始二年，成都有户76256，应有人口30万以上。东汉时，人口更有增进，与元始时为13与12之比。这充分表示水陆之凑的成都，为各方人民所来杂处；在经济上和交通上，都很够一个"西都"的资格。至于枸酱南传南越，引起汉天子对于西南夷的开辟；蜀布西市身毒，为中印正式交通的先声，成都在中外交通史上也应该是一个有意义的城市。

(2)

东汉末年，国内大乱，交通史上的秦汉时代已转入沦落的时期。这时，邯郸、临淄和宛的状况如何，久已不明。而旧日最大的都会，却遭遇了很大的灾害。《三国志·魏书·董卓传》说："初平元年二月，乃徙天子（汉献帝）

都长安，焚烧洛阳宫室，悉发掘陵墓，取宝物。”又说：“（李）傕等放兵略长安，老少杀之悉尽，死者狼藉。”“汜与傕转相疑，战斗长安中。傕质天子于营，烧宫殿城门，略官寺，尽收乘舆服御物置其家。”“（杨）奉、（韩）暹、（董）承乃以天子还洛阳。……天子入洛阳，宫室烧尽，街陌荒芜，百姓披荆棘，依丘墙间。……饥穷稍甚，尚书郎以下，自出樵采，或饿死墙壁间。”《晋书·食货志》说：“李傕郭汜自相攻伐于长安城中，以为战地。是时，谷一斛五十万，豆麦二十万。人相食啖，白骨盈积，残骸余肉，臭秽道路。（汉献）帝使侍御史侯汶出太仓米豆，为饥民作糜，经日颁布，而死者愈多。帝于是始疑有司盗其粮廪，乃亲于御前，自加临给。饥者人皆泣曰：今始得耳……自此，长安城中尽空，并皆四散。二三年间，关中无复行人。”这时候，长安、洛阳的景象，真是凄凉悲惨极了。此后，魏、晋、北魏建都洛阳，西魏、北周建都长安，旧日两大都会的繁荣，本应有所恢复。但长安、洛阳所受摧残过甚，元气已经大伤：人口的减少和土地的荒废，更成了循环难治之症，恢复之业，谈何容易。而且，370 年中，北方变乱因仍，晋统一的局面不过二十几年，曹魏及北魏、西魏、北周，都是割据的形势。这两大都会在旧日之凭借政治力量者，这时既已远不如前，而在旧日能利用其适中的地位者，这时也失掉了它适中的条件。两汉时最大的都会在魏晋南北朝时，可以说是完全没落了。

成都，在汉末，距中原扰乱之区较远，比较上可说是没有遭遇什么破坏。左思《蜀都赋》说：“于是乎金城石郭，兼市中区，既丽且崇，实号成都。辟二九之通门，尽方轨之广涂；营新宫于爽垲，拟承明而起庐。结阳城之延阁，飞观榭乎云中；开高轩以临山，列绮窗而瞰江。内则议殿爵堂，武义虎威，宣化之闼，崇礼之闱；华阙双邈，重门洞开，金铺交映，玉题相晖。外则轨躅八达，里闬对出；比屋连甍，千庑万室。亦有甲第，当衢向术；坛宇显敞，高门纳驷；庭扣钟磬，堂抚琴瑟，匪葨匪葛，畴能是恤。亚以少城，接乎其西，市廛所会，万商之渊；列隧百重，罗肆巨千；贿货山积，纤丽星繁。都人士女，袨服靓妆，贾贸带鬻，舛错纵横；异物崛诡，奇于八方，布有橦华，面有桄榔；邛杖传节于大夏之邑，蒟酱流味于番禺之乡。舆辇杂冠，遇带混并；累毂叠迹，叛衍相倾。喧哗鼎沸，则哤聒宇宙；嚣尘张天，则埃壒曜灵。阛阓之里，伎巧之家，百室离房，机杼相和，贝锦斐成，濯色江波；黄润比筒，籝金所过。侈侈隆富，卓郑埒名；公擅山川，货殖私庭。藏镪百万，㼚棿兼呈；亦以财雄，翕习边城。”三国时的成都，和中国北部的交通虽为魏所截断，但它的富庶的人口，它的繁盛的商业，仍能表示它在西南方的交通上，还占着一个中心地位。这是汉代五都中，在三国时，硕果仅存的一个都会。西晋初叶，成都的景况似无大变。不久，到了惠帝的时候，益州发生变乱，巴蜀的人向宁州、荆州流徙者不下数十万家，60万～70万人，成都也就大不如以前了。

魏晋时，新兴的都会，在北方者有邺（现在的河南安阳），在南方者有建业（故城在今南京城之南）。邺，是魏国在代汉以前的都城。曹操曾费了很大的气力，来经营这个地方，后来曹丕即帝位，建都洛阳，邺仍是一个在政治上和经济上极重要的都市。左思《魏都赋》说："内则街衢辐辏，朱阙结隅；石杠飞梁，出控漳渠。疏通沟以滨路，罗青槐以荫涂，比沧浪而可濯，方步櫚而有踰。习习冠盖，莘莘蒸徒，班白不提，行旅让衢。……营客馆以周坊，饬宾侣之所集；玮丰楼之闬闳，起建安而首立。葺墙幂室，房庑杂袭；剞劂罔掇，匠斲积习，广成之传无以畴，槁街之邸不能及。廓三市而开廛，籍三逵而九达；班列肆以兼罗，设阛阓以襟带。济有无之常偏，距日中而毕会；抗旗亭之峣薛，侈所兆之博大。百隧毂系，连轸万贯；凭轼捶马，袖幕粉半。一八方而混同，极风采之异观；质剂平而交易，刀布贸而无算。财以工化，贿以商通；难得之货，此则弗容。器周用而长务，物背窳而就攻；不鬻邪而豫贾，著驯风之醇藏。白藏之藏，富有无隄；同赈大内，控引世资。賨幏积滞，琛币充轫；关石之所和钧，财赋之所底慎。"又说："易阳壮容，卫之稚质，邯郸躧步，赵之鸣瑟。真定之梨，故安之栗；醇酎中山，流湎千日。淇洹之笋，信都之枣；雍丘之梁，清流之稻。锦绣襄邑，罗绮朝歌；绵纩房子，缣总清河。若此之属，繁富伙够，非可单究，是以抑而未罄也。"邺在邯郸的南边，洛阳的北边。邯郸、洛阳既经没落，邺地处魏国的中央，又赖着政治上的力量，于是交通发达，遂代替了旧日的邯郸和洛阳，为一时商业昌盛的都会。而且，邺的附近郡县声色之好，农工名品之富，也可以增进它在交通上的地位。南北朝时，石虎据邺，宫殿侈丽，更过于前。东魏、北齐，又在邺建都。但石虎之邺，以及东魏、北齐之邺，因其时政治上的形势不及曹魏的安定，割据的区域也不及曹魏时的广大，邺在交通上的命运恐怕也未必能如以前了。

建业，本称秣陵。建安十六年，孙权改称建业。昔武帝平吴，仍称秣陵。太康二年，分秣陵北为建邺，改"业"为"邺"。后又避愍帝讳，改建邺为建康。建业自为吴都，地位立见重要。左思《吴都赋》说："于是，乐只衎而，欢饫无匮；都辇殷而，四奥来暨。水浮陆行，方舟结驷；唱棹转毂，昧旦永日。开市朝而并纳，横阛阓而流溢；混品物而同廛，并都鄙而为一。士女贮眙，商贾骈坒；纶衣絺服，杂沓从萃。轻舆按辔以经隧，楼船举驭而过肆；果木辐辏而常然，致远流离与珂珬。珬贿纷纭，器用万端；金镒磊砢，珠琲阑干。桃笙象簟，韬于筒中；蕉葛升越，弱于罗纨。䜩譶䋤獿，交贸相竞，喧哗喤呷，芬葩荫映。挥袖风飘而红尘昼昏，流汗霢霂而中逵泥泞。富中之甿，货殖之选，乘时射利，财丰巨万。竞其区宇，则并疆兼巷；矜其宴居，则珠服玉馔。”三国时，建业商业的昌盛，水陆交通的发达，大概是前所未有的。晋室东渡后270年间，建业一直是南朝的首都。试观南朝皇帝的奢侈浮靡，南朝士大夫的玩弄风月，我们便知道建业在那时应该有的繁盛。《隋书·地理志》说：“丹阳（建业所属郡名）旧京所在，人物本盛，小人率多商贩，君子资于官禄。市廛列肆，埒于二京。人杂五方，故俗颇相类。”这可见，建业的繁荣，直到隋的初年，未见减落。这是魏晋南北朝时唯一的、命运最好的都会。

综观秦汉时代的都会，秦汉时以咸阳、长安或洛阳为全国最大的交通中心，显然表示这时候全国交通系统的重心是在黄河流域。魏晋以降，邺和建业同时并兴，成了南北对抗的形势。无论邺或建业，固都不能代替汉家的两京，但建业在南北朝时交通上的重要，实在也在预告一个将要来到的新时代中，长江流域将不能再被置于交通系统中之不重要的地位了。

4. 道路和河渠

（1）

秦汉的交通建设，在道路和河渠方面，以及馆舍邮驿，都很注意。道路之开辟者，有驰道，通西南夷道，通南越道，褒斜道，回中道，子午道，飞狐道，马援所刊道和峤道。

驰道，是秦始皇二十七年开始修筑的。驰道所采的路线，都是按最近的距离规定的，没有什么迂回曲折的地方，所以又叫作直道。驰道的通达区域，据贾山说，是“东穷燕齐，南极吴楚，江湖之上，濒海之观毕至”。驰道的建筑，是“道广五十步，三丈而树，厚筑其外，隐以金椎，树以青松”。驰道路线之长，宽度之阔，取道之近，建筑之坚实侈丽，真是一个前古无匹的大工程。

秦汉间的乱离，秦的驰道似乎并没有被完全破坏。汉初，中国未定时，驰道所经的地方，在军事上很能表现一种相当的价值。《史记》记周勃事，说他“从高帝击反者燕王臧荼，破之易下。所将卒，当驰道为多”。这大概就是从“当驰道”一点上，企图说明周勃在这次战没中地位之重要的。这也可以反映出驰道所经，必定都是紧要之所，而驰道在交通上的意义可以想见。

不过，可惜得很，这样好的一条大干路，在秦时，似乎就不是为一般人用的。汉时更显然为皇帝的御道，不准旁人随便行走。《汉书·蒯伍江息夫传·江充传》说：“充出，逢馆陶长公主行驰道中。充呵问之。公主曰：有太后诏。充曰：独公主得行，车骑皆不得。尽劾没入官。后充从上甘泉，逢太子家使，乘车马行驰道中，充以属吏。”又《翟方进传》说：“方进从上甘泉，行驰道中。司隶校尉陈庆劾奏方进，没入车马。”原来，按照汉《令乙》的规定：“骑乘车马行驰道中，已论者没入车马被具。”江充和陈庆正是按照律令办事的，这也可见驰道应用范围之狭了。

通西南夷道，开始于秦，而汉武帝继之。《史记·西南夷列传》说：“秦时，常頞略通五尺道，诸此国颇置吏焉。”所谓“略通五尺道”，是就原来五尺宽的路，更加开宽，它经由的路线不能详考。汉武帝经营西南夷，开通两条路。一条是夜郎道，由僰道，指牂牁江，以通临江的夜郎。一条是灵山道，自牂牁灵山，架桥于孙水，以通邛莋。《史记·平准书》说：“唐蒙司马相如开道西南夷，凿山通道，作者数万人。千里负担馈粮，率十余钟致一石。散币于邛僰以集之。数岁，道不通，蛮夷因以数攻。吏发兵诛之，悉巴蜀租赋不足以更之。”这两条路的开辟，真是艰难的大工程，消耗不少的人力和财力。

通南越道，也开于秦时，《史记·南越列传》：“南海尉任嚣病且死，召龙川令赵佗语曰……吾恐盗兵侵地至此。吾欲兴兵绝新道。”这表明秦时，曾开有通南越的道路。又说：“嚣死，佗即移檄告横浦阳山湟谿关曰：盗兵且至，急绝道，聚兵自守。”这是通南越道取道于横浦（今湖南桂阳），秦末，这条路绝后，汉高祖十一年复通。

褒斜道，是汉武帝时凿。《史记·河渠书》说：“有人上书，欲通褒斜道，及漕事。下御史大夫张汤。汤问其事，因言：‘抵蜀从故道，故道多阪，回远。今穿褒斜道，少阪，近四百里。而褒水通沔，斜水通渭，皆可以行船漕。漕从南阳，上沔入褒，褒之绝水，至斜，间百余里，以车转，从斜下，下渭。如此，汉中之谷可致，山东从沔无限，便于砥柱之漕。且褒斜材木竹箭之饶，拟于巴蜀。’天子以为然，拜汤子卬为汉中守，发数万人，作褒斜道五百余里。道果近便，而水湍石，不可漕。”这条路修成后，虽说因为褒斜水的关系，不能按着原计划作水陆连运，但长安、南郑之间节省400里路，褒斜道的贡献也就可观了。褒，是褒谷，在今陕西褒城。斜，是斜谷，急斜谷，在今陕西郡县。首尾约700里。但《史记·高祖本纪》说：“张良辞归韩，汉王送至褒中，因说汉王烧绝栈道，以备诸侯盗兵，亦示项羽无东意。”《后汉书·孝顺孝冲孝质帝纪》说：“（延光四年）诏益州刺史，罢子午道，通褒斜路。”依此，则褒斜之间，在汉建国之前已有栈道的设备，武帝开通这条路后似又经相当时期的废弃了。

回中道，汉武帝元封四年（公元前114年）开。《汉书·武帝纪》：“（元封）四年冬十月，行幸雍，祠五畤，通回中道遂北出萧关。”

子午道，是王莽开。《汉书·王莽传》说：“莽以皇后有子孙瑞，通子午道。子午道，从杜陵，直绝南山，径汉中。”杜陵在长安附近。汉中，现在的汉中；南山，是终南山。所谓“直绝南山”，也少不了许多开凿山路的工程。

飞狐道，汉光武帝建武十三年（公元37年）开。《后汉书·铫期王霸祭遵列传·王霸传》：“诏霸将弛刑徒六千余人，与杜茂治飞狐道，堆石布土，筑起亭障，自代至平城三百余里。”

马援所刊道，汉光武帝十七年（公元41年）开。《后汉书·马援列传》：“于是玺书拜援伏波将军。……督楼船将军段志等，南击交趾。军至合浦，而志病卒，诏援并将其兵。逐缘海而进，随山勘道千余里。”

零陵桂阳峤道，汉章帝建初八年（公元83年）开。《后汉书·朱冯虞郑周列传·郑弘传》：“弘奏开零陵桂阳峤道，于是夷通，至今遂为常路。”

（2）

汉时，河渠之开辟及修治者甚多，最有名的，是渭渠、阳渠和汴渠。

渭渠，是武帝元光六年开凿。这个渠凿成后，可以节省关东长安间运输时间的一半，并且还可以省许多转运的人。《史记·河渠书》：“是时，郑当时为大农，言曰：‘异时，关东漕粟，从渭中上，度六月而罢。而漕水道，九百余里，时有难处。引渭穿渠，起长安，并南山下，至河三百余里。径易漕，度可令三月罢。而渠下民田万余顷，又可得久溉田。此损漕省卒，而益肥关中之地得谷。’天子以为然，令齐人水工徐伯表，悉发卒数万人，穿漕渠。三岁而通，通以漕，大便利。其后，漕稍多，而渠下之民颇得以溉田矣。”

阳渠，是光武帝建武二十四年开凿。《后汉书·张曹郑列传·张纯传》说：“上穿阳渠，引洛水为漕，百姓得具利。”刘昭注：“阳渠，在洛阳城南。”这个渠的规模，似不及渭渠、白渠者大。

汴渠，是汉明帝永平十二年修。《后汉书·显宗孝明帝纪》：“（永平十二年）遣将作谒者王吴修汴渠，自荥阳至于千乘海口，千余里。十三年夏，四月，汴渠成。辛巳，行幸荥阳巡行河渠。”汴渠即莨荡渠，是鸿沟的一部分。

（3）

魏晋南北朝时，道路之开辟无闻；而河渠之开凿，如平虏渠、泉州渠，胡质所开青徐诸渠，则在魏时很是不少。其间规模较大者，有贾侯渠和邓艾所开的渠。

贾侯渠，是魏文帝时贾逵开凿。《三国志·魏书·贾逵传》说：“通运渠二百余里，所谓贾侯渠者也。”这时，贾逵是豫州刺史，渠应在豫州境内。

邓艾所开各渠，约在魏正始年间。《晋书·食货志》说：“艾以为田良水少，不足以尽地利，宜开河渠，可以大积军粮，又通运漕之道。乃著《济河论》，以喻其旨。……宣帝善之，皆如艾计施行。遂北临淮水，自钟离而南，横石以西，尽沘水，四百余里。五里置一营，营六十人。且佃且守。兼修广淮阳百尺二渠，上引河流，下通淮颖大冶诸陂。于颖南颖北，穿渠三百余里，溉田二万顷，淮南淮北皆相连接。自寿春到京师（即洛阳），农官兵田鸡犬之声，阡陌相属。每东南有事，大军出征，泛舟而下，达于江淮。”这个300余里的长渠，连接颖、淮南北，可以说是渭渠以后的第一个大渠了。此渠以后，历晋南北朝，都无可以相仿的工程出现。

（4）

秦汉时，对于河渠，都设有都水长丞。依《汉书·百官公卿表》所举，汉的都水很多，从太常、大司农、少府、水衡都尉，以及三辅与诸郡国，莫不设有都水。汉东迁后，省都水，置河堤谒者。魏因之。武帝时，置都水使者。宋与晋同。梁初，称都水使者为都水台使者，后改为太舟卿。北魏有河堤谒者。北齐有都水台，而尚书省内设有水部。从这种水官制度的沿革上，我们也可以看出西汉时对于河渠之特别注意。东汉以后，就差得多了。

5. 馆舍和邮驿

(1)

秦汉的馆舍和邮驿，可分为亭、邮、驿、传，分别述之。

亭，是供旅客止宿的地方。《风俗通》说："汉家因秦，大率十里一亭。亭，留也，今语有亭留，亭待，盖行旅宿食之所馆也。"《释名》说："亭，停也，人所停集也。"这都可证，供客止宿是亭的主要任务。《后汉书·蔡邕列传》注引张隧《文士传》说："邕告吴人曰：吾昔尝经会稽高迁亭，见屋椽竹，东间第十六，可以为笛。"大概邕在高迁亭止宿，所以能够运用他的特别的鉴别力，仔细审察亭中的竹椽。

汉时的亭，似平民和贵族共用。《东观汉记》说："赵孝父为田禾将军。孝尝从长安来，欲止亭。亭长难之，言有贵客过，扫洒不欲秽汗地。良久，乃听止。"《御览》卷194引谢承《后汉书》说："仓梧广信女子苏娥行，宿鹄巢亭。为亭长龚寿所杀，及婢，致富。取财物，埋置楼下。"这都可见留亭的旅客，没有贵族和平民的限制，和先秦时代的官立馆舍不尽相同。若依谢承所记，则我们更可知亭的建筑是楼的形式，而汉时女子旅行，也是在亭中止宿的。

亭的设立，相互间的距离不等，而以十里为原则。

(2)

邮，是传书的机关。《后汉书·郭符许列传·郭泰传》注，引《说文》："邮，境上传书舍也。"又《杨震传》说："谪震诸子，代邮行书。"这都可见汉时邮的用处。《汉书·眭两夏侯京翼李传·京房传》说："去至新丰，因邮上封事。"《后汉书·光武帝纪》说："无遣及因邮奏。"这又可见，汉时的邮有传书的完全责任，发书人固不必去，也不必派人去；邮的应用，不限于郡县各行政组织间的普通文书，上封事或奏疏也都是可以利用邮的。

邮，也可以供人止宿。《汉书·循吏传·黄霸传》说："吏出不敢舍邮亭则邮之可舍"，可知。

邮的设置，较亭为密。《汉官旧仪》说："五里一邮，邮人居间。相去二里半。"所谓"五里一邮"大概也是和"十里一亭"一样，是一个原则上的数目，有时是不免视环境需要的程度，而有所增减的。所谓“邮人居间，相去二里半”，大概是说邮人居在这个邮区的中间，和四邻的邮区，相去各有二里半。

汉人重邮，与亭相似。《汉书·薛宣朱博传》说：“始惠（薛宣之子）为彭城令，宣从临淮，迁至陈留。过其县，桥梁邮亭不修，宣心知其不能。”这是汉人以一县的邮亭是否修治，便可据以观一县之政了。

（3）

驿，也是一种传达消息的设备，和邮相似。《后汉书·袁张韩周列传·袁安传》说，安“初为县功曹，奉檄诣从事。从事因安致书于令。安曰：公事自有邮驿。私请则非功曹所受。”这可见在传达文书之一点上，驿与邮同，故安并称之。《续汉书·百官志》记载，太尉下有法曹，“主邮驿科程事”，则邮驿在行政系统上，也是属于一个部门。

驿和邮的不同，是在传书的方法上。邮有邮人，可以负完全传寄的责任；驿则只供给传书者以交通的工具，传书人仍须由发书人派遣专使。因为有这点不同，所以驿有时也可利用到别的方面去。《汉书·张冯汲郑传·郑当时传》说，当时“常置驿马长安诸郊，请谢宾客，夜以继日，至明旦，常恐不遍”。《后汉书·兴武十王列传·东海恭王疆传》说：“显宗遣中常侍钩盾，令将太医，乘驿视疾。”这都可见驿在传书以外的利用。

驿的交通工具，以用马为原则。《周礼·秋官》行人注引汉律：“乘传骑驿而使。”

驿有驿卒，每 30 里设 1 处。《续汉书·舆服志》说：“驿马三十里一置。卒皆赤帻绛鞲云。”

汉时，除公家置驿外，也有私家的驿。

魏晋以下，邮驿制度似均存在。但《续汉书·百官志》注：“东晋犹有邮驿，共置，承受傍郡县文书。有邮，有驿，行传以相符。县置屋二区，有承驿吏，皆条所受书，每月吉，上州郡。”东晋时，邮驿的设置，尤其是邮的设置，已较前大为减少了。东晋以后，这种制度纵仍存在，恐怕效力也很小了。

（4）

汉时的传，是用车，所以供政府官吏或特许之人因公乘坐。其作用和驿不同，而制度和驿相类，都是在一定的距离，供给交通工具的改换，以利旅行的速度。

传有四种。《汉书·高帝纪》注，如淳引汉律：“四马高足为置传，四马中足为驰传，四马下足为乘传，一马二马为轺传。”在这四种传中，乘传的应用似最普遍。

用传的办法，汉律有一定的规定。《汉书·平帝纪》注，如淳曰："律，诸当乘传者，及发驾置传者，皆持尺五寸木传信，封以御史大夫印章。其乘传者，叁封之。叁，三也。有期会，累封两端，端各两封，凡四封。乘置、驰传者，五封之；两端各二，中央一也。轺传，两马再封之，一马一封也。"这表示用传须持传信，而因所用传的种类不同，传信上封印的情形也是不同的。

置传和置驿的地方，是在一起的。专门的名字，叫作置。《汉书·文帝纪》："太仆见马遗财足，余皆以给传置。"师古曰："置者，置传驿之所，因名置也。"我们已知道驿是：30 里 1 置，现又知道驿传共置，则传也是 30 里 1 置了。

传的费用，比驿的费用大。汉东迁后，传颇省略。魏晋以下，用传者恐怕很少了。

6. 交通工具

(1)

秦汉及魏晋南北朝时的交通工具，大体上仍为舟车牛马。

舟之异于前者，大者有楼船，快者有舸。《史记·平准书》说，汉武帝"治楼船，高十余丈，旗帜加其上，甚壮"。又说："因南方楼船卒二十余万人，击南越。"这可见西汉中叶已有很大的楼船，并且南方的楼船也已有了很大的数量。《晋书·王濬传》说："濬乃作大舰连舡，方百二十步，受二千余人。以木为城，起楼橹，开四出门。其上皆得驰马来往。"这比汉武帝所特制的船，恐怕还要大。《御览》卷 770 引《江表传》说："孙权名舸为马，言飞驰如马之走陆地也。"又引王隐《晋书》"顾荣征侍中见王路塞绝，便乘舡而还。过下邳，遂解舫为单舸，一日一夜行五六百里，乃得免"。这也可见魏晋时，舸行之速。

楼船与舸，非一般常用之舟。舟之常用者，在三国时舱容 500 斛者就算大舟。《魏书·食货志》说："造船一艘，计举七百石。"则在南北朝时，运输之舟似较三国时还要大些。

(2)

车之异于前者，《续汉书·舆服志》《晋书·舆服志》和《宋书·礼志》记之甚详。

其中，可述者，有辒辌，有辎軿。辒辌驾马，辎軿驾马或牛，都是四面有屏蔽，可以坐卧的车。《说文》说："辒，卧车也。""辌，卧车也。"《史记·秦始皇本纪》说："始皇崩于沙丘平台。丞相斯为上崩在外，恐诸公子及天下有变，乃秘之，不发丧。棺载辒辌车中，故幸宦者三乘。所至上食，百官奏事如故，宦者辄从辒辌车中可其奏事。"《汉书·霍光金日磾传》说："载光尸柩以辒辌车。"《光传》注，《孟康》曰："如衣车，有窗牖，闭之则温，开之则凉，故名之辒辌车也。"《宋书·礼志》说："汉制，大行载辒辌车，四轮。"辒辌车的形制一定很大，也很舒适。依《秦始皇本纪》所说，它一定是始皇日常所服用，后来却变成一种丧车了。《说文》："辎軿，衣车也。"《释名》："辎车，载辎重，卧息其中之车也。""軿，屏也。四周所屏蔽也。"《续汉书·舆服志》："太皇太后，皇太后，……非法驾则乘紫罽軿尺。""长公主赤罽軿车。大贵人、贵人、公主、王妃、封君、油画軿车。……公，列侯，中二千石，二千石夫人……得乘漆布辎軿。"辎軿也一定是极舒适的车，为汉时贵妇人所乘坐的。辒辌之制，魏晋及南朝，沿用不改。辎軿，到魏晋时，就不被重视了。

东汉时，有用鹿车者，各史志不载，不知所由始。《后汉书·列女传》说，鲍宣妻"著短布裳，与宣共挽鹿车"。《三国志·魏书·司马芝传》也说："以鹿车推载。"鹿车大概是一种极简陋的车，或者就是后世的小车所由起，也不可知。但鹿车之名，不知何所取义。

此外，东汉张衡创指南车，宋有记里车，名虽称车，而作用和车不同。三国时，诸葛亮制木牛流马，名为牛马，却可认作车类。

（3）

马，或驾车，或单骑，在秦汉时已非常普遍。《史记·平准书》记汉武初年长安的情形，说："众庶街巷有马，阡陌之间成群，而乘字牝者，摈而不得聚会。"这可见西汉盛时马之繁殖，及用马的普遍之一斑了。

牛，秦及汉初贵族皆不服用。汉武帝时，渐有用以驾车者。《晋书·舆服志》说："古之贵者，不乘牛车。汉武帝推恩之末，诸侯贫弱者至乘牛车。其后，稍见贵之。自灵献以来，天子至士，遂以为常乘。至尊出朝堂举哀，乘之。"

马牛外，晋时更有用象、用羊驾车者。但这种事情，毕竟很少见，不能算是日常服用的交通工具。橐驼、骡驴，作为负载之用者，视战国时为盛。汉之西北边上，当产此类动物不少。晋惠怀后，胡人乱华，这两种动物的利用，在中国北部更当有很大的发展。

第二十讲　在世界所处地位之重要

中国史对于世界史的重要性还在于，中国在与外部世界联系的过程中对其他国家，对整个世界的发展都发挥了重要的作用。

秦汉时期的中国，在当时世界上是有重要地位的。

1. 中国与同时的世界诸国

（1）秦和孔雀帝国

公元前210年，秦始皇亡，次年农民起义爆发。公元前207年秦亡。与此大体相当的时期，在南亚次大陆曾出现了孔雀帝国。旃陀罗笈多，于公元前4世纪末，在摩揭陀建立了孔雀王朝。这个王朝通过兼并战争不断扩大领土。到第3代君主阿育王（约公元前273—前232年）时期，除半岛南端以外，印度次大陆基本上归入了帝国的版图。相传，阿育王原是十分残暴的君主。后来，阿育王对战争中大量人民的死亡，表示忏悔，有了佛心，便派人到处大力宣扬佛教，并建了大量的佛塔。

当时，孔雀帝国内部各地区的民族差异较大，社会发展的水平也很悬殊。在帝国内，众多部落、邦实处半独立的状态，阿育王死后不久，孔雀帝国便崩裂。孔雀王朝在摩揭陀一隅，大约维持到公元前187年，为另一王朝所代替。由此看来，孔雀帝国与秦帝国都曾有过威震于世、昙花一现的历史经过。但实际上，由于两国内部错综复杂结构的不同，导致了两国以后的历史发展进程，极为不同。在印度的孔雀帝国解体后，直到公元4世纪，才有笈多王朝的局部统一局面，而在中国，秦亡以后，紧接着出现的是两汉 400 年大统一的局面。

（2）西汉和罗马

当西汉昌盛于东亚之时，南亚的孔雀帝国瓦解了；亚历山大帝国瓦解了，形成了马其顿王国、埃及的托勒密王国、西亚的塞琉古王国，当时它们也处于盛世。但是，它们相互之间的矛盾和斗争，正在削弱着自身的力量，使得为开始称霸西地中海的罗马共和国的东征带来了难得的机会。公元前 200 年至公元前 197 年，罗马利用马其顿和希腊的矛盾，大败马其顿，使它一蹶不振；公元前 192 年至前 188 年，罗马又大败塞琉古王国，使它沦于罗马的被保护国。至此，罗马已经主宰了东地中海。公元前 168 年，罗马灭马其顿。公元前 146 年，罗马征服了希腊。公元前 146 年，罗马彻底消灭了迦太基。

公元前 64 年，罗马灭塞琉古王国。公元前 30 年，罗马灭埃及的托勒密王国。公元前 3 世纪中叶，大夏和安息从塞琉古王国中独立出来。约一个世纪以后，大夏为月氏人所征服，而安息却渐渐强大起来，占有伊朗高原西部、两河流域和中亚南部，成为一个帝国。公元前 1 世纪，罗马灭塞琉古王国以后，企图继续东侵。于是罗马与安息之间就发生了激烈的斗争。公元前 53 年、公元前 36 年，罗马两次大举侵犯安息，都遭惨败。以后双方屡有争战，大体相持于两河流域和叙利亚一带。

公元前 2 至前 1 世纪时，从东到西先后形成了 3 个古文明帝国，即汉帝国、安息帝国和罗马帝国。

罗马实行共和政体，史书称之为罗马共和国。从它在公元前 2 至前 1 世纪中征服和统治的地区来看，它早已是一个跨地区的帝国。它的大征服，促成了罗马社会结构的变化。随着奴隶制的发展和大、小土地所有者矛盾的激化，罗马的权力逐渐集中。公元前 27 年，屋大维实际成为拥有一切大权的罗马君主。罗马的历史由共和时代转入帝国时代。

（3）东汉、贵霜、安息和罗马

在屋大维统治罗马帝国的时期（公元前 27—前 14 年），西汉的政权逐渐落入外戚王氏手中。公元 6 年，王莽篡取大权，称“假皇帝”，公元 9 年，他正式代汉，改国号为新。公元 15 年，农民开始了广泛的起义。公元 23 年，王莽在军事上完全失败。同年，绿林军等起义军，拥立刘玄为皇帝，表示要恢复汉室。刘玄一度招抚赤眉军等重要起义军，但不久又分裂，其后被刘秀消灭。公元 25 年，刘秀即位称帝。刘秀出身汉的宗室，所建皇朝仍然称汉，建都洛阳。史称东汉或后汉。

东汉在多方面都是西汉的继续。东汉中期以后，出现了比西汉时期更为严重的问题：世家豪族占取大量土地，剥削破产农民并使他们陷于依附地位，阶级矛盾日趋深化；东汉统治者更加专制，也更加腐朽，外戚和宦官互相争权，长期倾轧，直至帝国没落。公元 184 年，黄巾起义爆发。东汉政权虽然在一年内镇压了起义的主力，但是它自身也更加削弱。随后出现了军阀混战和割据的局面。

公元 196 年，曹操迁东汉末帝献帝于许昌，实际已经夺取了东汉的政权。公元 220 年，曹操死，其子曹丕篡汉自立，建都洛阳，国号为魏。公元 221 年，刘备在成都称帝，表示继承汉朝大统。史书称之为蜀或蜀汉。公元 229 年，孙权在建业（今南京）称帝，国号为吴。统一的东汉帝国被三国鼎立的局面所代替。

公元 1 至 2 世纪，在亚欧大陆古文明地区从东到西并列着东汉、贵霜、安息和罗马四个帝国。

贵霜帝国，由大月氏人建立，原是我国敦煌、祁连山一带的游牧部落，公元前 2 世纪时为匈奴所败，西迁至阿姆河流域，在征服大夏以后逐渐转变为以农业为主的部落。大月氏人分五部，部的首领称“翕侯”。约公元 1 世纪初，贵霜部翕侯丘就却（约公元 15—65 年在位），统一了五部，建立了贵霜国家。贵霜不断扩大疆土，至第三代国王迦腻色迦（约公元 78—102 年在位）时，占有帕米尔以西、里海以东的中亚地区，伊朗高原东部和南亚次大陆西北部，国势最盛。汉与贵霜一直长期保持着友好的关系，其间贵霜求汉公主联姻而未成，曾一度为此发生了隔阂。和帝永元二年（公元 90 年），贵霜副王曾率大军逾葱岭进攻班超，遭到挫败。班超也不为已甚，同意让他们退回。此后，双方依然保持着友好的关系。贵霜帝国在迦腻色迦死后，逐渐衰落。公元 3 世纪前半叶，贵霜帝国已经分裂。保留南亚次大陆西北部的贵霜势力，直到公元 5 世纪全被消灭。

安息帝国居贵霜帝国以西，拥有伊朗高原的中部和西部，以及两河流域地区。安息帝国与罗马帝国多次发生领土之战。公元 54 年至 60 年，两国为争夺阿尔明尼亚而战。罗马曾经赶走了阿尔明尼亚的安息统治者，但无法巩固统治，其结果还是安息人统治着阿尔明尼亚，但要从罗马手中得到王冠。公元114年至116年，罗马打败了安息，占领了阿尔明尼亚和两河流域，并划入了罗马的行省。由此，罗马与安息展开了争夺大战。不久，首先是安息又夺回了自己失去的这大片土地，并又于公元161年攻入了罗马所占领的叙利亚。而罗马反击又胜利了，又一次地夺得了阿尔明尼亚和两河流域，但仍旧不能长期占有它们。安息和罗马之战，一直难分胜负。虽然安息抑制了罗马帝国的继续东侵，但是安息在这场战争中削弱了自己的力量。终于，安息帝国在公元3世纪初叶被灭了。萨珊王朝的波斯代之而起。

罗马帝国置安息帝国以西，公元前1世纪至公元2世纪则是罗马盛世，统治了多瑙河以南和莱茵河以西的欧洲地区、北非沿地中海地区、巴勒斯坦、叙利亚、小亚细亚，把地中海变为它的内海，短时期里还统治过两河流域、阿尔明尼亚、达西亚（今罗马尼亚一带）和不列颠南部。但从公元2世纪中期始，罗马帝国的国力已趋下势。到了公元3世纪，罗马帝国的政治与经济的危机全面爆发，开始走上了没落之路。公元3世纪末至4世纪初，罗马皇帝戴克里先（公元284—305年在位）和君士坦丁（公元306—337年在位）虽然曾作过整顿，但是挣扎几乎已无法阻止阶级矛盾和民族矛盾的不断激化，在当时日耳曼人部落的打击下，罗马帝国于公元395年分裂为了东西两部。410年，罗马城首次为日耳曼人攻陷，西部逐渐为日耳曼人所占据。公元476年，西罗马最后的一个虚名皇帝被废除，帝国正式灭亡。

公元1至2世纪是四大帝国：东汉、贵霜、安息和罗马并存的时期，虽然四大帝国延续的时间不同，但是都逐渐失去了它们在世界历史发展中的地位和作用。四个帝国之中，东汉与罗马在历史中的地位尤为重要；而从这两个帝国在幅员、人口以及经济和文化的发展程度上来看，可以讲是大体相当的，是其他两个帝国——贵霜和安息绝不能相提并论的。

在对外关系方面，公元57年，倭国（今日本）派友好使者来，刘秀给了他一颗刻有称号的印。后来，不断有铁器、铜器、丝织品等由汉输入倭国。67年，天竺僧人迦叶摩腾和竺法兰应汉使者的邀请，来到洛阳。明帝为他们建筑了白马寺，请他们翻译经典，开始了佛教在中国的传播。后来，安息僧人安世高来洛阳，在149年以后的20余年间翻译了佛经95部，15卷，成为著名的翻译家。丝织品向西方的输出，在东汉时期显然是趋向繁盛的。安息为了垄断丝织品的贸易，总是设法阻止汉与大秦（罗马帝国东部）的往来。公元97年，甘英出使大秦，到了西亚的不少地方，带回来许多关于这些地方的知识，是张骞以后的第一个大旅行家。当他到达波斯湾的时候，也被告知渡过海湾有不可克服的困难，所以没能到大秦去。但中国丝绸一直在罗马社会受到欢迎。公元2世纪时，甚至远在伦敦，中国丝绸也颇为风行。166年，“大秦王安敦”的使者终于到了中国，把带来的象牙、犀角、玳瑁等作为对汉帝的献礼。“安敦”，被认为就是罗马皇帝马可·奥勒留·安东尼。

2. 与东西方的联系

在人类历史上，几个最为古老的文明，原本各居不同的地区。但随着文明区域的扩展，相互交往的增加，到公元前4世纪，在从地中海区域到南亚次大陆这一地带中，人们已经建立了不同程度的联系。但是，中国与其以西的文明的联系，却由于帕米尔高原和喜马拉雅山的巨大的隔离与屏蔽作用，迟迟不能得以实现。先秦时期的中国不了解葱岭以西的世界，而当时的西方也同样不了解中国。

无论如何，东西方迎来了最初的联系，最初是在民间通过间接的方式发生的。印度的古典名著《政事论》，或为《实利论》中，提到“来自秦那（Cina）之地的丝和丝绸”。这可能就是中国以西最早提到中国的记录。《政事论》是公元前4世纪晚期，孔雀王朝的开国宰辅Kautiliya所作，就其中所指“秦那”是否为中国的秦，现在的学者们仍持不同见解。有的认为“秦那”是另外的一个地方；有的认为是指中国的秦；有的认为，秦统一前已在中国西部很有势力和影响，“秦那”所指不必是统一后的秦。这最后之说，比较切实。张骞在大夏曾见中国出产的邛竹杖、蜀布，当地人说这些物品来自印度。可见，中国西南地区人民与印度早有了直接或间接的商业往来。蜀布既然早已到过印度，当蜀归属于秦以后，印度人把这些纺织品归自“秦那”，这就不足为奇了。

至于汉与西域各国的直接联系，中国与葱岭以西地区的直接联系和相互了解，是从汉代开始的。

汉与匈奴对峙，从匈奴降者处得知，月氏为匈奴所破，被迫西迁，常思报复匈奴，而苦于力不从心。于是，汉武帝决定联合月氏，企图牵制匈奴右翼。张骞应募出使，于建元三年（公元前 138 年）从陇西西行，途经匈奴控制地区，被羁留了十多年。后来匈奴对他的监视逐渐放松，张骞逃出，西行数十日，至大宛（费尔干纳盆地）。从大宛又到康居（咸海与巴尔喀什湖之间地区），到月氏（阿姆河以北），到大夏（阿姆河以南，今阿富汗境内）。当时，月氏已经征服大夏，在阿姆河流域安定下来，报复匈奴的念头已经泯失。张骞在月氏活动了 1 年多，但是不得要领。他在东归途中一度又被匈奴所拘留。元朔三年（公元前 126 年），匈奴内乱，张骞乘机归汉，向汉武帝报告了他所亲历的大宛、康居、大月氏、大夏的情况以及他在西域闻知的乌孙（巴尔喀什湖东南、伊犁河流域）、奄蔡（约在里海东北）、安息、条支（在今伊拉克境内）、身毒（即印度）等地的情况。张骞还提到了黎轩。黎轩是《史记》所记的名称，在《汉书》中记作犂靬，在《后汉书》则称为大秦，所指都是罗马帝国。从此，中国对葱岭以西世界的直接联系和了解便开始了。在以后的几年中，匈奴为汉所败，或降汉，或退至漠北。河西走廊转入汉的控制之下。元狩四年（公元前 119 年），汉武帝命卫青、霍去病去漠北追击匈奴，又大败之。约在同年，汉武帝命张骞率领 300 余人，携带大批财物，出使乌孙。张骞从乌孙派副使到大宛、康居、大月氏、大夏、安息、身毒等国。张骞通西域后，汉武帝锐意西向发展，“因益发使抵安息、奄蔡、黎轩、条支、身毒国”。使者相望于道，每批多则数百人，少则百余人，每年多则十几批，少则五六批。西汉经营西域的结果，一方面大宛、乌孙及其以东以南皆入汉西域都护管辖之下；另一方面，“丝绸之路”开通了。

东汉无论在政治上或在对付匈奴和经营西域等方面，同样是西汉方略的重演。匈奴在西汉宣帝时期开始亲附于汉，但因王莽处置不当，又与中原发生对抗。东汉初年，匈奴亦曾侵扰边塞。光武帝建武二十四年（公元 48 年），匈奴内乱，分为南北两部。南匈奴内附于汉，与北匈奴对抗。于是西域又成为北匈奴与汉必争之地。明帝永平十六年（公元 73 年），汉命窦固伐北匈奴，取伊吾（在今新疆）。班超从征有功，被派出使西域。他初到西域时，北匈奴在那里的势力和影响还相当大，当地各国常常游移于汉和匈奴之间。班超以高度的果敢和才能打击北匈奴的影响，争取到了一些西域国家的信任和支持。和帝永元元年（公元 89 年），汉大将军窦宪大破北匈奴，追至漠北，勒铭燕然山而还。次年，汉军再败匈奴于伊吾。

在这样有利形势下，班超于西域大显身手。到永元六年（公元94年），西域“五十余国悉纳质内属”。班超以后，其子班勇继承父业，经营西域。

班超在使西域50余国内属以后，于永元九年（公元97年）又“遣甘英使大秦，抵条支，临大海，欲度。而安息西界船人谓英曰：‘海水广大，往来者逢善风，三月乃得度。若遇迟风，亦有二岁者。故入海人皆赍三岁粮。海中善使人思土恋慕，数有死亡者。’英闻之，乃止。”东汉与罗马直接的联系没有成功。但是自两汉张骞、班超通西域后，“丝绸之路”成为东西方经济、文化交流的十分重要之路。这条路，东起洛阳、长安，经河西走廊，至安西分为两路：北路经天山北路准噶尔盆地，西抵大宛；南路经天山南路，至蒲昌海（今罗布泊），又分经塔克拉玛干沙漠以北、以南两道至喀什会合，逾葱岭至大宛，在今浩罕附近与北路相会，再西行至今撒马尔罕、至今马里（中国古称木鹿），再西行至波斯古都埃克巴塔纳（今哈马丹）、至安息都城泰西封（在底格里斯河以东）。最后到达地中海东岸的安条克（今土耳其境内安塔基亚）。这条道路历经雪山、沙漠、盐碱滩等天然险阻，单从大自然的角度去审视，无疑也是古代史上的一个了不起的伟业。这同样也是对人类历史的一大贡献。

西域道通以后，天山南北地区第一次与内地联成一体，在中国历史上具有非常深远的意义。同时，中原同西域以至更远地区，经济、文化联系日益密切。西域的各种物产向东移植。此后，佛教及佛教文化也经此传入东土，对中国文化产生了很大影响。中国的丝织品、科技和农业先进技术传到西域。这种频繁的经济、文化交流，促进了西域社会的进步，也丰富了中原人民的物质文化生活。

另外，从海上交通与汉对南方、西南方的经营来讲，秦汉时期中国与西方的联系，除了丝绸之路以外，也有在南方通过海路的联系。这个过程与秦汉时期经营南方和西南方的成就直接相关。

秦始皇三十三年（公元前214年）平定南粤（越），设桂林（今广西大部和广东西南部）、象郡（今广东雷州半岛、广西南部和西部）、南海（今广东）三郡。秦末农民起义时，南海郡龙川县令赵佗（原籍真定，今河北正定人）乘机据南海独立。秦亡，佗又并桂林、象郡，自立为南越王。汉兴，高帝刘邦遣使立之为南越王。吕后时，赵佗反，曾北攻长沙王，并“以兵威、财物赂遗闽粤（今福建）、西瓯、骆（师古曰：‘西瓯即骆越也。’按在今越南北部），役属焉”。文帝、景帝时，南越王向汉称臣。武帝时南越相吕嘉杀王，反汉。元鼎五年（公元前112年），武帝命路博德等出征，次年平南越，以其地为儋耳、珠崖、南海、苍梧、郁林、合浦、交趾、九真、日南9郡（儋耳、珠崖在今海南省。南海在今广东。苍梧跨广东、广西，在北。合浦包括广东雷州半岛及广西东南部，在南。交趾、九真、日南三郡则在今越南北部和中部）。秦汉经营南方，为与西方的海上交通创造了条件。

在东汉时期，西起红海，经阿拉伯海、孟加拉湾、安达曼海，过马六甲海峡，而至中国南海的海上商路，逐渐开通。中国的丝绸、印度的宝石、阿拉伯的香料等运至罗马帝国，罗马的玻璃器皿、货币等亦运往东方各国。《后汉书·西域传》记，大秦（罗马）人“与安息、天竺（即印度）交市于海中，利有十倍。……其王常欲通使于汉，而安息欲以汉缯彩与之交市，故遮阂不得自达。至桓帝延熹九年（公元166年），大秦王安敦（按当时罗马安敦尼王朝马可·勒留略在位）遣使自日南徼外献象牙、犀角、玳瑁，始乃一通焉。”这一件事在罗马方面的史书上没有记载，很可能是罗马商人假托罗马皇帝的名义与东汉进行的一次联系。同篇又记，天竺（即身毒、印度）于“和帝时数遣使贡献。后西域反叛，乃绝。桓帝延熹二年、四年（公元159年、161年），频从日南徼外来献。”可见，到东汉后期，南方海道的作用逐渐显著。

汉对西南的经营，与东西方联系的发展也有关系。中原经营西南，始于战国时期的楚。“始楚威王（公元前339—前329年在位）时，使将军庄蹻将兵循江上，略巴、黔中以西。庄蹻者，楚庄王苗裔也。蹻至滇池，方三百里，旁平地肥饶数千里，以兵威定属楚。欲归报，会秦击夺楚巴、黔中郡，道塞不通，因乃以其众王滇，变服从其俗，以长之。秦时常頞略通五尺道，诸此国颇置吏焉。”所以，战国末及秦时，今云、贵地区已经基本内属中原。汉初，这一带与中原政权失去联系，但是与巴、蜀经济联系未曾断绝。武帝建元六年（公元前135年），汉番阳令唐蒙至南粤，南粤用蜀所产枸酱招待他。他问来自何处，回答是经牂牁江（即今北盘江和红水河）运来（经今西江运到广州）。唐蒙回到长安，问蜀商人，知道只有蜀出枸酱，有人私运到夜郎（在今贵州），夜郎临牂牁江上，行船可以通南粤。唐蒙向汉武帝建议，通过这一条道制服南粤。试了一下没有成功。

到武帝元狩元年（公元前 122 年），张骞又说在大夏时见到蜀布、邛竹杖，是从身毒（印度）来的，估计身毒与蜀不远。汉武帝遣使通西南夷，求通身毒的道路。用了 4 年多时间，皆因昆明（非今昆明，当时滇在今昆明一带，昆明则在滇以西，今大理、下关一带）闭塞，道路未通。汉武帝平南越后，派兵伐且兰（《史记》作头兰，在今贵阳以东），设牂牁郡（在今贵州及云南东部）。夜郎降汉，滇王还在观望。武帝元封二年（公元前 109 年），汉发巴蜀兵南征，滇王降，被划归益州郡，但仍保持王号。以后几年，又平昆明，亦划归益州郡。东汉光武帝建武二十七年（公元 51 年），哀牢（益州郡以西，今少部在云南，大部在缅甸东北部）内附于汉。明帝永平十二年（公元 69 年），在原哀牢地区设哀牢、博南 2 县，又划益州西部 6 县，合为永昌郡。这样就开通了西南地区通往西方的道路。

《后汉书・南蛮西南夷列传》记："永元六年（公元 94 年），郡徼外敦忍乙王莫延慕义，遣使译献犀牛、大象。九年（公元 97 年），徼外蛮及掸国（在今缅甸）王雍由调遣使重译奉国珍宝。和帝赐金印、紫绶。小君长皆加印绶、钱帛。（安帝）永初元年（公元 107 年），徼外焦侥种夷陆类等三千余口举众内附，献象牙、水牛、封牛。永宁元年（公元 120 年），掸国王雍由调复遣使诣阙朝贺，献乐及幻人，能变化，吐火，自支解，易牛马头，又善跳丸，数乃至千。自言我海西人。海西即大秦也。掸国西南通大秦。"可见，这是中国与西方交通的又一条道路。

两汉时期上述陆路与水路的开通，第一次促成了中国文明与葱岭、喜马拉雅山以外的文明的联系。东西方间的经济、文化交流开始发生，相互的了解日益增长。中国的《史记・大宛传》《汉书・西域传》《后汉书・西域传》对葱岭、喜马拉雅山以外的国家也有不少记载。其中关于安息和贵霜（大月氏）的记载，至今还是了解这些国家历史的重要资料来源之一。印度《政事论》提到中国（秦那），只知丝绸出于此。《史记》《汉书》提到印度（身毒），也未能有更多内容。《后汉书》则说到印度（天竺）与贵霜、大秦的关系，还说到了那里的风俗、物产和佛教。可见，班超、班勇父子以后，中国对于印度的了解大有增加。西方文献提到中国，始于罗马帝国时期。斯特拉波（Strabo，约公元前 64—23 年）的《地理学》说到赛里斯（Seres，指中国），而无具体内容。老普林尼（Gaius Pliny the Elder，公元23—79年）的《自然史》则说到赛里斯产丝绸，运销至罗马。不过，老普林尼说赛里斯“红发碧眼”，所指显然是中国西域人而非内地人。他对汉的内地了解甚少。托勒密（Claudius Ptolemaeus，活动于公元121年至151年间）的《地理学》，则根据商人旅行经历断言，亚洲最东部为秦尼（Sinae）和赛里斯，而秦尼更在赛里斯以东。学者或以为赛里斯指中国新疆，秦尼指中国内地；或以为自陆路而至者称中国为赛里斯，由海路而至者称中国为秦尼。可见，至公元2世纪前期，罗马帝国的人对中国内地或东南方已有所了解。中国的《史记》说到黎轩，《汉书》说到犁靬，皆指罗马，而语焉不详。《后汉书·西域传》中有大秦国（又名犁靬或海西国，亦即罗马），大要说：该国“地方数千里，有四百余城，小国役属者数十”，这反映罗马为大国；又“其王无有常人，皆简立贤者”，这反映罗马共和制之遗风；又“其人民皆长大平正，有类中国，故谓之大秦”，这反映当时中国人认为罗马为与自己相当的文明民族；此外还记载了罗马物产以及与他国贸易的情况。这些材料皆据班勇所记。可见，在公元2世纪初，大体与托勒密同时，中国人对罗马的了解已相当具体准确了，其程度与托勒密对中国的了解一样，或稍过之。总而言之，到公元2世纪，中国与罗马已清楚地了解到对方的存在了。

两汉时期，中外交通中的一件大事，就是佛教开始传入中国。当时，已有外国僧人到中国，也有些中国人信佛了。东汉皇帝中第一个信佛的是桓帝刘志（公元147—167年在位），不过，他也是对佛和老子同时加以信奉、祭祀的。就在桓帝时期，安息王子安世高来到洛阳，开始了汉译佛经的事业；随后西域月氏人支娄迦谶也来到内地，同时从事译经工作。安世高所译为小乘佛经，支娄迦谶所译则为大乘佛经。随着译经和讲经活动的开展，佛教对中国的文化的影响，逐渐加大，不过那应是三国两晋以后的事情了。

《牟子理惑论》，或称《牟子》，或作《理惑论》，凡37篇，是我国最早的佛学经典之一。旧题东汉太尉牟融撰，或云苍梧太守牟子博撰，均不可信。此书当成于汉献帝建安年间，所述为佛教初入中国时，世人对佛教的不同看法，并进而主张佛学与儒家、道家之说相融合，以适应中国的政治需要和风俗民情。这是研究早期佛学史的宝贵资料。书早佚，《弘明集》中保存佚文较多，可资利用。